WINZERWAHN

Andreas Wagner ist Winzer, Historiker und Autor. Nach dem Studium der Geschichte, Politikwissenschaft und Bohemistik in Leipzig und an der Karls-Universität in Prag hat er 2003 zusammen mit seinen beiden Brüdern das Familienweingut seiner Vorfahren in der Nähe von Mainz übernommen.

ANDREAS WAGNER

WINZERWAHN

KURT-OTTO HATTEMERS 3. FALL

Kriminalroman

emons:

Bibliografische Information der Deutschen Nationalbibliothek
Die Deutsche Nationalbibliothek verzeichnet diese Publikation in der Deutschen Nationalbibliografie; detaillierte bibliografische Daten sind im Internet über http://dnb.d-nb.de abrufbar.

FSC
www.fsc.org
MIX
Papier aus verantwortungsvollen Quellen
FSC® C083411

Umschlagmotiv: mauritius images/age fotostock/Rodger Shagam
Umschlaggestaltung: Nina Schäfer, nach einem Konzept von Leonardo Magrelli und Nina Schäfer
Umsetzung: Tobias Doetsch
Gestaltung Innenteil: César Satz & Grafik GmbH, Köln
Lektorat: Marit Obsen
Druck und Bindung: CPI – Clausen & Bosse, Leck
Printed in Germany 2018
ISBN 978-3-7408-0408-4
Originalausgabe

Auf diese Weise aber die Hexen zu strafen, scheint nicht genügend, da sie nicht einfache Ketzerinnen sind, sondern Abgefallene. (...) Daraus ist hinreichend klar, dass, wie sehr sie auch bereuen, und wenn sie auch zum Glauben zurückkehren,sie nicht wie andere Ketzerin ewiges Gefängnis gesteckt werden dürfen, sondern mit der schwersten Strafe zu bestrafen sind, und zwar auch wegen der zeitlichen Schäden,die von ihnen auf verschiedene Weise Menschen und Vieh zugefügt werden.

Jakob Sprenger/Heinrich Institoris: »Der Hexenhammer. Malleus maleficarum«, München 1982, Teil I, S. 188

1

Die Stille war absolut. Sie hielt ihn fest umschlungen. Er wagte es nicht, sich zu rühren. Sein Atem ging so flach, dass er ihn nicht mehr zu hören vermochte. Die Angst, die ihn so lange gefesselt hatte, lag in weiter Ferne. Eine schwache und farblose Erinnerung, die er nun, in diesem erhabenen Moment, kaum mehr hätte beschreiben können. Normalerweise hätte er jetzt auf die Uhr geschaut, um grob abzuschätzen, wie lange er in der Küche mit ihr gerungen hatte. Der Kampf, den er geführt hatte, wäre ihm vor Kurzem noch völlig aussichtslos erschienen. Die Angst war ein übermächtiger Gegner, der sich unbesiegbar gebärdete, der ihm folgte bis in seine Gedanken und die Träume dunkler Nächte. Und doch hatte er sie bezwungen.

Seine Lippen bewegten sich lautlos. Das Flüstern des Verses fand nur in seinem Kopf statt. Er wollte die Stille nicht zerstören. Sie tat so gut und bestärkte ihn. Eine Quelle unerschöpflicher Kraft, die durch seinen Körper strömte und die er deutlich spüren konnte. Sie brachte Wärme mit. Ein wohliges Gefühl, das sich aufteilte und in die dünnen Verästelungen eines jeden noch so entfernten Teils seines Körpers vordrang. Sogar in seinen Fingerkuppen war die Kälte von ihr fortgeschwemmt worden.

Er schloss die Augen und verharrte weiter reglos, um den Energiefluss nicht zu stören. Er musste in der kurzen Zeit, die ihm blieb, so viel davon aufsaugen wie nur irgend möglich. Das war seine einzige Chance. Denn die Angst würde zurückkommen, bald schon. Und dann würde sie ihn schlimmer heimsuchen als jemals zuvor. Die Kraft, die ihm die Stille verlieh, reichte längst noch nicht aus, um es offen mit dem Feind aufzunehmen. Und doch ließen selbst diese Gedanken ihn nicht erzittern. Er war in der Lage, sie zu ertragen, ohne sich wie sonst in einen dunklen Winkel zu zwängen. Das staubige Versteck unter seinem Bett schien zu einem anderen, einem fremden Leben zu gehören. Die rostigen Federn entzogen sich seinem Vorstellungsvermögen, obwohl er doch jede Windung kannte, aus den unzähligen Nächten, die er unter ihnen verbracht hatte, kaum hörbar schluchzend, während die heißen Tränen über seine eisigen Wangen rannen.

Das Knistern der Flamme holte ihn zurück. Er hielt die Augen trotzdem noch einen Moment geschlossen und atmete lautlos weiter. Dann bewegte er vorsichtig seine Finger und öffnete langsam die Augenlider. Obgleich er wusste, dass damit die Stille ihr Ende finden würde, drückte es ihn nicht nieder. Er blieb aufrecht stehen. Das Licht der weißen Kerze war hell. Es reichte dennoch nicht aus, um das Ende des lang gezogenen groben Gewölbes zu erreichen. Auf dem Weg dorthin verlor es sich in der Dunkelheit. Das glatte schwarze Wasser verschluckte die Strahlen. Der verzierte obere Teil des roten Kreuzes auf der Kerze wurde von der Flamme zart erleuchtet. Zarte Ranken und kleine Blätter umschlangen es. Sie schienen nach ihm zu greifen. Unbeeindruckt reckte es sich in die Höhe, der wärmenden Flamme entgegen.

Er schnaufte deutlich hörbar. Das Zeichen an ihn selbst, dass der gedehnte Moment der Stille und Einkehr nun sein Ende finden musste. Vorsichtig hob er ihre über dem Bauch gefalteten Hände leicht an und schob das schlichte hölzerne Kruzifix darunter. Er machte einen Schritt nach vorn und trat in das schwarze Wasser. Der Boden war weich und gab ein wenig nach. Behutsam zog er sie von dem schmalen steinernen Absatz herunter. Ihre Bluse und der lange Rock blähten sich auf. Er konnte den Hauch Wärme spüren, der von ihrem Körper ausging. Dann lag sie fast reglos vor ihm auf dem Wasser. Vorsichtig postierte er die brennende Kerze auf ihren gefalteten Händen und dem Kruzifix, stieß sie sachte an und murmelte leise: »Der allmächtige Gott, der dich geschaffen hat, ruft: Fürchte dich nicht, denn ich habe dich erlöst. Fahre ein!«

Sie trieb im schwarzen Wasser voran. Das flackernde Kerzenlicht erhellte das niedrige Bruchsteingewölbe über ihr. Ihr Brustkorb hob sich noch ein letztes Mal. Kein Laut war zu hören. Er spürte das sachte Vibrieren, das aus der Tiefe kam. Das Wasser begann um sie herum zu brodeln. Blasen stiegen auf und zerplatzten an der Oberfläche. Gleich darauf klatschte es über ihr zusammen. Einzelne Tropfen spritzten in die Höhe, dann war das Wogen der Oberfläche nur noch zu erahnen.

Dunkelheit und Stille legten sich über sein Tun. Eine große Ruhe, von der er nicht zu sagen vermochte, wie lange sie andauern würde. Er war hierhergekommen, furchtlos, und hatte das Böse zum Kampf herausgefordert. Alles war nun anders. Es nutzte jetzt nichts mehr, sich zu verstecken. Der Feind würde ihn überall finden und nicht ruhen, bis er ihn zerschmettert hatte.

2

Von diesem Jahrgang würden sie noch in Jahrzehnten reden. Kurt-Otto Hattemer führte das Ende des durchsichtigen dünnen Schlauchs an seine Lippen. Er hatte das Gefühl, den Wein schon schmecken zu können, ehe auch nur ein Tropfen in seinen Mund gelangt war. Er schüttelte es ab. Das war die Erinnerung auf seiner Zunge. Gestern Morgen hatte er den Wein zum letzten Mal probiert. Auf Anhieb fiel ihm nicht ein einziger Tag ein, an dem er das nicht getan hatte, seit der Saft Ende Oktober von der Kelter gelaufen war. Dick und süß war er gewesen, ein Konzentrat der Mühen und der Aufregung in diesem Jahr. Ihm fiel spontan kein anderer Jahrgang einer Riesling Auslese ein, der ihn so viele Nerven gekostet hatte: zuerst der früheste Vegetationsbeginn aller Zeiten, dem um den 20. April verheerende Fröste gefolgt waren. Die Triebe der Reben waren zu diesem Zeitpunkt schon knappe zehn Zentimeter in die Höhe gewachsen. Bei annähernd minus acht Grad in den Kessellagen der Täler erfroren dort sämtliche Triebspitzen. Leblos und braun hingen sie an den Bogreben herab. Ein Anblick, der nicht wenigen Kollegen Tränen in die Augen getrieben hatte, begleitet von Existenzängsten, weil damit ein Großteil der diesjährigen Ernte vernichtet worden war, noch bevor sich das frische Grün in die Höhe gestreckt hatte. Es hatte sich ein heißer Frühsommer angeschlossen, der im Juni von wochenlangen Regenschauern abgelöst worden war, die bis an die Zeit der Traubenreife heranreichten. Man hatte das Schlimmste befürchten müssen. Gerade noch rechtzeitig, im allerletzten Moment, war der Sommer wiedergekommen und hatte die spät reifenden Traubensorten golden werden lassen.

Das Glück war dabei sehr ungleichmäßig verteilt gewesen. Weniger Trauben gab es überall. Aber die Kollegen, deren Lagen vom Aprilfrost betroffen waren, konnten kaum Zählbares ernten. Manche Winzer im Süden Rheinhessens hatten sogar doppelt zu leiden. Hunderte Hektar in der Nähe von Worms waren zusätzlich kurz vor der Lese von einem Hagelschauer heimgesucht worden, der eine Schneise der Verwüstung hinterlassen hatte.

Er litt mit ihnen. Dabei hing sein Schicksal nicht mehr von einer reichen und guten Weinernte ab. Er atmete schnaufend aus. Es klang wie ein Seufzen. Jedes Mal, wenn seine Gedanken um den ersten Herbst seines Ruhestandes kreisten, konnte er gar nicht anders als seufzen. Es drängte ganz automatisch aus seinem tiefsten Inneren heraus, begleitet von einem Hauch Schwermut und der Erinnerung an Zeiten, die nun endgültig vorbei waren. Es war die erste Weinlese, die er weitestgehend als unbeteiligter Zuschauer begleitet hatte. Bis auf zwei kleine Parzellen hatte er alle seine Weinberge abgegeben. Der Endpunkt eines langsamen und schmerzvollen Trennungsprozesses, der mehrere Jahre angedauert hatte. Seine Renate hatte ihn immer wieder angetrieben, sonst wäre es nie so weit gekommen. »Willst du raus auf den zugigen Hiberg, bis du dort irgendwann tot umfällst? Genieße deinen Ruhestand. Es gibt doch kaum noch etwas für den Fasswein, den du machst. Und Privatkundschaft hast du bald nicht mehr. Die meisten sind so alt wie du. Die sterben dir langsam weg. Für die Übrigen reicht das aus, was wir aus den letzten fünfzehn Jahren abgefüllt im Keller liegen haben. Zähl das mal nach.«

Was seine Frau gesagt hatte, stimmte. Mit fünfundsechzig war es an der Zeit, aufzuhören, zumal sie keine Kinder hatten, die den Betrieb einmal übernehmen wollten. Die eigenen Kräfte ließen spürbar nach. Im vergangenen hektischen Herbst hätte er die Arbeit kaum mehr bewältigen können, wenn er noch seine elf Hektar zu bearbeiten gehabt hätte. Dann hätte spätestens der Spott der Winzerkollegen dazu geführt, dass er sich mit dem Thema auseinandersetzte. »Der Kurt kommt mit der Arbeit nicht mehr nach. Dem sind die Burgunder am Stock verfault. Gesehen hat man es und gerochen. Der ganze Weinberg hat nach Essig gestunken. Aber nicht nach Balsamico.

Unparfümierter Essigreiniger. Wenn du zum Kurt eingeladen wirst, bringst du deinen Wein jetzt besser selbst mit.«

Er kommentierte seine eigenen Gedankengänge mit einem entschlossenen Kopfschütteln. Es war die richtige Entscheidung gewesen, sich zur Ruhe zu setzen. In manchen Lagen waren zwei bis drei Erntedurchgänge notwendig gewesen, um eine ordentliche Qualität auf die Kelter zu bekommen. Durch den nassen Spätsommer waren viele Beeren frühzeitig aufgeplatzt. Die beschädigten Trauben hatten entfernt werden müssen, um den weiterreifenden Rest nicht durch Fäulnis zu bedrohen. In seinen verbliebenen kleinen Parzellen war das keine große Sache gewesen. Er war ja sowieso weiterhin jeden Tag dort und konnte sich ohne Hetze auf die notwendigen Arbeiten konzentrieren. Darüber hinaus blieb ihm nun mehr Zeit für den einen oder anderen Plausch mit einem der Kollegen.

Kurt-Otto Hattemer musste schmunzeln. Das war das eigentliche Kunststück, das ihm gelungen war. Er nickte mehrmals und schmatzte in Vorfreude auf seinen Riesling. Über Jahrzehnte hinweg hatten die Nachbarn allesamt einen großen Bogen um ihn gemacht. Er war nicht blind gewesen, auch wenn sie das bestimmt glaubten. Er hatte es immer gemerkt, wenn sie sich rasch hinter der Rebzeile wegduckten, sobald er im Anmarsch war. Dabei hatten sie sich meistens so ungeschickt angestellt, dass es selbst einem Idioten aufgefallen wäre. Jeder Arbeiter im Weinberg spähte gern wie ein Erdmännchen über die Rebzeilen hinweg, wenn ein Geräusch zu hören war. Man verfolgte mit großem Interesse, wer mit welchem Gerät in welche Richtung fuhr. Dabei wurde beurteilt, ob die betreffende Arbeit, für die der Kollege unterwegs zu sein schien, bereits Sinn machte oder ob er mal wieder viel zu spät dran war. Mit Genugtuung nahm man zur Kenntnis, dass die anderen allesamt hinterherhinkten, während man selbst – wie in jedem Jahr – ein gutes Stück voraus war. Dann stellte sich Zufriedenheit ein, und die Arbeit an den Reben ging mit einem munteren Liedchen auf den Lippen noch einmal so schnell von der Hand.

Auf Tauchstation waren sie nur gegangen, wenn er sich mit

seinem Schlepper im Anmarsch befand. Dann hatten seine lieben Kollegen, vor allem die jüngeren, auf einmal keine Zeit mehr gehabt, waren gehetzt und gestresst gewesen, weil sie sich mit ihren ständig wachsenden Weinbergsflächen viel zu viel aufhalsten. Der Plausch im Weinberg, der über Generationen das Salz in der täglichen Arbeitssuppe gewesen war, blieb dadurch bedauerlicherweise – für ihn und ein paar der anderen Älteren, denen es ähnlich ging – auf der Strecke.

Vor zwei Jahren hatte sich das schlagartig geändert. Zunächst hatte er sich darauf keinen Reim machen können. Diejenigen, die sich zwischen den Rebzeilen regelrecht tot gestellt hatten, wenn er an ihnen vorbeifuhr, steuerten neuerdings zielsicher auf ihn zu, um sich ausgiebig mit ihm über Dorfneuigkeiten auszutauschen. Dann war der Groschen gefallen, denn ganz umständlich kam irgendwann jeder von ihnen auf die Frage zu sprechen, wie es denn mit seinen vielen und schönen Weinbergslagen weitergehen würde, wenn er demnächst in Rente ginge. Sie lobten überschwänglich seinen Eifer, klopften ihm fortwährend auf die Schulter und erinnerten an alte familiäre Bande, um ihn zu guter Letzt beiläufig darauf hinzuweisen, dass sie gern die eine oder andere Parzelle übernehmen würden, wenn es denn endlich so weit wäre, zu einem ordentlichen Pachtzins natürlich, das verstehe sich ja von selbst.

Anfangs hatte er noch geglaubt, sich für einen entscheiden zu müssen. So, wie man ja auch nur eine Frau heiraten konnte. Aber für wen? Wer sollte all die schönen Weinberge bekommen, die ihm so am Herzen lagen? Mit jedem Fleckchen im Teufelspfad verband er eine Geschichte. Erzählungen und Erinnerungen, die zum Teil noch von seinen Vorfahren stammten und in ihm weiterexistierten. Er wusste: Wer alle seine Weinberge bekam, war ihm zeit seines Lebens verpflichtet und dankbar. Da er sie ganz sicher niemals verkaufen würde, blieb dem Begünstigten nichts anderes übrig, als sich auf Dauer mit ihm gut zu stellen. Derjenige konnte sich nicht wegducken und den toten Mann spielen, wenn er im Anmarsch war.

Deswegen war seine im fortgeschrittenen Stadium einer

Süßweinprobe geborene Idee ja auch so überaus genial gewesen. Kurt-Otto kicherte bei dem Gedanken daran still vor sich hin. Darauf hätte er eigentlich schon viel früher kommen müssen, spätestens, als das sich steigernde Interesse *aller* Winzerkollegen deutlich wurde. Regelrechte Traktorprozessionen hatten sich in seinem letzten Jahr als aktiver Haupterwerbswinzer formiert. Brach einer mit seinem Schlepper auf und steuerte den Weinberg an, in dem er arbeitete, konnte man sicher sein, dass wenig später Bewegung in den gesamten Südhang im Selztal kam. Einem aufgeschreckten Ameisenhaufen gleich setzten sich die Späher in Bewegung, um zielsicher, aber gänzlich zufällig bei ihm vorzufahren und sich in die Schlange der Winzerkollegen einzureihen. Zeitweise war der komplette noch lebende örtliche Berufsstand in seiner Rebzeile anwesend. Und keiner traute sich, als Erster zu gehen. So gut wie in diesem seinem letzten Jahr vor der Rente war er noch nie informiert gewesen.

Kurt-Otto war vieles, nur nicht naiv. Daher hatte er diese Zeit in vollen Zügen genossen, im Bewusstsein, dass das Interesse mit seiner endgültigen Entscheidung für einen Pächter schlagartig erlöschen würde. Letztlich musste es an der 1976er Kerner Beerenauslese gelegen haben, die er an jenem Abend, als Renate bei ihren Landfrauen war, allein geleert hatte. Auf einmal war sie da gewesen, die geniale Idee, die ihm helfen würde, den herrschenden Zustand über den Eintritt in den Winzerruhestand hinaus zu konservieren. Ein knappes Dutzend dankbarer Kollegen, die alle gern mal auf einen Plausch an einem seiner beiden winzigen Weinberge anhielten, welche er jetzt, als rüstiger Rentner, weiterhin aufopferungsvoll pflegte, wurde von ihm bedacht. Jeder der um seine Gunst buhlenden Kollegen hatte seinen Teil abbekommen. Gerade so viel, dass es angeraten schien, sich auch weiterhin um sein Wohlwollen zu bemühen, zumal Kurt-Otto die Pachtverträge bewusst mit einer kurzen Laufzeit versehen hatte, damit er ein letztes Druckmittel in der Hand behielt.

Er schmatzte noch einmal zufrieden. Nach anfänglichem

Rumoren waren sie ihm schon bald dankbar gewesen, dass er keinen von ihnen bei der Verteilung vergessen hatte. Nur Klaus Dörrhof hatte etwas länger gebraucht. Er war der größte Winzer im Dorf und war fest davon ausgegangen, dass er alle seine Weinberge auf einen Schlag übernehmen könne. Schließlich hätten sich schon ihre Großväter in jungen Jahren für den Fall der Kinderlosigkeit gegenseitige Unterstützung zugesichert. Mittlerweile war aber auch das ausgeräumt, und Klaus Dörrhof mühte sich weiter redlich, ihm zu zeigen, dass nur er wirklich in der Lage war, die ihm anvertrauten Weinbergsparzellen in seinem Sinne weiterzupflegen. Allerdings war er in diesem Bemühen keinesfalls der Einzige.

Da anscheinend alle die kurze Laufzeit der Pachtverträge so deuteten, dass er sich wohl erst einmal ansehen wollte, wie sie mit seinen Weinbergen umgingen, waren seine Stücke in diesem Herbst die schönsten gewesen. Ein Umstand, der ihn dazu bewogen hatte, den Dörrhof um so viele Trauben aus seinem alten Grauen Burgunder zu bitten, dass er das kleine Holzfass neben dem Edelstahlfass mit der Riesling Auslese wieder volllegen konnte. Es war ein guter und sehr knapper Jahrgang, von dem man sich tunlichst einen Teil sicherte, bevor es zu spät war. Renate hatte er diese punktuelle Umkehr vom Weg der Reduzierung seiner eingelagerten Weinmenge besser verschwiegen. Sie würde dafür kaum Verständnis aufbringen, wo doch noch mehrere Jahrgänge aus demselben Weinberg fast vollständig im hinteren Teil seiner Scheune, die ihm als Flaschenlager diente, reiften. Das Holzfass mit dem Grauen Burgunder, das sechshundert Liter fasste, hatte er daher ebenfalls mit der Aufschrift »Riesling« gekennzeichnet. Falls Renate wider Erwarten nachfragte, konnte er immer noch den besonders ertragreichen Weinberg loben, der ihm in diesem Jahr eine solche Flut an Trauben beschert hatte, dass er zwei Fässer benötigte.

Er saugte entschlossen, behielt den oberen Teil des durchsichtigen Schlauches im Blick und brachte sein Weinglas in Position. Milchig trüb schoss ihm der Riesling entgegen. Kurz bevor er seine Lippen erreichte, senkte er das Schlauchende in das Weinglas hinab. Plätschernd floss der gärende Saft hinein. Das erste Glas goss er vorsichtig wieder zurück in das Fass. Dann ließ er das laufen, was er zur allmorgendlichen Verkostung quer durch seinen reduzierten Gärkeller benötigte. Drei Fässer hielt er vor, einen Kerner, einen falsch beschrifteten Grauen Burgunder und ebenjene Riesling Auslese, mit der er seinen kleinen Kontrolldurchgang stets begann. Da dieses Vorgehen keine korrekte Probenfolge darstellte, beendete er seinen vinologischen Rundgang durch den eigenen Keller, wie er ihn begonnen hatte, indem er sich zum Abschluss noch einmal einen kleinen Probierschluck aus dem ersten Fass gönnte. Nur zur Bestätigung und Rückversicherung, dass wirklich alles passte und die Gärung so verlief, wie er es erwartete. Noch hatte der gärende Saft nämlich kaum Alkohol. Ganz langsam mühten sich die Hefen an der immensen Süße ab. Ein minimaler täglicher Fortschritt nur, den herauszuschmecken er sich aber doch imstande glaubte.

Vorsichtig führte er das Glas an seine Nase heran. Die Augen hatte er schon geschlossen, weil er sich ganz auf den betörenden Geruch konzentrieren wollte. Dörrobst, Rosinen, Honig. Alles Dinge, die sich sonst nicht unbedingt auf seinem Speiseplan fanden, bestenfalls in Renates Quellmüsli, das sie sich umständlich aus einem guten Dutzend einzelner Zutaten jeden Morgen zum Frühstück zusammenstellte, um ihn anschließend mit einem strafenden Blick zu bedenken, weil auf seinem Frühstücksbrettchen ein überschaubares, aber üppig belegtes Brot mit Dosenbratwurst auf den Verzehr wartete. Schon bei dem Gedanken daran lief ihm wieder das Wasser im Mund zusammen. Spätestens nach seiner ersten Runde quer durch den Teufelspfad würde er einen kleinen Zwischenstopp einlegen, um ein zweites Frühstück einzuschieben.

Viel zu tun hatte er jetzt, Anfang November, da die Weinlese schon seit fast zwei Wochen beendet war, nicht mehr. Die kleinen Klammern, die die Drähte unter Spannung hielten und verhinderten, dass die gerade gestellten grünen Triebe der Reben wieder übereinanderrutschten, hatte er schon letzte Woche entfernt. Gestern hatte er zudem die zwei Drahtpaare, die den Aufwuchs in die Höhe begleiteten und gerade hielten, heruntergehängt. Damit war eigentlich alles für den Winter vorbereitet. Der nächste wirkliche Arbeitsschritt stand erst Ende Januar mit dem Rebschnitt auf dem Plan. Ausreichend Zeit also, die er zur Begleitung der gärenden Weine im Keller und für seine Kontrollfahrten durch die verschiedenen Weinlagen des Dorfes nutzte. Er musste ja schließlich ein Auge darauf haben, ob seine Weinberge von den Kollegen weiterhin gut gepflegt wurden.

Geräuschvoll sog er Luft durch die Nase ein. Die Aromen, die dabei durch sie hindurchströmten, wusste er im Moment noch nicht recht zuzuordnen. Sie wollten nicht in das erwartete Spektrum passen. Konzentrierte Fruchtaromen, opulente Süße, ein dichter Gesamteindruck, der sein Rückgrat durch die deutlich schmeckbare Säure erhielt, die dem Wein darüber hinaus eine angenehme Frische verlieh. Das konzentrierte Aroma der Rosine vermählte sich mit dem knackigen Geschmack nach reifen, aber noch festen Trauben. Diese Vielschichtigkeit machte einen solchen Wein aus.

Noch einmal atmete er tief und hoch konzentriert ein. Die Rosinen waren weg und mit ihnen das gesamte restliche Dörrobst, das er doch gestern Morgen noch so deutlich und präsent hatte herausschmecken können. Geblieben war ein stechender Geruch, der alles dominierte. Kurt-Otto riss die Augen auf, versetzte sein Glas in hektische Bewegungen und die milchig trübe Flüssigkeit in Rotation. Schnell versenkte er seine Nase wieder hinein und sog ein drittes Mal den Geruch seines Kellerlieblings auf. Weine durchschritten mitunter tiefe Täler auf ihrem langen Weg hinauf zu wahren Aromagipfeln. Er atmete schnaufend aus. Einen gestandenen Winzer mit fünfzig Jahren Weinerfahrung brachte nichts so leicht aus der Ruhe. Trotzdem spürte er die Hitze, die in diesem Moment in ihm aufstieg. Sein Glas kreiste jetzt noch schneller, als ob sich die bösen Gerüche auf diese Weise vertreiben ließen. Ungläubig und kopfschüttelnd senkte er seine Nase erneut hinab, obwohl er doch wusste, dass sich nichts verändert hatte. Sein Wein stank abscheulich. So viel stand fest. Er war sich nur noch nicht ganz sicher, ob ihn der Geruch an fermentiertes, aber ungekochtes Sauerkraut oder eine frisch geöffnete Dose Presskopf erinnerte oder an beides zugleich.

Ihm entwich ein deutlich vernehmbares Stöhnen, das von den grob gehauenen Bruchsteinen seines alten Kellergewölbes als dumpfer Hall zurückgegeben wurde. Irgendetwas war seit gestern in diesem Fass gehörig schiefgelaufen. Er wusste zwar noch nicht, was, aber zu leugnen war es nicht mehr. Das war kein kurzfristiges Zwischentief in der Entwicklung eines jungen, noch gärenden Weines, sondern ein ernsthaftes Problem, für das er keine schnelle Erklärung parat hatte. Er musste schleunigst etwas unternehmen, bevor es zu spät war.

3

Posthalters Sigrun rieb sich in wohliger Vorfreude die Hände. Den Henkelkorb unter ihrem Arm drückte sie fester an sich und beschleunigte noch einmal ihren Schritt. Sie war spät dran. Gestern Abend hatte sie wieder einmal keine Ruhe gefunden. Es hatte das große Herbstfest der Volksmusik gegeben, mit diesem sympathischen jungen Mann, dessen Namen sie sich einfach nicht merken konnte. So freundlich und zuvorkommend, davon konnten sich ihre beiden maulfaulen Schwiegersöhne eine dicke Scheibe abschneiden. Die bekamen kaum ein Wort heraus, wenn sie denn überhaupt mal die Last auf sich nahmen, bei einem der ohnehin seltenen Besuche ihrer Töchter mitzukommen. »Holger hat die Woche über so viel zu tun. Er braucht das Wochenende, um zur Ruhe zu kommen.« – »Gernot arbeitet immer noch Schicht, Mutter, das müsstest du doch wissen. Aber er lässt dich ganz herzlich grüßen.« Alles gelogen, billige Ausreden! Ihre beiden Schwiegersöhne taugten nichts, und das hatte sie ihren beiden Töchtern vor der jeweiligen Eheschließung auch auf den Kopf zugesagt. Nicht nur einmal, sondern wiederholt. Ihr brauchte jetzt also niemand einen Vorwurf zu machen. Sie hatte alles getan, um die Mädchen zu warnen.

Der freundliche und gepflegte junge Mann aus dem Fernsehen dagegen, das wäre ein Schwiegersohn nach ihrem Geschmack gewesen. Der sah einem wenigstens in die Augen, wenn er mit einem sprach. Er begrüßte und verabschiedete sich herzlich und voller Überschwang von seinen Gästen. Und außerdem konnte er selbst auch so schön singen. Ihr kamen stets schon nach wenigen Takten die Tränen, obwohl die Melodien in der letzten Zeit gewöhnungsbedürftiger geworden waren. Der hämmernde Rhythmus und das hektische Herumgespringe gefielen ihr oft nicht so gut. Dafür interessierten sich aber mittlerweile anscheinend auch junge Leute für ihre

Lieblingssendung. Es waren gestern wieder so viele mit dabei gewesen. Sie hatte sich regelrecht gewundert darüber, wenn die Kamera die begeisterte Menge einfing, die den Stars zujubelte. Andrea Berg, Nana Mouskouri und die Zipfelbuben waren aufgetreten. Nicole hatte ein so schönes Lied gesungen, dass sie sich in jenem Moment ihrem lange schon verstorbenen Heinrich wieder nahe gefühlt hatte. Sie musste bei der Erinnerung daran schon wieder schniefen und wischte sich mit der linken Hand eine Träne von der Wange. »Ich war so lang allein, dachte, wie kann das sein?«, hörte sie Nicole singen. »Hat der Herrgott mich einfach vergessen? Wir seh'n uns im Himmel, seh'n uns im Himmel. Vielleicht heut Nacht.«

Sigrun entwich ein tiefer Seufzer. Sie schüttelte die Gedanken ab, die sie doch nur wieder traurig machten. Das war völlig unangebracht. Sie war auf dem Weg zu einem Geburtstag und nicht zu einer Beerdigung. Roswitha wurde heute achtzig. Das hatte sie am Donnerstag im Nachrichtenblatt gelesen. Eine schöne Abwechslung für den heutigen Tag. Ab mittags wurde mit der Familie und den geladenen Gästen gefeiert, aber der Morgen gehörte traditionell all denen, die einfach so vorbeikamen. Egal, ob man dem Geburtstagskind nahe- oder – wie sie – ferner stand. Ein Gläschen Sekt, belegte Brötchen, vielleicht noch ein zweites oder drittes Gläschen Sekt, wenn die Gespräche sich gut entwickelten, und im Anschluss ein Tässchen Kaffee. Der Vormittag versprach ein angenehmer zu werden.

Auch ihre beiden Rommé-Freundinnen, die Käfergässer Gerda und die Chaussee-Helga, ließen keinen runden Geburtstag im Dorf aus, bei dem man sich prächtig unterhalten und ausgiebig auf Kosten anderer zulangen konnte. Sie war also in guter Gesellschaft, wollte nur nicht unbedingt zu den Letzten zählen, die zum Gratulieren aufliefen. Die bunten Platten waren dann immer schon arg ausgedünnt. Sie mochte keine Hausmacher-Wurst. Räucherlachs und Forelle waren weg, wenn man sich nicht sputete, und nachgelegt wurden dann meist nur noch Leber- und Blutwurstbrote. »Wir mögen das Rustikale. Handfeste Hausmannskost ist doch das Beste«, hieß es dann. Pustekuchen, alles dumme Ausreden! Jeder griff zuerst ganz schnell und mehrmals bei den besseren Sachen zu. Und erst, wenn die weg waren, fanden auch die Mettbrote notgedrungen ihre willigen Abnehmer.

Jetzt rannte sie fast. Vor einer halben Stunde hatte sie da sein wollen. Alles nur, weil sie verschlafen hatte. Die Augen waren ihr schon beim letzten Teil der Volksmusiksendung zugefallen. Sie kannte den gebräunten Mann mit dem kugelrunden Mondgesicht und dem weißen gehäkelten Topflappen auf dem Kopf bereits aus den vorherigen Sendungen. Sein Vorname klang ausländisch, der Nachname wie diese vertrocknete Mumie, die sie im ewigen Eis der Alpen ausgegraben hatten. Trotz dieser Gedächtnisstützen wollte ihr partout nicht einfallen, wie er hieß. Seine Musik mochte sie so wenig wie ihn, daher schloss sie stets die Augen, wenn er auf die Bühne sprang. So musste sie eingeschlafen sein und war erst mitten in der Nacht wieder aufgewacht. Da lief gerade die Wiederholung dieser Sendung, in der sie wirkliche Verbrechen nachstellten, um die nach langer Zeit noch immer flüchtigen Täter zu fangen. Sie hatte gar nicht weitergucken wollen, war davon aber einfach nicht losgekommen, obwohl sie genau wusste, dass sie danach kein Auge mehr zumachen würde. Die Wirklichkeit war nämlich viel schlimmer, als man sie in den sonst doch eher lächerlichen Krimis darstellte. Bis zum Morgengrauen hatte sie wach auf dem Sofa gelegen, weil sie sich nicht mehr hinauf ins Bett traute. Die alten Dielen knarrten ständig, selbst dann, wenn sich niemand über sie hinwegbewegte.

Sigrun schob mit einem schnellen Handgriff das Tuch zur Seite, das sie über ihren Henkelkorb breitete, sobald sie aus dem Haus ging, und kontrollierte, ob noch alles richtig stand. Sie hatte den Korb immer abgedeckt. Es brauchte nicht jeder zu sehen, was sie mit sich führte. Die neugierigen Weiber im Dorf stierten nämlich immer genüsslich hinein, um den Inhalt zu studieren. »Lachsersatz, man lässt es sich gut gehen. Ein Piccolöchen dazu. Wer hat denn Geburtstag?« Es ging niemanden etwas an, was sie der Roswitha als kleines Geschenk zum runden Geburtstag mitbrachte. Sie würden ja doch bloß ihre dummen Kommentare abgeben. »Hat sie wieder von ihrem eigenen Rotwein dabei? Das Zeug kann man kaum trinken. Es ist ja auch quer durchs ganze Dorf gelaufen.« Dann schüttelten sie sich und verzogen angewidert die Gesichter, weil sie alle keine Ahnung hatten, was gut schmeckte.

Es war der blanke Neid, der sich auf diese Weise Bahn brach. Als die jungen Wilden im letzten Jahr in die Kellerei von Eugen Appenheimer eingebrochen waren und die Zigtausende Liter Rotwein durchs Dorf geflossen waren, hatten sie nämlich alle tief und fest geschlafen. Nur sie allein war so geistesgegenwärtig gewesen, die Gunst der Stunde zu nutzen, und hatte die halbe Nacht den vorbeiströmenden Rebensaft ins Haus geschafft. Einhundertzwölf Flaschen Wein hatte sie in den Tagen danach aus der Badewanne heraus durch den Kaffeefilter abgefüllt. Kurt-Otto Hattemer hatte ihr freundlicherweise ausreichend Leergut zur Verfügung gestellt. Damit sie sich nicht länger das Maul zerrissen, experimentierte sie seither mit verschiedenen Rezepturen. Sehr zufrieden war sie mit den eingelegten Pflaumen. Über den Spätsommer hinweg hatte sie in den fortgeschrittenen Abendstunden in den Gärten um den Friedhof herum fleißig Fallobst und solches, das kurz davorstand, gesammelt. Die Pflaumen hatte sie entsteint und mit reichlich Kristallzucker in ihrem eigenen Rotwein eingelegt. Ein kräftiger Schuss achtzigprozentigen Strohrums, den sie sonst nur sehr sparsam zum Backen verwendete, verlieh dem Ganzen den aromatischen Feinschliff. Feurige Wärme verbreitete ihr Rumtopf, für den sie reichlich lobende Worte erntete, auch wenn das kleine Restchen Misstrauen erst nach der dritten oder vierten verzehrten Pflaume restlos aus den Gesichtern verschwand.

Schwungvoll drückte sie die Klinke am Hoftürchen hinunter und behielt das hohe Tempo bei, mit dem sie den letzten Teil der Strecke zurückgelegt hatte. Weitgehend ungebremst rannte sie gegen das Türblatt, ein ausgeblichenes Holzimitat aus Kunststoff. Das gab eine mächtig dicke und rot leuchtende

Backe. Mit einem raschen Blick unter das Tuch stellte sie sicher, dass der Inhalt ihres Henkelkorbes unversehrt geblieben war. Das hätte eine schöne, kaum zu behebende Sauerei im Flechtwerk gegeben. Sie schüttelte verwundert den Kopf, während sie die Klinke auf und nieder bewegte, ohne dass dies den wenig zufriedenstellenden Zustand veränderte, in dem sie sich befand. Hatten sie die Tür von innen verriegelt, weil schon so viele heute Morgen da gewesen waren? Wegen Überfüllung geschlossen, um kurz nach neun? Sie wollte das nicht glauben. Mehrmals betätigte sie ungeduldig den Klingelknopf an der Hauswand neben dem Hoftor. Konzentriert lauschte sie. Das Läuten war gedämpft, aber deutlich zu vernehmen. Sie drückte ihn direkt zwei weitere Male und hielt den Knopf am Ende lange in Position. Selbst wenn die belegten Brote schon alle aufgegessen waren, musste doch zumindest noch ein Gläschen Schaumwein für sie übrig sein. Roswithas Schwiegersohn war Winzer irgendwo zwischen Alzey und Worms. Die Betriebe dort waren sehr groß, eine ausreichende Versorgung der Gratulanten konnte somit als gesichert gelten. Aber warum machte dann niemand auf?

Sigrun postierte ihren Henkelkorb vorsichtig auf dem Pflaster des Bürgersteigs direkt am Hoftor. Dann machte sie ein paar kleine Schritte zur Seite und schob ihren Kopf ganz nahe an die Fensterscheibe heran. Mit beiden Händen schirmte sie ihre Augen gegen die herbstliche Morgensonne ab, sodass sie durch die Scheibe und die dünne Gardine dahinter einen Blick in Roswithas Wohnzimmer werfen konnte. Da war niemand. Ihr Blick hetzte durch den Raum. Das Sofa mit den bestickten Kissen, mehrere Puppen in selbst gehäkelten und reich verzierten Kleidchen thronten darauf. Darüber ein Stillleben, schwer erkennbares Obst und welkende Blumen. Eine alte Vitrine auf der anderen Seite des Raumes neben der Tür in den Flur. Große Weingläser mit langen roten Stielen und … Sie zuckte erschrocken zusammen. Da lag etwas. Das musste Roswitha sein, ihre Beine, die aus dem Flur ein Stück weit in den Raum hineinragten. Sigruns Herz raste so sehr, dass sie sich an die Brust fassen musste. Am eigenen runden Geburtstag! Oh Gott. Hektisch warf sie sich herum. Sie wollte eigentlich laut schreien, aber in diesem Moment rollte ein Junge auf einem dieser neumodischen Bretter an ihr vorbei, die sich ganz von allein fortbewegten, ohne dass sie erkennen konnte, wie das möglich war.

»Junge! Ruf die Polizei. Hier ist etwas ganz Schreckliches passiert. Roswitha liegt tot im Flur!«

4

Der Geruch haftete noch immer an ihm. Wie lange war es her? Er wusste es nicht mehr zu sagen. Beschreiben konnte er sie, die Zeitalter, die seither vorbeigezogen waren, zählen konnte er sie jedoch nicht. Die Trauben waren damals noch nicht reif gewesen. Es hatte viele Wochen lang geregnet. Immer wieder und ohne Unterlass. Große Mengen Regen waren gefallen. Der Messbecher im Blumenkübel vor der Haustür war fast jeden Morgen ganz voll gewesen. Seine Mutter hatte die Geranien drum herum nicht mehr gießen müssen. Ihnen bekam das Wetter anscheinend sehr gut, sie reckten ihre bunten Blüten trotzig in die Höhe. Begleitet wurden die Niederschläge von einer langen Zeit der Finsternis, so wie er es vorausgeahnt hatte. Er hatte sich kaum nach draußen getraut. Da es ständig regnete, hatte seine Mutter ihm das verziehen. Eine Zeit lang jedenfalls. »Du musst in die Weinberge, Junge, das Laub schneiden. Die Rebgassen wachsen sonst zu. Dann kommst du gar nicht mehr durch. Es wird höchste Zeit. Eigentlich hätte es längst gemacht werden müssen. Letzte Woche bist du überhaupt nicht aus deiner Wohnung gekommen. Vater hat mit der Schere in unserem Spätburgunder in der Lage Nagelschmitt zumindest die dichtesten Reihen gelichtet. Er kann aber doch nicht alle unsere Weinberge von Hand schneiden. Es sind so viele, und er ist so schlecht auf den Beinen. Wir haben keine Knechte und Mägde mehr. Uns hilft keiner. Sie zerreißen sich nur wieder das Maul, lachen gehässig und zischeln, wenn ich an ihnen vorbeigehe. Du weißt, wie weh mir das tut.«

Er konnte den Geruch aus der Tiefe wieder riechen. Er hatte sich als Erinnerung in seiner Nase und seinem Kopf festgesetzt, um ihn als Zeichen des Triumphs und der Angst wiederkehrend daran zu erinnern, dass es lange noch nicht zu Ende war. Die Sonne schien jetzt, aber wirkliche Helligkeit brachte sie nicht. Geduckt tastete er sich weiter an der Hauswand entlang.

Den Weg aus seiner Wohnung im hinteren Teil des Gehöfts nach vorn zu seinen Eltern, die im alten Haus wohnten, legte man in weniger als einer Minute zurück. Wenn er die Nähe des Feindes fühlte und die lähmende Angst übermächtig war, kam er kaum von der Stelle. Kein Geräusch durfte ihn verraten. Sein Atem ging lautlos. Er hielt sich so nahe an der Wand, dass er fast mit ihr verschmolz, in die Rillen und Poren des bröckelnden Putzes hineinkroch und somit unsichtbar wurde für ihre vielen Augen, die unablässig nach ihm suchten.

Nachts riefen sie nach ihm. Meistens ganz leise, weil sie so weit weg waren. Wispernde Stimmen, die seinen Namen flüsterten. Kamen sie näher und wurden deutlicher, ließ er sich lautlos hinabgleiten. Den Spalt zwischen dem Rahmen seines Bettes und der kalten Wand kontrollierte er ständig. Er war die einzige Fluchtmöglichkeit, wenn sie die Witterung aufgenommen hatten. Sobald er hörte, wie sie, mit ihren Füßen scharrend, langsam, aber beharrlich näher kamen, rollte er sich geräuschlos immer weiter zur Seite, bis er verschwand. Sie konnten ihn dort nicht sehen, nicht einmal, wenn sie direkt vor seinem Bett standen. Ihre Schritte spürte er als sanfte Vibrationen, auch wenn sie sich noch so viel Mühe gaben, das zu verhindern.

Die Angst und der Geruch, der seit damals in seiner Nase hing, erinnerten ihn daran, dass es weitergehen musste. Kaum drei Wochen waren vergangen, seit er den Kampf aufgenommen hatte. Der erste Gegner war vernichtet. Er hatte ihn besiegt und dorthin zurückgeschickt, von wo er gekommen war. Er durfte nicht ruhen. Von ihm hing alles ab. Jeder merkte, dass das Böse mächtiger geworden war. Alle im Dorf klagten und jammerten, ohne zu wissen, dass ihnen die Zeit davonlief. Und sie hatten keine Ahnung, welche Last er auf sich nahm, um sie alle zu retten.

5

Kurt-Otto Hattemer war völlig außer Atem. Er schnaufte heiser und fühlte, dass seine Beine weich wurden. Hastig streckte er seine rechte Hand aus, um sich am Geländer festzuhalten. Jetzt bloß nicht der Länge nach hinschlagen! Ein Blick auf seine linke Hand erinnerte ihn daran, dass er extrem vorsichtig sein musste. Die Flasche war offen, weil er befürchtete, dass sie aufgrund des gärenden Inhalts ansonsten auf dem Weg hierher platzen könnte.

Seine Atmung wollte sich nicht beruhigen. Er war eindeutig zu schnell gerannt. Der spitze Stich, der ihm nun zu allem Überfluss in die Seite fuhr, ließ ihn zusammensacken. Mit der rechten Hand am Geländer hielt er sich nur mehr notdürftig auf den Beinen.

»Was ist denn mit dir los?«

Die Stimme kam ihm bekannt vor. Sein heißer Schädel arbeitete langsam.

»Klaus.« Er schnaufte die Worte hinaus. »Du musst mir helfen.« Die Worte wollten ihm nicht recht über die Lippen kommen. Er versuchte daher, die linke Hand mit der offenen Weinflasche in die Höhe zu halten, was ihm auch ganz passabel gelang. Seine Beine fühlten sich an wie grüner, glibberiger Wackelpeter. Ein säuerlicher Ekel überkam ihn. Er musste mehrmals dagegen anschlucken. Immerhin erinnerte er ihn wieder daran, weshalb er hierhergerannt war. Und das auch noch in einem Tempo, das ihn vollkommen überforderte. Kein Wunder, der Sauerstoffmangel, die weichen Beine, der wankende Untergrund.

»Mensch, Kurt-Otto, was machst du denn für Dummheiten? Komm erst mal rein.« Klaus Dörrhof griff ihm unter den linken Arm und zog ihn sachte die Stufen hinauf zur Haustür. »Es muss dich ja nicht jeder in diesem Zustand sehen. Noch dazu am frühen Morgen!«

Kurt-Otto nickte und hielt die Flasche fest umklammert. Nicht dass die hier noch runterfiel, so kurz vor dem Ziel.

Klaus nahm sie entschlossen an sich. »Nun gib schon her. Ich passe für dich darauf auf. Wenn du in die Scherben fällst, muss ich noch den Krankenwagen rufen, und dann weiß es das ganze Dorf!« Er schüttelte den Kopf. »Ich sage meiner Gudrun immer, dass es nicht gut ist, abrupt aufzuhören. Man braucht eine Beschäftigung, auch im Alter, sonst wird man trübsinnig, verliert den Lebensmut oder fängt«, er hielt mit einem kurzen Stöhnen inne, weil er unter Kurt-Ottos Gewicht selbst in die Knie zu gehen drohte, »oder fängt mit dem Saufen an.«

»Das ist doch Quatsch.« Abgehackt drangen die Worte aus seinem Mund. Nach jedem einzelnen schnappte er pfeifend nach Luft. Immerhin fühlten sich seine Beine schon wieder etwas stabiler an. Zum Glück konnte ihn Renate so nicht sehen. Das wäre ein wahrer Sturzbach auf die Mühlräder ihrer Ernährungstheorien. »Die vielen tierischen Fette, meine liebe Reblaus, dein daraus resultierendes Übergewicht, gerade in den gefährlichen Problemzonen«, dozierte sie gern. Dabei starrte sie stets ausgedehnt auf seinen Bauch. »Das schlägt aufs Herz. Dann kommt noch der Alkohol dazu.«

Mittlerweile waren sie im Hausflur angekommen. Von hier führte eine breite, geschwungene und reichlich mit Trauben und anderen Weinmotiven verzierte Eichentreppe in den oberen Stock. Jeder im Dorf kannte die Treppe und führte gern ihre Opulenz und den geschnitzten Detailreichtum an, wenn das Gespräch auf den über Generationen stetig vermehrten Besitz der Dörrhofs kam. Dabei war das nur ein Teil der Wahrheit. Der eigentliche Schatz der Familie lag im Keller unter der Scheune, und den kannten nur die wenigsten. Ein prachtvolles und fachgerecht restauriertes Kreuzgewölbe konnte man dort besichtigen, das zudem von einem guten Dutzend geschnitzter Doppelstückfässer ausgefüllt wurde. Seit Generationen war es bei den Dörrhofs üblich, sich gegenseitig zu allen möglichen wichtigen Familienereignissen ein solches Fass zu schenken.

Die sichtbare Stirnseite der Holzfässer bot reichlich Platz für die Verewigung der Namen des Schenkenden und des Beschenkten sowie der prägenden Familienereignisse, die man der Nachwelt zu hinterlassen gedachte.

Um diesen Keller kreisten die wildesten Geschichten. Wer und was auf den Stirnseiten zu sehen war, wurde gern diskutiert. Viel mehr interessierten sich aber alle für das, was angeblich auf den versteckten Rückseiten der Zweitausendvierhundert-Liter-Fässer zu entdecken war. In Ungnade gefallene Vorfahren, die man aus dem kollektiven Familiengedächtnis tilgte, indem man das Fass und damit sie der Wand zudrehte und die ehemalige Rückseite einfach neu verzieren ließ? Böse Zungen behaupteten, dass auf diese Weise auch ein Hakenkreuz zur Wand gedreht worden war, ebenso wie eine relativ junge, detailliert in Szene gesetzte Zeichnung, die den Fall der Mauer und die sich daraus entwickelnde Wiedervereinigung verherrlicht hatte. Klaus Dörrhof hatte sich nämlich gleich nach der Wende im Osten versucht, mit seinem Projekt eines zweiten Weingutes in der Nähe von Bad Kösen allerdings Schiffbruch erlitten. Die Firma, die er dort mit einem ehemaligen Mitarbeiter betrieben hatte, war pleitegegangen. Im Dorf hatte man lange über die sich stetig steigernden Summen gemunkelt, die er seinem Geschäftspartner überwiesen hatte, um den Keller vor Ort zu modernisieren. Bei einem spontanen Besuch nach der Lese im Herbst hatte er feststellen müssen, dass weder der Keller renoviert noch ein einziges der beschriebenen und pünktlich bezahlten Geräte geliefert worden war. Von Klaus' Kompagnon fehlte ebenso jede Spur. Seither war Kurt-Ottos Winzerkollege nicht mehr so gut auf die deutsche Wiedervereinigung zu sprechen.

Die letzten Schritte in Richtung Küche konnte Kurt-Otto bereits wieder nahezu selbstständig absolvieren. Noch immer schnaufte er wie eine Lokomotive aus dem Freilichtmuseum, die für die sonntägliche Vergnügungsausfahrt kräftig vorgeheizt worden war. Die Hitze in seinem sicher rot glühenden Schädel fügte sich in dieses Bild trefflich ein.

»Ein Weinglas!« Er hatte den Befehl herausgepustet und zeigte auf die offene grüne Literflasche in Klaus' Hand. »Den musst du unbedingt probieren.«

Klaus Dörrhof rührte sich nicht. Kurt-Otto glaubte, Besorgnis in seinem Blick erkennen zu können.

»Wer ist da?« Die Stimme kam von oben. Klaus' Frau, das fehlte jetzt gerade noch! Gudrun war mit seiner Renate einmal wöchentlich bei den Landfrauen. Wenn die ihn hier so sah, außer Puste und schnaufend, brauchte man kein großer Prophet zu sein, um vorauszusagen, dass eine noch zusätzlich ausgeschmückte Beschreibung seines Zustandes postwendend den Weg zu Renate finden würde.

»Kurt-Otto ist hier, um etwas wegen der Weinbergspacht zu besprechen. Du weißt doch, dass ich ihm ein paar Trauben vom Grauen Burgunder aus dem Garnstock abgegeben habe. Das müssen wir ja irgendwie verrechnen.«

Kurt-Otto stöhnte gut vernehmbar. Was war jetzt schlimmer? Diese Variante, durch die seine Frau erfuhr, dass er heimlich Trauben zukaufte, oder die Geschichte von seiner körperlichen Überforderung nach einem kurzen Sprint durchs Dorf? Es spielte schlicht keine Rolle, weil bereits alles gesagt war und das Schicksal damit unweigerlich seinen Lauf nahm. Was er jetzt auch versuchte – »Die Trauben waren gar nicht für mich. Für einen Bekannten, ich habe das nur angeleiert und vermittelt. Bitte, bitte nichts Renate erzählen« –, er würde es dadurch nur noch schlimmer machen. Daher sparte er sich die wenige Luft, die ihm blieb, für das auf, was ihn hierhergezwungen hatte.

»Bitte probier den mal.« Er schob Klaus Dörrhof die grüne Literflasche entgegen, die dieser auf den Küchentisch gestellt hatte. »Ich weiß nicht, was passiert ist. Gestern war noch alles in bester Ordnung. Der typische Gärungsverlauf, wie er bei einer hochreifen Riesling Auslese eben sein muss.«

Klaus Dörrhof löste sich aus seiner zwischenzeitlichen Schockstarre, öffnete jetzt endlich die Tür eines Oberschranks und holte zwei Weingläser hervor. Kurt-Otto schenkte schon ein, ehe die Gläser richtig auf dem Tisch standen. Kopfschüttelnd schwenkte er gleich darauf sein Glas und tauchte die Nase tief hinein. Das letzte Restchen stiller Hoffnung, er könnte sich alles nur eingebildet haben, lag sofort in Trümmern. Der Wein roch noch immer wie eine schlecht zusammengestellte Schlachtplatte mit ungegartem, kaltem Sauerkraut. Ein Schluchzen entwich seiner Kehle.

»Die Trauben hatten Edelfäule, maximal zwanzig Prozent, der Rest war sogar gesund. Goldene Beeren mit schönen Reifeflecken. Keine Essigfäule wie beim Grauen oder Weißen Burgunder. Bestes Traubenmaterial.« Sein Blick suchte den von Klaus. Er wartete auf eine Reaktion von ihm.

Dörrhof schwenkte noch immer das Glas, roch konzentriert hinein, schwenkte es erneut. Ganz leicht schien er das Gesicht zu verziehen.

»Das Fass war sauber!« Alles Antworten auf potenzielle Fragen, die er sich bei der Fehlersuche auf dem Weg hierher schon selbst gestellt hatte. Jeden einzelnen Schritt, den kompletten Weg der Trauben hatte er nachvollzogen, vom Weinberg bis in seinen Keller. Er war doch kein Anfänger! Weine wie diesen gab es nicht in jedem Jahrgang, sie waren etwas Besonderes, weil der Riesling solche Reifegrade nicht so leicht erreichte. Im September hatte er extra die Blätter vor den Trauben entfernt, damit sie mehr Sonne bekamen. Dabei hatte er die schlechten Traubenteile vorsichtig weggeschnitten und dort für Platz gesorgt, wo die Früchte zu dicht hingen. Das waren genau die Stellen, an denen sich nach Regenfällen Fäulnisnester bildeten. Jede Traube musste frei hängen, brauchte ihren Platz und Raum, damit sie Sonne abbekam und nach dem morgendlichen Herbstnebel, der aus dem Selztal heraufkroch und sich manchmal bis in die Mittagsstunden hielt, ordentlich trocknete.

»Viel Alkohol hat er noch nicht.« Dörrhof sah ihn kurz an und versenkte dann seine Nase umgehend wieder in das Glas, um schnaufend einzuatmen.

»Aber er ist aktiv. Wenn man das Ohr über die Fassöffnung

hält, kann man das Rauschen der Gärung deutlich hören. Nicht so stark, aber bei der Süße kommt er ja auch nur ganz langsam voran.« Kurt-Ottos Blick hing am Gesicht seines Kollegen.

»Welche Hefe hast du dazugegeben?«

»Keine, ich wollte ihn mal ohne angären lassen. Ich dachte, dass klappt auch so.«

»Hohes Risiko. Bei edelfaulen Trauben wäre ich das nicht eingegangen. Wirst auf deine alten Tage noch experimentierfreudig.« Dörrhof grinste und fuhr fort: »Da kannst du dich mit meinem Sohn zusammenschließen. Der hätte das genauso gemacht. Gegen jede Vorsicht und auf volles Risiko. Er hätte die Trauben davor aber noch gestampft, eingemaischt und ein paar Tage stehen gelassen.« Er vertiefte sich wieder in sein Glas, schnüffelte, hielt es gegen das Licht und roch erneut tief hinein. Dabei zeigte er keine Reaktion, die Kurt-Otto eine Deutung ermöglicht hätte.

Quälende Stille, die nicht enden wollte, erfüllte die Küche. Der schlechteste Raum eigentlich, um einen Wein zu probieren. Kurt-Otto kamen die Worte ihres alten Lehrers an der Weinbauschule in den Sinn. Aus ganz großer Entfernung, gut fünfzig Jahre war das her. Der Lehrer lebte lange schon nicht mehr. Auf seiner Beerdigung waren sie alle gewesen, weil sie ihm so viel verdankten. »Probiert wird morgens nach dem Frühstück, da sind die Geschmacksnerven erholt, und bloß nicht in Mamas Küche, auch wenn es da so schön warm und kuschelig ist. Da hängt noch in jeder Ritze der Bratengeruch vom Sonntag. Wollt ihr den Riesling riechen oder die Rinderrouladen? Gut duften die bestimmt, aber sie verwirren den Geruchssinn. Wer kann dann noch einen Böckser, unseren häufigsten Weinfehler, im frühen Stadium erkennen? Der riecht nämlich wie das, was eure Mütter am Sonntag in den großen Bräter packen: Kohl, Zwiebeln, Knoblauch. Und wenn es ganz schlimm kommt und ihr ihn nicht rechtzeitig erkennt, dann stinkt er nach faulen Eiern. Spätestens dann schmeißt euch die Mutter ohnehin raus. Nicht wahr?« Wer in dem Moment, wenn seine Sprachmelodie eine Frage andeutete, blöde mit geöffnetem Mund in die Welt starrte, konnte sicher sein, dass er seine Fingerspitze gleich darauf direkt vor der Nase hatte. »Hattemer! Was gab's gestern zum Mittag? Nicht so zulangen, sonst passt du bald nicht mehr durch das Fasstürchen. Und wer macht die Stückfässer dann von innen sauber? Hygiene ist das Wichtigste in einem guten Betrieb. Hygiene, merkt euch das. Sonst stinken eure Weine so wie ihr!« Daher hielten sie alle konsequent den Kopf gesenkt, wenn er zu ihnen sprach. Es musste ein kurioses Bild gewesen sein. Wie die Chorknaben, andächtig lauschend. Gern hätte er jetzt amüsiert geschmunzelt bei diesem Gedanken an längst vergangene Zeiten. Schön waren sie gewesen, aber er war nicht hierhergehetzt, um sich in Erinnerungen zu suhlen, während sein Riesling vor die Hunde ging.

Dörrhof schwieg weiter. Er kaute konzentriert auf dem nächsten Schluck.

»Sauerkraut und Presskopf.« Kurt-Otto stöhnte die aromatische Kurzcharakterisierung heraus. Dörrhof blickte fragend auf.

»Zwiebeln und verbrannter Gummi«, urteilte er seinerseits und schnaufte noch einmal ins Glas. »Grüner Spargel und gekochter Mais. Ein klassischer Böckser, wenn du mich fragst. Da musst du dringend was machen, sonst bekommst du den später nicht durch die Qualitätsweinprüfung. Ich würde ihn lüften. Lass ihn zwei-, dreimal in die große Wanne laufen und wieder zurück ins Fass. Das treibt auch die Gärung ein wenig an. Vielleicht solltest du ihm dann aber doch eine spezielle Hefe für Süßweine zugeben, damit er in Schwung kommt.« Dörrhof schnüffelte erneut und wackelte bestätigend mit dem Kopf. »Lass Jochen noch mal riechen. Der probiert mittlerweile viel treffsicherer als ich. Im Alter lassen die Sinne nach. Mit deiner Spontanvergärung bei einem Saft aus edelfaulen Trauben bewegst du dich ohnehin eher in seiner Welt.« Er stand auf und sah ihn fragend an. »Schaffst du es mit in den Keller? Jochen ist irgendwo hinten und keltert Rotwein. Wenn ich ihn da weghole, gibt es den größten Krach.« Er schnaufte genervt. »Die Anspannung der Weinlese hat sich bei ihm noch nicht gelegt. So waren wir früher nicht, Kurt. So verbissen und ehrgeizig. Wir wollten auch alles erreichen, aber wir konnten auch noch lachen, wenn mal etwas schiefgegangen ist. Vielleicht liegt es daran, dass heute alles komplexer ist. Die Jugend hat mehr Wissen über die Dinge, die im Wein ablaufen, und daher auch mehr Angst, irgendetwas falsch zu machen.« Er zuckte mit den Schultern, während er nach der Flasche langte. »Die nehme ich. Brauchst du Hilfe, oder kannst du allein laufen?«

»Alles gut. Das waren nur der Schreck und die Hatz hierher.« Kurt-Otto rieb sich mit der flachen Hand den Schweiß vom Gesicht und drückte sich in die Höhe. Trübte das Alter auch seine Sinne? Und noch dazu in diesem Umfang?

Er folgte Dörrhof über den weiten gepflasterten Hof seines Weingutes. Verbissen waren sie damals auch gewesen. Klaus war jünger als er, Mitte fünfzig, und galt bis heute bei allen im Dorf als besonders ehrgeizig. Dass er dabei auch gern mal das rechte Maß aus den Augen verlor, wusste jeder. Er konnte aufbrausend sein, wenn ihm etwas zuwiderlief. Vor ein paar Jahren hatte ihn einer seiner rumänischen Erntehelfer sogar angezeigt, weil er ihn böse zugerichtet hatte. Wochenlang war im Dorf ausgiebig darüber getratscht worden. Der Rumäne hatte beim Befüllen der neuen Barriques die Pumpe laufen lassen und war dann aufs Klo verschwunden. Als er zurückgekommen war, rauchte es aus dem Fass. Im Inneren der Pumpe, die leer gelaufen war, weil kein Wein mehr nachkam, war alles geschmolzen. Der beißende Rauch, der aus dem Fass aufstieg und bis auf die Straße zog, hatte die knapp einhundertfünfzig Liter ungenießbar gemacht. Zeugen dessen, was danach geschehen war, gab es nicht, aber alle waren sich einig, dass es nur Dörrhofs Sohn Jochen zu verdanken gewesen war, dass Klaus den Rumänen nicht noch schlimmer zugerichtet hatte.

»Vater, was willst du schon wieder? Der Spätburgunder muss auf die Kelter. Ich habe keine Zeit und keine Lust, mir von dir einen Vortrag über die Weinwelt anzuhören. Ich lasse mich nicht verbiegen. Das sind idiotische Ideen!«

»Sei doch mal ruhig.« Dörrhof war durch das Türchen in der Scheune verschwunden. Hören konnte Kurt-Otto ihn trotzdem, obwohl er versuchte, möglichst leise zu sprechen. »Kurt-Otto ist hier. Er braucht unsere Hilfe. Über alles andere reden wir nachher, oder willst du, dass heute Abend das ganze Dorf im Bilde ist?«

Als wäre das sein Stichwort, folgte Kurt-Otto ihm hinein in die größte Scheune, die es im Dorf gab. Selbst wenn man aus Nieder-Olm heraufblickte, konnte man sie inmitten der Vielzahl der alten Dächer deutlich ausmachen. Neben dem Kirchturm war sie der markanteste Punkt. Das Gehöft war ein ehemaliger Zehnthof, der dem Mainzer Domkapitel unterstanden hatte. Seit der Enteignung kirchlichen Besitzes unter der Herrschaft Napoleons und der anschließenden Versteigerung gehörte es den Dörrhofs. Sie hatten bei der Nationalgüterversteigerung von 1810 nicht nur die riesigen Gebäude, sondern auch fast alle dazugehörigen Weinberge erworben. Dörrhofs Vorfahre war unter französischer Besatzung der Bürgermeister gewesen und schien als Einziger die Gunst der Stunde erkannt zu haben. So viel Land war seither nie wieder auf einmal auf den Markt gekommen. Dass die Dörrhofs heute mit Abstand die größten Winzer im Dorf waren, lag nicht zuletzt in dieser alten Geschichte begründet. Klaus hielt die Erinnerung daran mit einem eigenen Wein wach, den er sehr erfolgreich verkaufte. Eine rote Cuvée aus Merlot, Cabernet Sauvignon und Spätburgunder, deren Etikett ein Ölgemälde des Vorfahren zierte und die den klangvollen französischen Namen »Le Maire«, der Bürgermeister, trug.

Die Scheune war riesig. Eine große weite Halle, von einem beeindruckenden alten Gebälk überspannt. Es lag auf den mächtigen Wänden aus großen gehauenen Bruchsteinen auf. Die beiden Giebel zu den Seiten zierte ein Fachwerk mit opulenten Schnitzereien. Kurt-Ottos Blick blieb an der Ausstattung hängen. Alles vom Feinsten und in blitzsauberem Edelstahl. Die beiden Keltern sahen aus wie neu, das lange Förderband und der Entrapper, mit dem man die Beeren von den Stielen trennen konnte, ebenso. Jochen hatte vor zwei Jahren die Scheune, die als Kelterhaus diente, komplett entkernt und saniert. Der gelb eingefärbte neue Betonboden zeigte kaum Gebrauchsspuren. Im Zuge der Renovierung schien er auch das gesamte Inventar erneuert zu haben. Kurt-Otto war zum ersten Mal nach den umfangreichen Umbauarbeiten hier. Die Scheune erinnerte ihn eher an eine gehobene Veranstaltungslokalität denn an eine Kelterhalle, in der im Herbst reichlich Schmutz und Dreck zusammenkamen.

Jochens dünne, dunkelblonde Locken standen wild in alle Richtungen. Sein Gesicht zierten leuchtend rote Spritzer, die deutlich zeigten, dass er eben noch an der Rotweinmaische gearbeitet hatte. Ein roter Streifen zog sich quer über sein dunkelgraues T-Shirt, das eine apokalyptische Szene aus feurigen Explosionen zeigte, die im weit aufgerissenen Maul eines Ungeheuers stattzufinden schienen. Laute, dumpfe Schläge waren im Hintergrund zu hören. Kurt-Otto konnte die Vibrationen tief in seinem Magen spüren. War das schon der Hunger? Um diese Zeit drehte er ansonsten draußen in den Weinbergen seine Runden, unterbrochen von einem ausgedehnten Stopp für die kleine Zwischenvesper. Zu den Schlägen gesellte sich nun ein metallisches Kreischen, das ihn sicher in hektische Betriebsamkeit versetzt hätte, hätten ihm die Geräte gehört, von denen eines nicht ganz rundzulaufen schien.

»Das muss dringend abgeschmiert werden. Da fehlt Fett, wenn es so quietscht«, sagte er.

Beide, Vater und Sohn, sahen Kurt-Otto fragend an. Er zuckte mit den Schultern. Erst jetzt fielen ihm die beiden großen schwarzen Ungetüme auf, die weiter hinten in der Scheune auf Stativen standen. Aus den Musikboxen kam der Lärm, die Schläge, die nun immer schneller und auch noch lauter wurden. Was für ein Krach!

Klaus machte ein verkniffenes Gesicht, und Jochen fingerte

an seiner Hosentasche herum und zerrte sein Handy heraus. Ein paar schnelle Bewegungen seines Daumens reichten aus, um eine wohltuende Stille einkehren zu lassen. Das sanfte Zischen der Kelter fügte sich angenehm ein. Endlich eine gewohnte Geräuschkulisse, die in dieses Gebäude passte.

»Ist schon gut, Vater. Ich weiß, dass du die Musik nicht magst. Aber das ist mein Reich, und hier mache ich, was ich will. Wenn es dir nicht passt, kannst du wieder gehen. Ich verbiete dir ja auch nicht, auf dem Weinbergsschlepper SWR4 zu hören. Obwohl Helene Fischer dem Fendt nicht sonderlich zu bekommen scheint. Sonst wäre er in den letzten Monaten sicher nicht so oft in der Werkstatt gewesen.« Ohne eine Reaktion abzuwarten, drehte er sich weg und hantierte weiter an seinem Telefon herum. »Mats, geh mal runter an das Fass Nummer zweiundzwanzig«, rief er. »Da gibt es eine Fehlermeldung. Hatte ich gerade auf dem Handy. Das ist der Graue Burgunder. Da habe ich die Kühlung gestern ausgeschaltet, damit er wirklich ganz durchgärt und der BSA genug Restwärme hat. Mein Vater mag seinen Grauen Burgunder schmelzig und buttrig. So soll er ihn haben.«

Hinter der zweiten Kelter tauchte ein strohblonder Zwanzigjähriger auf. Er war dünn, extrem groß und sah außerordentlich blass aus. Wahrscheinlich einer von Jochens Praktikanten. Für einen Lehrling sah er eindeutig zu alt aus.

»Hast du die Kulturen schon bestellt?« Klaus Dörrhof blickte seinen Sohn fragend an.

»Ist das nicht dein Wein? Darum musst du dich schon selbst kümmern.« Jochens Gummistiefel quietschten, als er zur vorderen Kelter stapfte, an deren roter Einfärbung man deutlich ablesen konnte, was gerade ausgepresst wurde. »Meine Weißweine machen ihren biologischen Säureabbau im Holzfass von allein. Wenn du für den BSA deiner Weine Bakterienkulturen benötigst, bestell sie dir. Ich kann ja nicht wissen, welche du brauchst, wann du sie einsetzen möchtest und auf welche Fässer du das ausdehnen willst.«

Jochen verschwand hinter der Kelter und war kurz darauf

wieder da. Er grinste und hielt ihnen drei Gläser unter die Nase, die deutliche Gebrauchsspuren zeigten. »Eine Spülmaschine habe ich leider nicht. Sind aber gut ausgewaschen. Was gibt es denn für ein Problem im Keller Hattemer?«

Kurt-Otto fühlte sich mittlerweile reichlich unwohl in dieser Situation. Er hatte keine große Lust, auch noch zwischen die Fronten der Dörrhofs zu geraten. Zufällig erschossen, weil er sich zur falschen Zeit am falschen Ort aufhielt und die beiden der Meinung waren, hier aufeinander losgehen zu müssen. Er wollte doch einfach nur wissen, was bei seinem Riesling gerade schieflief. Sich über den biologischen Säureabbau zu streiten erschien ihm ohnehin reichlich abwegig. Die Milchsäuregärung, wie der BSA auch genannt wurde, war ein ganz natürlicher Prozess, der in Holzfässern meistens von selbst einsetzte. Gefördert durch die Restwärme, die bei der alkoholischen Gärung entstand, wandelten Bakterien die Apfelsäure des Weines in Milchsäure um. Der Wein wurde dadurch weicher und bildete Aromen aus, die an Sahne, Karamell oder Butter erinnerten. Bei Rotweinen war der BSA absolute Pflicht, weil sie ansonsten kaum Harmonie entwickelten und säuerlich vorschmeckten. Bei Weißweinen war er ein Stilmittel, das man bewusst vor allem bei den Burgundersorten einsetzte, um den Weinen zusätzlichen Schmelz zu verleihen. Er selbst legte seinen Grauen Burgunder daher immer ins Holzfass. In den Poren des Holzes saßen die Bakterien fest. Wollte er einen anderen Wein ebenfalls in den BSA überführen, zog er zwei, drei Eimer aus dem Grauen Burgunder ab und gab diese dem betreffenden Wein zur richtigen Zeit bei. Wenn alles gut passte und die Temperatur stimmte, vermehrten sich die Bakterien schnell in ihrer neuen Umgebung. Dadurch ersparte er sich die Kosten für die getrockneten Bakterienkulturen. Für seine süßen Weine kam das aber ohnehin nicht in Frage. Für die war der BSA Gift.

Kurt-Otto spürte, wie ihm heiß wurde. Unerträglich heiß. Sein Schädel glühte. Er hatte gar nicht registriert, dass Jochen ihm ein halb gefülltes Glas direkt vor die Nase hielt.

»Der ist geil!« Jochen grinste breit.

Jetzt erst bemerkte Kurt-Otto, dass Dörrhofs Sohn einen dünnen silbernen Ring in der Nase trug. Sein Blick blieb irritiert daran hängen.

»Vielleicht habe ich ihn selbst ruiniert.« Kurt-Otto stöhnte, griff nach dem Glas und roch erneut an seinem Wein. Nicht wirklich konzentriert, weil er doch längst wusste, wie schlimm es um ihn stand. Am Ende war seine Unachtsamkeit dafür verantwortlich. Hatte er den Schlauch jedes Mal richtig sauber gemacht, wenn er bei seiner täglichen Probierrunde von Fass zu Fass gewandert war? Vom Riesling zum Grauen Burgunder im Holzfass daneben und wieder zurück. Die Hitze war mittlerweile unerträglich. »Mein Grauer Burgunder ist bestimmt voll im BSA, und ich habe mit dem Probierschlauch zwischen den Fässern hin- und hergewechselt.« Fast flehentlich klang dieser Satz, wie die Lebensbeichte des alten Winzers vor dem Jüngsten Gericht.

»Ungewollter BSA im Süßwein. Der Zucker wird von den Bakterien in Essigsäure umgewandelt.« Klaus Dörrhof nickte und roch wieder ins Glas.

»Glaube ich nicht. Der ist dicht und hat ordentlich Kraft. Der zuckelt sich ganz langsam durch die Gärung. Krautige Aromen, ein bisschen animalisch. Kein Grund zur Beunruhigung, das vergeht. Ein Großteil meiner Rieslinge riecht in diesem Stadium noch weitaus schlimmer.« Jochen wiegte den Kopf und ließ den trüben gärenden Wein im Glas kreisen. Dabei beobachtete er sichtlich amüsiert die Veränderungen im Gesicht seines Vaters. Klaus Dörrhof schnaufte entsetzt. »Alles im Griff, Vater. Deine Weine sind blitzsauber, jetzt schon. *Meine* sind die Stinker. Nicht vorgereinigt, mit Dreck und Speck von der Kelter ins Fass und abgewartet. Manch einer von denen hat noch nicht einmal mit der Gärung angefangen, wenn wir deine Weißweine schon beifüllen und die Fässer vollmachen, weil sie fertig sind. Deine sind längst trinkbar, während meine Zeit brauchen. Aber auch du wirst nicht leugnen können, dass sie nach ein, zwei Jahren eine ganz eigene Aromatik zeigen. Das ist mein Stil. Sie polarisieren, weil sie Charakter haben. Sie fordern heraus, weil sie nicht sofort zugänglich sind. Deswegen haben wir den Keller ja auch zweigeteilt.«

»Jochen!«, fiel Dörrhof ihm ins Wort.

»Kann er doch ruhig wissen. Das ist kein Geheimnis, zumindest habe ich nicht vor, eines daraus zu machen. Du machst deinen und ich mache meinen Wein, so wie wir das besprochen haben. Der Keller ist aufgeteilt, und die Weinberge teilen wir auch noch auf. Dann musst du dich vor deiner Kundschaft endlich nicht mehr rechtfertigen, weil die Weine plötzlich so anders schmecken. Und ich muss mich vor meinen Kunden nicht verbiegen, weil ein Teil unserer Weißweine so weich gekocht und vordergründig fruchtig rüberkommt, wie du es gern hast. Die mögen nämlich meine Experimentierfreude und die daraus entstehenden Weine, gerade *weil* sie kompliziert und schwer verständlich sind. Denkst du, ich versenke die Tonamphore im Keller, damit ich daraus dann später einen Wein hervorzaubere, der die gleiche Fruchtigkeit besitzt wie der Riesling vom Kollegen drei Straßen weiter, der eine gezüchtete Trockenhefe für die Vergärung benutzt?«

Jochen hielt inne und zog erneut sein Handy aus der Hosentasche. Er blickte verwundert auf das leuchtende Display. »Die können den Monteur gleich wieder herschicken. Irgendetwas stimmt da nicht. Die nächsten beiden neuen Fässer, bei denen die Temperaturerfassung kapituliert. Wenn das so weitergeht, messen wir die heute Abend alle von Hand nach.« Er wandte sich zum Gehen, drehte sich aber noch einmal kurz zu Kurt-Otto herum. »Ich würde an deiner Stelle gar nichts machen. Das legt sich von ganz allein. Du hast doch alle Zeit der Welt. Wenn der Riesling erst in einem Jahr durch ist, dann soll es so sein. Bei jeder Blindprobe sticht er dann heraus. Die einen werden die Nase rümpfen, die anderen werden begeistert sein. So ist es mit dem Geschmack. Gefällig kann jeder.« Er blickte in Richtung seines Vaters. »Ich habe es satt, Mainstream zu produzieren.«

In die anschließende Stille drang laut die sich langsam nähernde Sirene. Sekunden später war sie ganz deutlich zu hören. Irgendetwas musste im Dorf passiert sein.

Kurt-Otto nutzte die Gunst der Stunde. Ein guter Vorwand, um endlich aus diesem Kreuzfeuer herauszukommen.

6

»Hierher!« Posthalters Sigrun wedelte mit beiden Händen in der Luft herum. Unendlich lange stand sie inzwischen hier und wartete auf den Krankenwagen. Zwischenzeitlich hatte sie das Gefühl beschlichen, der Junge würde sie anlügen. Hatte er die Notrufnummer am Ende gar nicht gewählt? Die brauchten doch sonst nur wenige Minuten von Nieder-Olm hierherauf, oder kamen die mittlerweile direkt aus Mainz von der dortigen Uniklinik? Nacheinander hatte sie alle Nachbarhäuser angesteuert und Sturm geklingelt. Vielleicht hatte Roswitha für den Notfall irgendwo einen Ersatzschlüssel deponiert? Jede Minute zählte in einer solchen Situation. Alle ihre Bemühungen waren letztlich erfolglos geblieben. Sie hatte sich wieder darauf verlegt, durch die Scheibe in ihr Wohnzimmer zu schauen. Auf ihr Klopfen und Rufen reagierte Roswitha nicht. Kein Lebenszeichen gab sie von sich, keine Regung ihrer Füße und Beine, die unverändert in das Wohnzimmer ragten. So viel Zeit war vergangen, obwohl doch jedes Kind mittlerweile wusste, dass die Überlebenschancen bei einem Herzinfarkt oder Schlaganfall minütlich sanken.

Der Krankenwagen hielt direkt vor ihr an. Zwei junge Männer sprangen aus dem Führerhaus. Der Beifahrer hatte einen Koffer in der Hand.

»Na, Sie haben sich aber Zeit gelassen!«

»Was ist passiert?«, fragte der mit dem Koffer langsam und betont.

»Sie liegt dort drinnen. Ich wollte ihr zum Geburtstag gratulieren, doch es hat niemand aufgemacht. Beim Achtzigsten! Da ist sonst das halbe Dorf anwesend. Es gibt Sekt und belegte Brötchen.«

Sie sah, dass sich die beiden Männer einen fragenden Blick zuwarfen. Sie musste sich auf das Wesentliche konzentrieren und langsamer reden, sonst verstanden sie nicht, wie bedrohlich die Situation war. »Roswitha liegt dort drinnen im Flur. Wir müssen hinein und sie retten. Brechen Sie die Tür auf!«

»Ist abgeschlossen?« Der ohne Koffer artikulierte sich auch nicht viel schneller.

Das meinten die doch nicht ernst. »Würde ich sonst hier draußen stehen?«

Beide zuckten die Schultern. Sie musste die Führung übernehmen, sonst passierte hier gar nichts.

»Kommen Sie!« Sigrun schritt voran. Entschlossen warf sie sich mit ihren knapp dreiundfünfzig Kilo gegen das Hoftor. Es schepperte.

»Warten Sie.« Der ohne Koffer hatte sich bereits in die Höhe geschwungen und war über das Tor geklettert. Ein Quietschen verriet, dass er sich auf der anderen Seite zu schaffen machte. Gleich darauf öffnete er das Hoftor einen Spaltbreit und ermöglichte ihnen so, hindurchzuschlüpfen. Sie war natürlich schneller als der mit dem Koffer. Mit wenigen Schritten hatte sie die Haustür erreicht. Ihr Herz schlug fester. Sie fröstelte bei dem Gedanken daran, was sie dort drinnen erwartete.

Die Haustür war natürlich verschlossen. Dass von den vielen Gratulationsgästen, die heute Morgen draußen gestanden haben mussten, wirklich kein einziger auf die Idee gekommen war, dass der armen Roswitha etwas zugestoßen sein könnte! Während sie die Blumentöpfe auf der Fensterbank neben der Haustür nacheinander in die Höhe hob, wurde ihr erst richtig bewusst, wie schrecklich das war. Man konnte jetzt also tot in der Wohnung liegen, und niemand bemerkte es. Erbärmliche Zustände, die sie sonst nur aus Berichten über Großstädte kannte. Arme alte Menschen lagen dort monatelang tot in ihrer Wohnung. Mumifiziert und vergessen, weil sich keiner mehr um den anderen kümmerte. So weit waren sie hier im Ort also auch schon. Sie musste schlucken. Ein dicker Kloß machte sich in ihrem Hals bemerkbar. Wie lange die arme Roswitha wohl schon kalt und tot dort drinnen lag? Da war er! Voller Stolz hielt sie den beiden Männern den Schlüssel vor die Nase. »Bitte, meine Herren!«

Ihr rasender Herzschlag und die kalten Füße signalisierten Sigrun, dass sie den beiden nun besser den Vortritt lassen sollte. Langsam folgte sie ihnen ins Haus. Sie atmete vorsichtig ein. Es roch eigentlich ganz normal. Der blumig-süße Geruch musste von einem der beiden Männer vor ihr kommen. Deren Rücken versperrten ihr die Sicht. Sie mussten die Tote gleich erreicht haben. Sie lag doch direkt vor ihren Füßen.

»Hallo? Ist hier jemand?«

Die beiden Sanitäter liefen weiter und schauten sich um, als ob sie zur Wohnungsbesichtigung gekommen wären. Sigrun schloss hastig zu ihnen auf. »Achtung, sonst stolpern Sie noch über sie!«

Der Kofferträger drehte sich zu ihr um. Das Verständnisvolle war aus seinem Gesicht gewichen. »Lassen Sie uns endlich unsere Arbeit machen und warten Sie hier im Flur!«

Langsam gingen die zwei weiter, spähten kurz in das Wohnzimmer und stiegen dann über die langen schwarzen Stiefel, die im Flur am Boden lagen. Sigrun musste schlucken. Das waren die »Beine«, die sie durch die Scheibe gesehen hatte. Vorsichtig trat sie einen Schritt zurück. Das Knarren der Treppe verriet, dass die Sanitäter auf dem Weg in den oberen Stock waren. Hastig rannte sie nach draußen, drückte sich durch das in der Eile nur halb geöffnete Hoftor und langte nach ihrem Henkelkorb, der noch immer dort stand, wo sie ihn vorhin abgestellt hatte. Ein schneller Blick in beide Richtungen zeigte, dass weit und breit niemand zu sehen war. Sie atmete auf. Das hätte jetzt gerade noch gefehlt.

Wenig später bog sie auf die Hauptstraße ab und verlangsamte ihren Schritt. Jetzt war sie endlich außer Sichtweite.

»Sigrun, wo willst du denn hin?«

Sie zuckte zusammen. Ihre Freundin Helga, die von allen nur »Chaussee-Helga« genannt wurde, weil sie im letzten Haus am Ortsausgang in Richtung Mainz wohnte, hatte zu ihr aufgeschlossen. Sigrun schüttelte den Kopf, weil sie nicht wusste, was sie sagen sollte.

»Willst du nicht zur Ortrud? Die feiert doch heute ihren

Fünfundachtzigsten vorne im evangelischen Gemeindehaus. Na, die rechnet ja mit ordentlich Besuch. Mir wäre das zu viel Aufwand.«

»Und Roswitha?« In Sigruns Kopf rauschte es. Ein unangenehmes Surren, das gar nicht aufhören wollte.

Helga hielt kurz in der Bewegung inne und starrte sie aus großen Augen irritiert an. »Sigrun, ist alles in Ordnung mit dir? Roswitha wird doch erst nächste Woche achtzig.« Sie kam ganz nahe an sie heran. »Darüber haben wir doch erst vorgestern beim Rommé gesprochen, ganz am Anfang, noch vor dem ersten Weinbergspfirsichlikör. Du musst unbedingt mal zum Doktor. Ich habe dir das schon mehrmals gesagt. So etwas darf man nicht auf die lange Bank schieben. Irgendwann wirst du morgens wach und weißt nicht mehr, wo du bist und wie du heißt! Und dann ist alles zu spät!« Sie reckte ihren rechten Zeigefinger drohend in die Höhe.

7

»Willst du wirklich heute Abend noch zu ihr?« Seine Mutter drückte sich von der Bank in die Höhe und schob sich langsam hinter dem schmalen Esstisch in ihrer Küche hervor. Ihr Blick streifte dabei die Uhr, die an der gegenüberliegenden Wand hing. Sein Vater schnaufte neben ihm. Die Augen hatte er schon geschlossen. In ein paar Minuten würde er ein leichtes Schnarchen hören lassen. Trotzdem bekam er auch dann noch jedes Wort mit. Wenn man ihn direkt ansprach, konnte er einem Antworten auf alles präsentieren, was in den letzten Minuten gesagt worden war.

Auf dem Weg zur Anrichte nahm seine Mutter den Wurstteller und die leere Schüssel mit, in der sich der Krautsalat befunden hatte. Ihre schlurfenden Schritte verursachten lang gezogene Geräusche, die ineinander übergingen. Die wenigen Meter bis zur dunkelbraunen Arbeitsplatte klangen wie eine einzige durchgehende Bewegung, langsam zwar, aber nicht unterbrochen, wenn ein Fuß warten musste, bis der zweite wieder fest stand, um das Gewicht ihres kleinen, gebeugten Körpers aufzunehmen.

Der Mund seines Vaters öffnete sich langsam. Ein leises Gurgeln kündigte den Halbschlaf an. Man konnte die Uhr danach stellen, auf die Minute genau, mit einer Abweichung von einer guten Stunde zwischen Sommer und Winter. Jetzt war es achtzehn Uhr dreißig. Um Punkt sechs gab es im Winter Abendbrot. Der begann nach der Weinlese und endete im Mai, wenn die grünen Triebe im Weinberg sprossen. Den Rest des Jahres saßen sie ab sieben hier zusammen. Der alte Rhythmus, den er seit seiner Kindheit kannte. Wenn es lange hell war, musste man die Stunden des Tages nutzen.

»Darüber hatten wir gestern schon gesprochen«, antwortete er.

Seine Mutter sah ihn an und signalisierte damit, dass sie eine

Antwort von ihm erwartete, obwohl sie sich die ganz sicher auch selbst würde geben können. »Soll er mit dir gehen? Er kann dir helfen. Vieles hast du nicht miterlebt und weißt es nicht.« Sie deutete mit einer knappen Bewegung auf den schlafenden Vater. Einen Spaltbreit öffneten sich seine Augenlider, um sich gleich darauf wieder zu schließen. Das leise Gurgeln, das aus seinem geöffneten Mund drang, veränderte sich dabei nicht.

»Nein, das mache ich allein. Lass ihm seine Ruhe.«

Ihr weiteres Gespräch nahm den gleichen Verlauf wie schon am gestrigen Abend, als er zum ersten Mal angedeutet hatte, dass er zur alten Bonacker wollte. Die Worte waren identisch. Sie hatte ihm alles genauestens erläutert. Dabei kannte er doch die Zusammenhänge und wusste längst, welche alten Geschichten ihre Familie mit den Bonackers verband.

Die Bonackers waren nie von großer Bedeutung gewesen. Margit Bonackers Vater wie auch der Groß- und der Urgroßvater hatten die Schmiede geführt, wie wahrscheinlich die Ahnen davor auch schon. So weit war seine Mutter in der Ahnenfolge der Bonacker-Familie nicht zurückgegangen. Er konnte sich aber ganz sicher sein, dass sie darüber ebenso so gut Bescheid wusste wie über ihren eigenen Familienstammbaum. Alles gut sortiert und hinterlegt in ihrem Kopf, die Verhältnisse und Entwicklungen jeder einzelnen der alten Familien im Dorf. Bei Bedarf steuerte seine Mutter, ohne überlegen zu müssen, auch noch die jeweiligen Geburts- und Sterbedaten sowie die an den genannten Tagen vorherrschende Witterung bei.

Mit der Urgroßmutter hatte es bei den Bonackers begonnen. Da der Schmied auch dann in die Familien gerufen wurde, wenn eines der Pferde lahmte oder die Kuh beim Kalben zu sterben drohte und der Viehdoktor zwei Dörfer weiter nicht schnell genug da sein konnte, hatte sie mit den Kräutern angefangen. Sie stellte Salben her aus allem, was sie sammelte, und gab sie ihrem Mann mit, wenn der zum krankenden Vieh gerufen wurde. Schnell sprach sich herum, dass ihre Mixturen halfen. Sie ließ sich ihre Mühen stets gut bezahlen, vor allem dann, wenn sie selbst ans Kindbett gerufen wurde, weil die Frau im Fieber lag. Sie flüsterte Sprüche, verbrannte getrocknete Kräuter und Rinden und flößte der Leidenden eigens hergestellte Tinkturen ein. Das Wissen gab sie weiter, von Generation zu Generation. Auch Margit Bonacker schnitt bis in den tiefen Herbst hinein, trotz ihres hohen Alters, noch Bündel in ihrem kleinen Garten hinter dem Haus, die sie fest verschnürte, um sie auf dem Dachboden zum Trocknen aufzuhängen. Wer zu ihr kam, dem brühte sie einen Tee aus speziell gemischten Kräutern, flüsterte unverständliche Worte dazu und gab jedem – ob man wollte oder nicht – einen kleinen Beutel mit nach Hause.

»Wir haben was gut bei ihr.« Seine Mutter kam langsam zurück an den Tisch, um die ersten beiden Teller zu holen, die sie später zusammen mit dem übrigen Geschirr abspülen würde. »Das kannst du ihr ruhig noch mal sagen.« Sie blieb direkt vor ihm stehen und sah ihn an. Eine Antwort erwartete sie diesmal nicht. Dass er kurz nickte, reichte ihr aus. »Erinnere sie daran.«

Sie griff nach seinem Teller und nahm auch ihren mit. Gleichmäßig strichen die Sohlen ihrer dunkelgrünen Hausschuhe aus Filz, die ihr bis über die dicken Knöchel reichten, über die rauen Fliesen des Küchenbodens. »Ihre Großmutter hat uns den Bullen verhext. Sie hat ihm einen Sud gekocht, weil er nicht mehr fressen wollte. Ganz abgemagert war er. Die Rippen hat man zählen können. Gefressen hat er sofort wieder, und keine zwei Wochen später ist er dem Karl durchgegangen. Er war der beste Knecht, den wir jemals hatten. Das Vieh hat ihm gehorcht wie keinem anderen. Vor die Eisenbahn ist er gerannt. Das Fuhrwerk hat sie mitgeschleift, bis sie beide tot waren.« Sie fuhr sich mit der Rechten über die Augen und stützte sich auf der Spüle ab, weil die Last der Erinnerungen sie niederdrückte.

Das gleichmäßige Atmen seines Vaters drang an seine Ohren.

»Ich habe das nicht vergessen.« Er sagte das, weil er wusste, dass seine Mutter so lange stehen bleiben würde, bis er ihr geantwortet hatte.

»Sie wird es auch noch wissen. Deswegen will sie dir ja den Weinberg geben. Sie hat am Telefon gesagt, dass du ihn bekommst, jetzt, wo er wieder frei ist.« Sie richtete sich wieder auf und drehte sich zu ihm hin. Ganz langsam vollführte sie die Bewegung. Er wusste längst, was kommen würde, und war darauf vorbereitet. »Nimm dich in Acht vor ihr. Du wärst nicht der Erste, den sie hinters Licht führt. Schau dir genau an, was du unterschreibst. Sie ist eine böse alte Frau.«

8

Kurt-Otto Hattemer steuerte seinen alten Fendt aus dem Feldweg auf die Landstraße. Zufrieden reckte er sich in die Höhe. Er würde rechtzeitig zu Hause sein, um vor dem Abendessen noch einen kleinen Abstecher in den Keller zu unternehmen. Die außergewöhnlichen Umstände zwangen ihn dazu. Die Ruhe in den Weinbergen nach der Lese hatte seinen Blick geschärft. Kaum ein Kollege war heute draußen unterwegs gewesen. Die hatten daheim im Keller alle noch reichlich Arbeit. Das wusste er nur zu genau. Manch ein Außenstehender war der Meinung, wenn die letzte Traube vom Stock war, begann für den Winzer der lange Winterschlaf. »Und was machen Sie den Rest des Jahres? Es geht ja erst im April wieder los.« Wie oft hatte er das in den vielen Jahren seiner aktiven Winzerzeit von den eigenen Kunden gehört. Der Frage war stets ein zarter Hauch Neid beigemischt gewesen, weil sie alle annahmen, dass der lange Winter eine ausgedehnte Zeit des Müßiggangs darstellte. Dabei war die Phase nach der Traubenernte von ganz entscheidender Bedeutung und nicht minder arbeitsintensiv. Die Rotweinmaische musste bis zu zehnmal am Tag durchgearbeitet werden, damit die nach oben getriebenen Schalen wieder in den gärenden Saft gelangten. Je nachdem, ob man die Rotweine kantiger und gerbstoffiger oder weicher haben wollte, wurde nach ein bis vier Wochen gekeltert.

Dabei empfahl es sich, täglich an jedem einzelnen Fass die Temperatur und den Rückgang der Oechslegrade zu messen. Beides waren Indikatoren dafür, ob die Gärung kontinuierlich weiterlief. Nahmen die Oechslegrade von einem auf den anderen Tag nicht mehr ab und fiel die Temperatur, drohte die Gärung ins Stocken zu geraten. Dann musste das Fass leicht erwärmt werden, um den Hefen ein wohliges Umfeld zu bereiten, damit sie wieder aktiv wurden. War die Gärung nach ein paar Wochen beendet, galt es, die Fässer zügig beizufüllen. Kein fertiger Wein durfte länger hohl liegen. Der Sauerstoff führte in diesem Fall zu einer schnellen Alterung und förderte die Entstehung wilder Hefekulturen auf der Oberfläche, die muffige Aromen produzierten. Zeitweise kam man sich als Winzer bis in den Dezember vor wie eine Krankenschwester auf der Intensivstation im Dauerdienst: Temperatur messen, Oechslegrade bestimmen, erwärmen, kühlen, zuhören, abstechen.

Kurt-Otto musste schmunzeln über diesen Vergleich, der doch reichlich schief und krumm daherkam. Die Reihenfolge stimmte aber. Kurz vor Weihnachten entfernte man beim Abstich die Hefen, die in den Wochen zuvor, nach Beendigung der Gärung, langsam nach unten gesunken waren. Der Wein war dann fast klar. Manchmal erforderte es einen zweiten Abstich, der dann im Februar erfolgte, oder man ließ die Resthefe bis zur Abfüllung als Depot auf dem Fassboden. Bei trockenen Weinen stellte das kein Risiko dar. Viele der etwas jüngeren Kollegen, wie zum Beispiel Klaus Dörrhof, schworen auf dieses mehrmonatige Hefelager, das sie noch dadurch förderten, dass sie die Hefe mehrmals aufrührten, um sie wieder in die Schwebe zu bringen. Das brachte dem Wein eine zusätzliche weiche Aromanuance. Ob Dörrhofs Sohn Jochen das auch so machte, wusste Kurt-Otto nicht zu sagen. Bei den ganz Jungen war alles anders. Das hatte er heute Morgen gelernt. Einen wirklichen Reim konnte er sich auf Jochens Einlassungen noch immer nicht machen. Wenn ein Wein stank, dann war etwas schiefgelaufen, und es musste dringend gehandelt werden. Dass jeder Eingriff auch das Risiko in sich barg, einen Teil des wertvollen Aromas unwiederbringlich zu verlieren, leuchtete ihm aber ebenfalls ein. Daher hatte er auf seiner tagesfüllenden Rundfahrt durch die Weinbergslagen des Dorfes und der angrenzenden Nachbargemeinden entschieden, die alltäglichen Kontrollintervalle in seinem Keller engmaschiger zu gestalten und eine zusätzliche Probierrunde vor dem Abendessen einzuführen. Er musste nur noch seiner

Renate klarmachen, wie dringend notwendig das war, weil sie es ganz sicher roch, wenn er mit einer Fahne zum Abendbrot kam.

Mit der Linken setzte er den Blinker, um gleich von der Landstraße nach rechts in die Zufahrt zum Dorf einzubiegen. Den Supermarkt am Ortseingang konnte er schon erkennen. Ein Blick über die Schulter bestätigte ihm, dass es war wie an jedem späten Nachmittag. Hinter ihm hatte sich eine endlose Schlange von Pkw gebildet. Der Fahrer des ersten Fahrzeugs nutzte den kurzen Moment der Aufmerksamkeit, um Kurt-Otto wild gestikulierend sein Missfallen deutlich zu machen. Dabei fuhr er so nahe auf den Fendt auf, als wollte er die Schmiernippel auf der Rückseite des Schleppers kontrollieren. Kurt-Otto kannte diese Art Mensch nur zu gut, weil er jeden Tag um diese Uhrzeit hier entlangfuhr, obwohl die Strecke deutlich länger war als der Weg quer durch die Weinberge nach Hause. Gehetzt und überarbeitet stellten Fahrer wie dieser eine ernsthafte Gefahr für den Straßenverkehr dar, auch wenn sie nur mit knappen dreißig Stundenkilometern vorankamen.

Die Entfernung passte genau. Er musste also gar nicht nachjustieren. Mit einer einzigen schnellen Handbewegung hatte er den kleinen Kippschalter umgelegt, der den starken Suchscheinwerfer auf der Rückseite seines Traktors grell aufleuchten ließ. Lautes Hupen zeigte ihm gut vernehmlich an, dass seine Aktion erfolgreich gewesen war. Ein schneller Blick nach hinten bestätigte diesen Eindruck. Der nachfolgende Verkehr hielt jetzt den vorgeschriebenen Sicherheitsabstand zu ihm ein. Wahrscheinlich befürchteten sie, dass er sich ansonsten noch auf andere Art und Weise zu wehren wusste.

Die acht kleinen Bratwurstdosen, die er auf seinem Abstecher ins Nachbardorf beim dortigen Metzger erworben hatte, würde er ganz sicher nicht nach ihnen werfen. Sie klapperten munter hinter ihm in seinem Werkzeugkasten, den er heute Morgen extra freigeräumt hatte, weil er eine dringende

Notwendigkeit verspürte, seinen in den letzten Tagen stark geschrumpften Vorrat aufzufrischen. Er kannte seine liebe Frau. Renate überkamen in unregelmäßiger Folge regelrecht fundamentalistische Anwandlungen. Sie achtete eisern auf ihre Ernährung, las aufmerksam und konzentriert die »Apotheken Umschau« und fühlte sich mindestens zweimal jährlich dazu bemüßigt, auch ihn mit ihren jeweils neu gewonnen Grundsätzen zu beglücken. Dass er sich strikt weigerte, morgens wie sie ein Müsli zu sich zu nehmen, dessen Hauptbestandteile aus selbst geschrotetem Getreide bestanden, das sie, um es überhaupt verzehrbar zu machen, am Abend zuvor in lauwarmem Wasser vorquellen ließ, hatte sie nach fast vierzig Ehejahren endlich eingesehen. Sie bedachte ihn am Frühstückstisch lediglich mit einem abfälligen Blick, dem sie einen Hauch Mitleid beimischte. Das reichte aus, um ihm einen Teil seiner Vorfreude zu vermiesen.

Das unbeschreibliche Gefühl, wenn sich der Deckel der Dose ganz von allein anhob. Der Geruch, der ihr entströmte. Der erste Blick hinein, in das Spiel verschiedener Farben. Das fast durchsichtige Gallert am hellen Rand, das weiße Fett, das sich anschloss, und die verschiedenen, einander umspielenden Braunschattierungen der herzhaften Bratwurstmasse, in der sich dunkler und zart die geheimnisvolle Gewürzmischung seines Lieblingsmetzgers abzeichnete … Was gab es daran auszusetzen? Nichts. Vor allem dann nicht, wenn man wusste, dass sich schon seine Eltern und Großeltern am Frühstückstisch fast ausschließlich von Dosenbratwurst ernährt hatten. Aus eigener Schlachtung! Alle waren sie uralt geworden. Für Kurt-Otto Beweis genug, um der Dosenbratwurst eine lebensverlängernde Wirkung zuzusprechen. Darüber sollten sie in der »Apotheken Umschau « mal schreiben, nicht über Low Carb und Entschlackung.

Das Problem an der ganzen Sache war Renate. Sie schien auf diesem Ohr taub zu sein. Kein Wunder, wenn man den größten Teil des Tages als Lehrerin an einem Gymnasium verbrachte, dessen Personal den Eindruck vermittelte, dass die monatliche

Besoldung zur Ernährung nicht ausreichte. Einige von Renates Kolleginnen zeigten deutliche Anzeichen von Mangel. Ihr Einfluss auf seine Frau war kein guter. Das hatte er mittlerweile gelernt. Daher war ihr halbjährlicher Fachschaftsstammtisch, bei dem sich die Geschichtslehrer in einem veganen Restaurant in der Mainzer Augustinergasse trafen, um dünnen ayurvedischen Tee zu schlürfen und sich gegenseitig in neuen Ernährungstrends zu überbieten, ein endloser Quell der Qualen für ihn. Es dauerte danach meist nicht lang, bis sich ein neuer Nahrungsumstellungsversuch seiner Frau in ziellos erscheinendem Aktionismus Bahn brach.

Was hatte er nicht alles durchmachen müssen? Gemüsewochen, Tofu-Tage, Superfood-Phasen und eine Sauerkrautdiät, bei der der sonst als heiße Beilage gereichte fermentierte Weißkohl ungekocht bei Zimmertemperatur serviert wurde, um die wertvollen Inhaltsstoffe nicht zu zerstören. Sein Magen hatte in dieser Zeit deutliche Anzeichen innerer Auflösung gezeigt. Die Gerüche, die sich unkontrollierbar ihren Weg aus ihm heraus suchten, hatten sogar Renate zur Umkehr gezwungen. Während er bei jedem Luftzug, der ihm entwich, das Gesicht schmerzvoll verzog, um dem Ganzen eine zusätzliche Leidenskomponente zu verleihen. Bei der anschließenden Schrothkur, deren Sinn und Nutzen darin bestand, den Körper zu entschlacken, indem man morgens getrocknetes Brot und mittags eine vegetarische dünne Suppe zu sich nahm, hatte dieses einmal bewährte Befreiungsprinzip leider nicht mehr gezogen.

Gestern war Renate mit ihren Kolleginnen in Mainz gewesen. Er hatte sich daher heute in weiser Voraussicht üppig bevorratet. Seit sie im letzten Jahr in der Superfood-Phase, die eine neue Dimension der Radikalität eingeleitet hatte, seine Werkzeugkiste geleert und die Dosenwurst durch Gerstengraspulver ersetzt hatte, schloss er selbige ab. Ein kleiner, aber äußerst wirkungsvoller Schritt, für den er sich im Raiffeisenbaumarkt in Nieder-Olm ein hochwertiges Vorhängeschloss besorgt hatte. Den Blick des freundlichen Mitarbeiters hinter dem Tresen, den er mit den notwendigen Informationen versorgt hatte, wusste er bis zuletzt nicht richtig einzuschätzen. Mehrmals hatte der Mann nachgefragt, ob er in seinem Werkzeugkasten wirklich acht Dosen Wurst unterbrachte, und sich regelrecht gefreut, als er ihm anbot, sich das einmal vor Ort am Schlepper anzusehen. Zum Abschluss hatte er mit dem Handy sogar ein Foto gemacht, das er dem Hersteller der praktischen Kiste schicken wollte. Kurt-Otto hatte sich bereitwillig neben seiner Neuerung in Pose geworfen. Zur Sicherheit. Es wäre nicht das erste Mal, dass eine wegweisende Erfindung in Serie ging, ohne dass der geniale Geist dahinter gebührend gewürdigt wurde.

Das Hoftor stand offen. Er steuerte seinen Fendt durch die Einfahrt und bis dicht vor das alte Kellertürchen. Das hatte er sich angewöhnt, um nachts ruhig schlafen zu können. In dem kleinen Gewölbe lagen seine Schätze. Mehrere tausend Flaschen alter Jahrgänge, die bis in die 1930er zurückgingen. Weine, die er auf diese Weise vor ungebetenen Gästen schützen zu können glaubte. Den Schlüssel des Schleppers zog er ab und verstaute ihn mit dem am selben Ring befestigten kleineren des Vorhängeschlosses, das seinen Wurstvorrat schützte, sicher in der Brusttasche seiner Latzhose.

Renate stand schon bereit. Jetzt wurde es verdammt schwer, den kleinen Umweg in den Keller an seine gärende Auslese einzulegen.

»Holst du uns noch ein Fläschchen Riesling zum Abendessen? Ich mag ja den 2001er am liebsten.« Sie lächelte milde, ehe sie ergänzte: »Und vielleicht noch etwas Süßes für danach, ich habe deinen Lieblingsnachtisch gemacht.«

Kurt-Otto lief das Wasser im Mund zusammen, doch sein Verstand fuhr unerbittlich dazwischen. Das konnte nur eines bedeuten: Zuckerbrot und Peitsche. Die unmittelbaren Auswirkungen des gestrigen Ausflugs in die veganen Abgründe der Mainzer Altstadt mit den verkniffen lächelnden Mager-Kolleginnen, die Genuss und Gaumenfreuden für eine lebensgefährliche Bedrohung hielten, würden nicht auf sich warten lassen. Um nicht zusätzliches Öl ins Feuer zu gießen, verschob er die notwendige Probe am Fass auf den späteren Abend. Schnell holte er aus dem Lager in der Scheune die von Renate gewünschten Weine, einen trockenen Riesling aus dem Teufelspfad von 2001 und eine 1999er Beerenauslese vom Römerberg, von der er noch reichlich Flaschen übrig hatte. Die edelsüßen Weine verkauften sich heute ja kaum noch, weil niemand mehr die Muße hatte, sich darauf einzulassen. Manchmal beschlich ihn das Gefühl, dass er der Letzte seiner Art war. Selbst die meisten seiner Kollegen rollten mittlerweile die Augen, wenn er von seinen öligen Schätzchen schwärmte.

Ganz vorsichtig drückte er die Haustür auf. Insgeheim hoffte er, dadurch eine erste zarte Vorahnung zu bekommen, was ihn am Ende dieses nervenaufreibenden Tages noch erwartete. Konzentriert schnüffelte er und drückte sich dann fast geräuschlos durch den schmalen Spalt, stets zur Flucht bereit. Das war vollkommen idiotisch! Renate würde es ihm nie verzeihen, wenn er sich einfach aus dem Staub machte, um sich statt an ihren Kochkünsten an einem Schnitzel in der »Goldenen Traube« zu laben, zumal das Geräusch in der Küche, das ihn an das Brutzeln einer Pfanne erinnerte, verriet, dass sie bereits zugange war.

»Du kannst den Riesling schon aufziehen. Essen ist gleich fertig. Ich habe im Wohnzimmer gedeckt.«

Kurt-Otto zuckte zusammen. Jetzt war alles klar! Er schluckte gut hörbar. Sein Gespür hatte ihn nicht getäuscht. Wenn auf eins Verlass war, dann darauf. Im Wohnzimmer wurde nur an ganz besonderen, hohen Feiertagen gedeckt. Oder dann, wenn es ihm an den Kragen ging. Ein Blick um die Ecke reichte vollkommen aus. Die beiden Kerzen brannten bereits. Das Silberbesteck und das cremefarbene Service seiner Großmutter mit dem Goldrand, dazu die gestärkten Servietten mit dem Familienmonogramm, es brauchte wenig seherische Fähigkeiten, um vorauszusagen, was ihn erwartete. Willenlos wie das Schlachtvieh auf seinem letzten Gang schlich er auf

Socken über die knarrenden alten Holzdielen. Schnaufend sank er auf den Stuhl und in sich zusammen. In seinem Kopf lief die Maschinerie heiß. Wie konnte er seiner Renate nachher glaubhaft klarmachen, dass er noch für eine halbe Stunde in den Keller musste? Wobei das durchaus gelingen konnte, schwieriger war es da schon, auf dem Weg dorthin an seine alternative Mahlzeit zu gelangen. Unter ihren wachsamen Augen musste er quer über den gesamten Hof zu seinem Traktor gehen, den er so geparkt hatte, dass sie die Rückseite und den Werkzeugkasten voll im Blick hatte. Wie sollte er da ungesehen an seine Bratwurstdosen gelangen? Das war ein Ding der Unmöglichkeit. Warum bloß hatte er daran nicht gedacht? Er lief direkt ins offene Messer.

Sein Magen knurrte beleidigt. Dass es am heutigen Abend zu gewissen Engpässen in der gewohnten Versorgung kommen könnte, schien sich nun auch bis dort unten herumgesprochen zu haben.

Würde Renate Verdacht schöpfen, wenn er sich nachher, während sie vor der Tagesschau saß, mit einer Flasche bewaffnete, um seinen kränkelnden Riesling-Patienten im Keller zur Beurteilung einem zweiten Winzerkollegen zu präsentieren? Diese Ausrede erlaubte ihm möglicherweise die Flucht aus dem eigenen Haus und in den Gasthof. Er schmatzte vernehmbar, sein Magen fiel lautstark zustimmend ein. Aber welcher der Kollegen? Irgendwohin musste er nach dem Jägerschnitzel, er kannte seine Frau gut genug, um zu wissen, dass sie das mit dem Schnitzel ansonsten herausfinden würde. Sie stand im Kontakt mit allen Frauen seiner Kollegen im Dorf. Es würde ihn daher nicht wundern, wenn sie mit einem kurzen Telefonat ganz beiläufig überprüfte, ob und wann ihr lieber Gatte im Keller des Ratgebenden angekommen war.

Weiter kam er in seinen hektischen Planungen für die Zeit nach dem Abendessen nicht. Ein rauschendes Brutzeln kündigte Renates Eintreten an.

»Du hast ja noch nicht mal die Flaschen aufgezogen. Ich hatte schon Angst, dass du heimlich, still und leise den Riesling bereits geleert hast.« Sie kam lächelnd hereingeeilt und platzierte die abgedeckte Pfanne, die schwer zu sein schien, auf dem bereitgelegten Untersetzer zwischen ihnen. Ehe er etwas entgegnen konnte, war sie schon wieder in der Küche verschwunden. »Hast du einen Korkenzieher, oder soll ich den mitbringen?«, rief sie.

»Geht.« Er fingerte sein Taschenmesser aus der Hose und machte sich ungelenk an der ersten Flasche zu schaffen. Fast golden floss der Wein in die beiden Gläser. Renate war schon wieder da und stellte eine Auflaufform auf dem noch freien Holzbrettchen ab. Da auch diese über einen Deckel verfügte, war ihm jede Chance genommen, sich seelisch und moralisch auf das einzustellen, was ihn gleich erwartete. Die flachen Teller aus dem Hattemer'schen Familiennachlass waren sehr groß. Kleine Portionen sahen darauf noch winziger aus. Sie würde ihn ganz sicher nicht eher entlassen, bis er eine ordentliche Ladung hinuntergekämpft hatte. Sein Magen schickte grollende Signale. Widerstand war zwecklos. Renate lächelte wohlwollend und hielt ihm das Glas entgegen.

»Prost, meine Reblaus! Ich hoffe, du hast ordentlich Appetit mitgebracht.« Ihre Augen funkelten erwartungsvoll.

Kurt-Otto nickte verstört.

Über der rauschenden Pfanne trafen ihre beiden Weingläser wohlklingend aufeinander. Er nippte kurz an seinem, ohne sich auf das Aroma des gereiften Rieslings konzentrieren zu konnen. Wie das Kaninchen vor der Schlange, in Schockstarre, saß er auf seinem Stuhl. Er atmete tief durch und fühlte sich jetzt bereit zur Urteilsverkündung. Renate lächelte amüsiert und behielt ihn im Blick, während ihre Hände langsam auf die beiden Deckel zusteuerten. Ein kontinuierlicher Spannungsaufbau, dem lediglich die musikalische Untermalung fehlte. Hektisch hohe Töne fiedelnde Streicher. Eine sich ins Unerträgliche steigernde Lautstärke, die das unmittelbar bevorstehende Grauen ankündigte. Dampf stieg auf, der ihm den Blick nahm und sich nur langsam lichtete. Der Geruch passte nicht.

»Du schaust ja, als ob du deine Lieblingsgerichte nicht mehr erkennen würdest!«

Er starrte weiter sprachlos auf das Arrangement zwischen ihnen und den beiden flackernden Kerzen. Renate grinste. Ihr schien diese Inszenierung ganz besondere Freude zu bereiten. Er war sich noch nicht ganz sicher. Das, was den Weg in seine Nase gefunden hatte, roch sehr vertraut. Langsam, aber mit der weiterhin gebotenen Vorsicht akzeptierte sein Geruchssinn die ihn umspielenden Aromen. Sie kamen ihm so bekannt vor. Es wollte ihm aber noch immer nicht gelingen, den Duft stimmig zuzuordnen. Der Fachschaftsstammtisch am gestrigen Abend, der feierlich gedeckte Tisch und nun das. War das eine Falle? Sie trieb ein hinterhältiges Spielchen mit ihm, und das nicht zum ersten Mal. Die Erinnerung daran blitzte auf und verursachte Schmerzen in seinem Unterleib. Vor zwei, drei Jahren hatte sie ihm Dosenwurst untergejubelt, die täuschend echt ausgesehen hatte. Nicht so gut gewürzt wie die von seinem Lieblingsmetzger, aber lecker, er hätte es nie für möglich gehalten, dass sie aus Tofu bestand. Es war also noch immer von einer kulinarischen Gefahr auszugehen.

»Backesgrumbeern und Bratwürste. Gib mir deinen Teller.«

Sein Magen war ein Opportunist. Er hatte bereits kapituliert. Und nicht nur er. Das Wasser lief Kurt-Otto im Mund zusammen. Lediglich sein Verstand blieb wach und sprungbereit. So leicht wollte er sich nicht hinters Licht führen lassen. Sein Blick hetzte über Pfanne und Auflaufform, während er Renate vorsichtig den Teller hinhielt. »Bitte nicht so viel, ich muss nachher noch mit meinem Riesling zum Dörrhof. Der Wein hat eine Gärstörung, vielleicht kann mir der Klaus einen Rat geben.«

»Da warst du doch heute Morgen schon?« Sie blickte ihn fragend an.

»Nachkontrolle.« Seine Stimme klang unsicher.

Sie schaufelte weiter munter aus der Auflaufform auf seinen Teller. Es sah alles verdammt echt aus, und es roch auch so. Wie hatte sie das hinbekommen? Die alternative Lebensmittelindustrie schien mittlerweile über ganz perfide Möglichkeiten zu verfügen, um täuschend echt anmutende Plagiate aus Ersatzstoffen herzustellen, und diese Scharlatane schienen auch vor regionalen Spezialitäten nicht zurückzuschrecken. So etwas sollte unter Strafe gestellt werden! Die dünnen Kartoffelscheiben, mit Zwiebeln, groben Kasslerwürfeln und Dörrfleisch in Weißwein und saurer Sahne langsam, über fünf bis sechs Stunden, im Ofen geschmort, waren eines seiner Lieblingsgerichte. Früher, als es noch ein Backhaus im Dorf gab, in dem wöchentlich das Brot für alle gebacken wurde, hatte jeder seine fertige Auflaufform in die Resthitze gestellt. Die Kartoffeln, im Dialekt Grumbeern genannt, und das Backhaus zeichneten für den Namen des Gerichts verantwortlich. In jeder Familie existierte ein ganz eigenes Rezept, das über Generationen weitergegeben wurde und das man gegen lieb gemeinte Verbesserungsvorschläge der Nachbarn eisern verteidigte. Anders als bei den meisten Familien im Dorf, die in den Backesgrumbeern eine vollwertige Hauptmahlzeit sahen, die lediglich um einen grünen Salat zu ergänzen war, wurde im Hause Hattemer schon immer die Ansicht vertreten, dass die vielen Kartoffeln einer weiteren deftigen Ergänzung bedurften, um restlos satt zu machen.

Da lag der Hase begraben! Kurt-Otto sah jetzt endlich klar. Schnell zog er den Teller an sich. Noch befanden sich darauf nämlich nur die Backesgrumbeern.

»Was ist mit der Bratwurst? Die habe ich extra bei deinem Lieblingsmetzger in Stadecken geholt.« Sie lächelte auffordernd.

Kurt-Otto war sich unsicher. Sein Magen signalisierte ihm, dass er sich ungern in Verzicht übte. Sein Verstand sandte ein zaghaftes Veto. Was, wenn das Gerede vom Lieblingsmetzger nur die halbe Wahrheit und die Wurst im Grunde gar keine Wurst war? Ein quietschender Ersatzstoff aus Asien, der in seinem Mund beim Kauen aufquellen würde. Der Schweiß stand ihm auf der Stirn. Renate nahm ihm die Entscheidung ab. Sie zog den Teller entschlossen an sich und platzierte gleich zwei der dicken Würste neben dem riesigen Berg aus der Auflaufform. Zufrieden gab sie den Teller danach frei und nahm sich selbst eine weitaus kleinere Portion. Im Gegensatz zu seiner mutete sie wie die Notverpflegung in Kriegszeiten an. Gerade so viel, dass die lebenserhaltenden Funktionen des Körpers gewährleistet blieben. Mit der Menge würde sie morgen früh ihre alltäglich gejoggten zehn Kilometer durch die Weinberge nicht durchhalten können. Seit einer Ewigkeit absolvierte sie vor dem Frühstück sommers wie winters die gleiche Runde. Im Dorf nannten sie alle daher nur die Renn-ate.

»Lass es dir schmecken!« Sie spießte die erste weiche Kartoffelscheibe auf.

Kurt-Otto stocherte auf der Suche nach verdächtigen Hinweisen im Auflauf. Dann gab er dem Drängen aus seinem Körperinneren nach. Das Kassler war butterweich, ganz zart, es zerfiel quasi auf seiner Zunge. Er schnaufte erleichtert. Zumindest das musste echt sein. Daran gab es keinen Zweifel mehr. Und seinem Lieblingsmetzger unten im Tal traute er ohnehin nicht zu, dass der sich mit Kunstwürsten an der vegetarischen Weltverschwörung beteiligte. Die Bratwurst war denn auch fest und so gebraten, wie er sie am liebsten mochte: schön dunkel und gut durch. Er schloss die Augen, während er genüsslich kaute.

»Heb dir noch ein wenig Appetit für den Nachtisch auf. Es gibt Weincreme nach dem Rezept deiner Großmutter.«

Kurt-Otto schüttelte entgeistert den Kopf. Was war bloß mit seiner Renate passiert? Langsam machte er sich ernsthaft Sorgen um sie. Die Weincreme seiner Großmutter hatte sie von jeher abgelehnt, weil sich das Rezept vor allem dadurch auszeichnete, dass mit der wichtigsten Zutat außerordentlich großzügig umgegangen wurde. Alle anderen notwendigen Bestandteile wurden so sparsam zugegeben, dass der Eindruck, man wolle den Weinanteil verwässern, gar nicht erst entstehen konnte.

»Eine solche Bratwurst macht sonst keiner.« Er schmatzte

anerkennend, ohne das letzte Restchen des nur mehr schwach glimmenden Misstrauens gelöscht zu haben.

»Ich war gleich nach der Schule dort.« Ihr Lächeln veränderte sich. Renates Augen fixierten ihn. Sie hatte mit dem Kauen aufgehört. »Anscheinend haben wir uns nur um ein paar Minuten verpasst.«

9

Die Bonacker goss ihm Tee ein. Er war auf der Hut. In seinen Ohren konnte er deutlich das schubweise Rauschen seines Blutes hören, das jeden Herzschlag begleitete. Sein Blick folgte ihren Bewegungen. Es durfte ihm nichts entgehen. Sie war gewieft und hatte sich ganz sicher einen Plan zurechtgelegt, um ihn in einen Hinterhalt zu locken. Mit der angestoßenen blau-weißen Porzellankanne eilte sie zurück an den Herd, in dem das Feuer knisterte. Ganz am Rand, aber noch auf dem heißen Metall stellte sie sie ab.

»Dann bleibt er warm«, erklärte sie.

Er spürte Kälte an seinen Füßen, obwohl es ihm vorhin beim Hereinkommen in ihre Küche unerträglich heiß vorgekommen war. Er musste vorsichtig sein. Vielleicht besaß sie die Fähigkeit, seine Gedanken zu lesen.

Die Bonacker war mindestens zwei Köpfe kleiner als er und kugelrund. Ihr Gewicht würde später kein Problem für ihn darstellen. Sie trug eine ausgeblichene geblümte Kittelschürze, die ihr bis über die Knie reichte. Über dem Bauch zeichneten sich deutlich sichtbar zwei dunkle Schmutzflecken ab.

»Möchtest du etwas Zucker oder Honig hinein?« Sie sah ihn vom Herd aus an.

»Nein, danke.« Er vermied es, den aufsteigenden Dampf aus der Tasse vor sich einzuatmen.

Sie kam zurück und stellte ein abgegriffenes großes Glas auf den Tisch. Der Honig darin schimmerte kristallin. Es knirschte, als sie den Deckel aufschraubte.

»Geht es deinen Eltern gut?«

»Ja, danke, ich soll grüßen.« Er sprach langsam und bedächtig.

»Das freut mich zu hören.« Das Brechen des erhärteten Honigs war zu hören. Sie beförderte drei große Brocken in ihre Tasse und rührte lange klimpernd um. Dann fuhr sie fort.

»Ich war früher oft mit meinem Vater in eurem Haus. Als der Stall noch voll war. Die Viehzucht deines Großvaters war überall bekannt. Er hat uns Kindern immer warme Milch eingeschenkt. Er war ein guter Mann.« Sie nickte zu ihren Worten. Er hielt seinen Kopf gesenkt. Man durfte dem Bösen nicht direkt in die Augen sehen. Das war gefährlich. Es konnte darin lesen oder die Sinne so verwirren, dass man vergaß, was man eigentlich tun wollte.

Vorsichtig befühlte er mit der rechten Hand die Seitentasche seiner dicken Jacke. Dabei versuchte er, konzentriert an das Glas Honig vor sich zu denken. So wie es aussah, klebte es so sehr, dass man Reste davon auch nachher noch an den Fingern hatte. Er mochte Honig nicht. Eine dunkle Erinnerung aus seiner Kindheit. Sein Onkel hatte das Glas mitgebracht, von den eigenen Bienen. In der heißen Milch, die ihm seine Mutter daraus gemacht hatte, schwammen die Flügel oben, kleine Splitter des Hinterleibs drum herum, ein halber Kopf und viele haarige Beine. Ein weißer See, übersät von kleinen Trümmern, so als ob ein ganzer Schwarm im Anflug auf der Oberfläche zerschellt wäre. Seine Mutter hatte ihn gezwungen, alles zu trinken.

»Du magst keinen Honig?«

Es hatte funktioniert. Sie konnte nur seine vordergründigen Gedanken erahnen. Was dahinter war, blieb für sie verdeckt. Er lächelte sie kurz an und schüttelte den Kopf. Sie sprach weiter. »Er ist gesund, besonders in der kalten Jahreszeit, wenn der Körper Unterstützung braucht.« Sie führte die Tasse an ihre rissigen Lippen und schlürfte. Es roch nach kaltem Essen.

»Ich bin wegen dem Weinberg hier. Sie hatten bei meiner Mutter angerufen.« Seine rechte Hand hatte das Fläschchen ertastet. Es gab ihm ein Gefühl der Sicherheit. Er fragte sich, wie süß wohl der Tee in ihrer Tasse war, schob den Gedanken aber rasch wieder beiseite. Das war knapp. Er musste bei der Sache bleiben, wenn er sie besiegen und zerstören wollte.

»Du hast recht.« Sie lachte auf. Ein dunkler Laut, der aus ihrem tiefen Inneren zu kommen schien. Es klang wie das heisere Bellen eines alten Hundes. »Du bist ja nicht hierhergekommen, um dich mit einer alten Frau zu unterhalten. Man sieht dich ohnehin nur selten. Ihr habt bestimmt viel zu tun. Euer Betrieb wächst ständig weiter, sagt man. Und deine Eltern können ja kaum noch mithelfen.« Sie nickte wieder und schlürfte noch etwas Tee. Sie blickte auf seine Tasse. »Trink, er wärmt nur, wenn er heiß ist. Ich hole den alten Vertrag vom Hattemer aus der Stube, dann können wir das meiste in den neuen übernehmen.«

Sie erhob sich beschwerlich, war aber dennoch erstaunlich flink unterwegs. Es blieb ihm nicht viel Zeit. Schnell fingerte er das Fläschchen aus seiner rechten Jackentasche und schraubte den Deckel auf. Seine Hand zitterte über ihrem gesüßten Tee. Nicht zu viele Tropfen, sonst würde sie es schmecken. Die Wirkung musste trotzdem zügig eintreten. Verletzt konnten die Hexen unkontrollierbar sein.

Ihre Schritte waren zu hören, sie kamen näher. Hastig führte er seine Tasse über ihre und goss einen Teil hinein. Als sie in der Tür erschien, schaute er bereits wieder nach unten in seine gefalteten Hände. Seine Lippen bewegten sich lautlos. Nicht einmal ein Flüstern kam über sie.

Die Bonacker legte das grüne Papier auf den schmalen Küchentisch und setzte sich wieder auf ihren Platz ihm gegenüber. Sie führte die Tasse an ihre Lippen und trank einen großen Schluck. Aus ihren Augen sprach Ahnungslosigkeit. Vorsichtig zog er den Pachtvertrag zu sich, während er sie aus den Augenwinkeln im Blick behielt. Seine Gedanken mussten sich noch ein wenig mit anderen Dingen beschäftigen. Die Wirkung setzte erst nach ein paar Minuten ein.

»Du kennst den Weinberg?« Sie zuckte mit den Schultern und redete weiter, ohne seine Antwort abzuwarten. »Ich komme ja gar nicht mehr raus in die Reben. Das Wasser in den Beinen macht mich unbeweglich. Jeder Schritt fällt mir schwer. Ich bin froh, wenn ich es morgens aus dem Bett und abends wieder hinein schaffe. Da helfen keine Kräuter und keine Medizin. Das ist das Alter, die Füße, der Kopf, alles ist schwindlig oft.« Sie verhaspelte sich bei den letzten Worten. Ihre Zunge schien schwer zu werden. Sie hielt verdutzt inne und starrte ihn aus weit geöffneten Augen an. Ihr Blick wanderte über den Küchentisch und blieb an der schmalen Spur kleiner Tropfen hängen, die er beim Umfüllen seines Tees in ihre Tasse verursacht haben musste. Er hatte das tun müssen, sonst hätte sie sicher bemerkt, dass er ihr Gebräu nicht anrührte. Das hätte alles in Gefahr gebracht. Man musste die Feinde in Sicherheit wiegen, sonst wurden sie misstrauisch. Er spannte alle Muskeln in seinem Körper an, um reagieren zu können, sollte es erforderlich werden. Leise flüsterte er: »Wer Sünde tut, der ist vom Teufel. Denn der Teufel sündigt von Anfang an. Dazu ist erschienen der Sohn Gottes, dass er die Werke des Teufels zerstöre.«

Es war vollbracht. Er atmete erleichtert aus. Sie starrte ihn reglos an. Langsam erhob er sich, bereit, jederzeit einen Schritt zurückzuweichen. Das war aber nicht notwendig. Ihr Blick folgte ihm nicht mehr. Die wenigen Minuten, die es noch brauchte, bis er ihre Augen schließen konnte, nutzte er, um seine Tasse gründlich zu spülen und abgetrocknet in den Schrank zurückzustellen. Den grünen Pachtvertrag schob er in die züngelnden Flammen. Er sah zu, bis er restlos verbrannt war. Zur Sicherheit schob er noch zwei kurze Stücke eines alten, knorrigen Rebstocks hinterher und schloss dann das kleine Türchen.

Er fühlte kein Bedauern, als er ihre Augenlider vorsichtig nach unten drückte. Jetzt schien es, als schliefe sie ganz friedlich. Ihr Atem ging flach, aber gleichmäßig. Es war ein guter Tag. Der Feind war schwach in diesem Moment. Die Angst war zurückgedrängt.

Schon seit zwei Nächten hatte er nicht mehr in sein Versteck unter dem Bett gemusst. Sie hatten ihn trotzdem nicht finden können. Ihre schlurfenden Schritte waren bei ihrer nächtlichen Hatz nur aus ganz großer Entfernung zu hören. Sie irrten ziellos umher auf der Suche nach ihm. Jetzt war es an der Zeit, dass er ihnen den nächsten Schlag versetzte. Ein kräftiger Hieb, der sie sicher aufschreckte.

Er nickte zufrieden, als er sie auf ihrem Stuhl langsam nach hinten kippte. Die Kerze mit dem umrankten roten Kreuz befand sich in seiner linken Manteltasche, das Kruzifix hing noch über der Tür. Er würde es gleich herunterholen, sobald er draußen im Hof den Zugang freigelegt hatte. Dann war alles bereit, um sie zurück in die Unterwelt zu schicken, von wo der Teufel einst heraufgefunden hatte, um sie und ihre Vorfahren für sein Werk zu verpflichten. Das Kreuz und die Kerze beschwerten die Hexe so sehr, dass sie ganz sicher nicht wieder auftauchen würde.

10

Sie hatte sich unter äußerster Disziplin dazu zwingen müssen, nicht schon viel früher wieder herzukommen. Posthalters Sigrun drehte sich zum wiederholten Male um und kontrollierte den Gehweg hinter sich sowie die Fenster der Häuser, auch auf der gegenüberliegenden Straßenseite. Viele alte Menschen waren so schrecklich neugierig, dass sie über Stunden reglos hinter der Gardine ausharrten und alles und jeden beobachteten, der vorbeikam. Da in den meisten großen Häusern im Ortskern nur noch vereinzelt alte Leute wohnten, war das kein Wunder. Etwas anderes hatten sie kaum mehr zu tun. Vorgestern hatte sie deshalb riesiges Glück gehabt. Es schien sie niemand gesehen zu haben. Ihr wurde immer noch ganz flau im Magen bei dem Gedanken an diese unsägliche Situation, in die sie sich gebracht hatte, weil sie alles ganz falsch gedeutet hatte. Es hatte aber doch durch die Scheibe wirklich so ausgesehen, als ob der armen Roswitha etwas Ernsthaftes zugestoßen wäre.

Sie hatte die Ohren in den letzten beiden Tagen offen gehalten und stets ganz beiläufig und unverfänglich nachgefragt, wenn sie auf der Straße mit jemandem ins Gespräch gekommen war. »Du hast nicht zufällig mitbekommen, warum der Rettungswagen bei Roswitha vor dem Haus gestanden hat? Ich war gerade auf dem Weg zu Ortruds fünfundachtzigstem Geburtstag, als er vorbeifuhr und dort anhielt. Was da wohl passiert ist?« Die meisten hatten glücklicherweise keine Ahnung gehabt, und es war auch niemand persönlich vor Ort gewesen. Zumindest nahm sie das an. Ihre beiden Freundinnen, die Käfergässer-Gerda und die Chaussee-Helga, die stets bestens über alles informiert waren, was im Dorf passierte, hätten es ihr sicherlich brühwarm unter die Nase gerieben, wenn man sie mit dem Rettungswagen in Verbindung gebracht hätte, der ohne Notwendigkeit gerufen worden war.

Fast hatte sie Roswithas Haus erreicht. Behutsam verlangsamte sie ihren Schritt, damit sie im Vorbeilaufen einen Blick durch die drei Fenster werfen konnte, die zur Straße hin lagen. Vielleicht konnte sie eine Veränderung erkennen. Die Glocke im Kirchturm hatte gerade fünf Uhr geschlagen, und die Dämmerung brach herein. In einem der Zimmer musste also Licht brennen, wenn alles in Ordnung war. Daran hegte sie mittlerweile allerdings begründete Zweifel. Nicht nur ein Mal hatte sie nämlich auf ihre getarnten Nachfragen die Antwort bekommen, dass Roswitha schon längere Zeit nicht mehr gesehen worden war. Wer mit den Vorbereitungen für seinen Achtzigsten beschäftigt war, der fuhr doch nicht einfach so in den Urlaub? Ihre Tochter wohnte in Hamburg. Würde sie sich dort aufhalten, gäbe es mit Sicherheit irgendjemanden, der davon wusste und es ihr erzählt hätte.

Kein Lichtschein war zu erkennen. Sie ging noch ein Stück weiter, blieb stehen und warf einen Blick in ihren Henkelkorb.

Sie hatte sich gedanklich alles genau zurechtgelegt für den Fall, dass sich die Angelegenheit nicht sofort aufklären ließ. Daher schüttelte sie jetzt wie geplant den Kopf, wandte sich um und eilte zurück. Für die stillen Beobachter hinter den Gardinen musste es so aussehen, als sei ihr gerade aufgefallen, dass sie etwas vergessen hatte. So konnte sie wenige Minuten später ein weiteres Mal relativ unverdächtig an Roswithas Haus vorbeilaufen.

Als sie bei ihrem zweiten Versuch auf der Höhe des Hoftores war, blieb ihr Blick an dem schmalen Spalt hängen. Der eine Torflügel schien nur angelehnt zu sein. Vorsichtig drückte sie dagegen. Er gab nach. Schnell wandte sie noch einmal den Kopf in alle Richtungen, dann schob sie sich hindurch. Die Sanitäter mussten nicht richtig zugemacht haben. Wenn das Tor jetzt, zwei Tage später, immer noch offen stand, war Roswitha vielleicht wirklich etwas zugestoßen.

Sie atmete keuchend aus und lehnte sich mit dem Rücken von innen gegen das Tor. Der Hof lag im Dämmerlicht. Das geöffnete Scheunentor wirkte wie ein dunkles, weit aufgerissenes Maul. Sigrun hatte noch nicht entschieden, ob sie sich wirklich allein in die Scheune und in den Gewölbekeller traute. Aber irgendwo dort musste Roswitha doch liegen.

11

Er wartete, bis sie in Roswithas Gehöft verschwunden war. Sie gehörte zur Horde des Teufels, und genau wie die anderen suchte sie nach ihr. Bisher schienen ihre Bemühungen jedoch erfolglos gewesen zu sein. Er hatte sich daher ganz ruhig verhalten, kaum hörbar geatmet und sich lautlos, Schritt für Schritt, rückwärts in das schmale Reilchen geschoben, damit sie ihn nicht sehen konnte. Die kaum mehr als einen halben Meter breiten Zwischenräume zwischen den Häusern im alten Ortskern hatten früher dazu gedient, im Brandfall das Überspringen der Flammen von einer zur nächsten Scheune zu verhindern. Darüber hinaus nutzte man sie als schnelle Querverbindung zwischen den Straßen. Im Dunkel dieser schmalen Schlucht stand er wie angewachsen da und behielt das gegenüberliegende Tor im Blick, weil er sich nicht sicher war, ob sie gleich wieder herauskommen würde. Vielleicht hatten sie die Witterung aufgenommen, und der Teufel schickte sie als Kundschafterin voraus.

Still versuchte er weiter, Ruhe in sich hineinzuatmen. Immer wieder überprüfte er den dunklen Gang hinter sich, um sicherzustellen, dass ihm niemand in den Rücken fallen konnte. Es war höchste Vorsicht geboten. Er stand im Krieg mit ihnen allen. Sie trachteten ihm nach dem Leben und würden sich eine Chance, ihn auszuschalten, ganz sicher nicht entgehen lassen. Ihr Heer schrumpfte. Das Böse war angeschlagen und daher noch gefährlicher. Sein Herz schlug schneller in seiner Brust. Er ballte die Fäuste, um sich zur Wehr setzen zu können, falls sie gleich direkt auf ihn zusteuern sollte.

Sie war auch mit dabei gewesen in jener Nacht. Er hatte ihr Gesicht so deutlich und klar erkannt wie die der anderen. Kreischende Fratzen in wilder Hatz um das lodernde Feuer. Es war der 20. April gewesen, die Nacht, in der es überall gebrannt hatte. Der hilflose Versuch, das Erfrieren der Reben mit allen möglichen Mitteln zu verhindern. Am Abend jenes Tages hatte er noch fest daran geglaubt, dass alle Winzer zusammen diesen Kampf gewinnen und ihren Schadenzauber abwehren konnten. Sinnlos waren ihre hilflosen Bemühungen letztlich geblieben, weil sie in dieser Nacht die Symptome, aber nicht die Verursacher bekämpft hatten. Das war ihm aber alles erst sehr viel später klar geworden, als er wieder in seinem Versteck zwischen Wand und Bett gekauert und die rostigen Metallfedern unter seiner Matratze angestarrt hatte, während sie immer näher an ihn herankamen.

Zuvor hatte die Vegetation so früh wie noch nie zu sprießen begonnen. Das war ihr Plan gewesen. Die Triebe der Reben reckten sich Mitte April schon knappe zehn Zentimeter in die Höhe. Schwaches und verwundbares Grün, das sich um diese Jahreszeit sonst noch in der Knospe versteckte und dadurch geschützt war. Die Hexen hatten es in die Höhe getrieben und genüsslich auf den Moment gewartet, in dem die danach heraufbeschworene Kälte alles vernichten würde.

Der heftige Frost war angekündigt worden, daher hatten sie sich alle darauf vorbereiten können. Jeder der Winzerkollegen tat es auf seine Art. Manche fügten sich sogar tatenlos in ihr Schicksal. Er hatte, wie die meisten anderen auch, ein paar hundert Frostkerzen bestellt. Bekommen hatte er nicht einmal die Hälfte der Blecheimer, die mit einem speziellen Wachs gefüllt waren und im Weinberg verteilt wurden, um sie in den kältesten Nachtstunden zu entzunden. Pro Hektar brauchte es annähernd zweihundert dieser Töpfe, um die Temperatur um knapp zwei Grad anzuheben. Alle Winzer benötigten in dieser Nacht Wachseimer. Kein Wunder also, dass es nicht genug zu kaufen gab. Die Obstbauern spannten ihre Hagelschutznetze auf. Einige froren die Blüten gezielt in Wasser ein, um sie vor den angekündigten Minusgraden zu schützen. Die beim Gefrieren des Wassers auf den Blüten freigesetzte Kristallisationswärme sollte die Pflanzenteile vor ernsten Schäden bewahren. Ob die Kollegen im Obstbau damit Erfolg gehabt hatten, wusste er nicht. Im Nachbardorf Ober-Olm waren zwei Weinberge über

Stunden mit einem feinen Wassernebel besprüht worden. Die in den Folgetagen dorthin gepilgerten Kollegen waren sich einig, dass das kein taugliches Prozedere für den Schutz der Weinreben darstellte. Auch Klaus Dörrhofs wahnwitzige Idee, die kalten Luftmassen mit einem Hubschrauber aufzuwirbeln, hatte keinen Erfolg gezeigt. Immerhin sicherte sie ihm die volle mediale Aufmerksamkeit. Ein Kamerateam des Südwestfunks begleitete ihn die gesamte Nacht über. Erfroren waren seine Burgunder trotzdem. Bei minus acht Grad, die in der Parzelle geherrscht hatten, reichte auch die massivste Verwirbelung der Luftmassen nicht mehr.

Es war ein gespenstisches Szenario gewesen in der Nacht vom 20. auf den 21. April. Am Himmel kreiste immer wieder der Hubschrauber, sank hinab und flog so dicht über die Reben, dass er an den aufragenden Pfählen hängen zu bleiben drohte. Ein Meer aus flackernden Lichtern erhellte den gesamten Teufelspfad. Vor allem in den Dellen im Hang, in den Frostlöchern, in denen sich die eiskalte Luft sammelte, standen die Frostkerzen eng beieinander. Dazwischen ragten immer wieder dunkel einzelne Gestalten in die Höhe, vom flackernden Licht gespenstisch in Szene gesetzt.

Auch er hatte seinen Spätburgunder in jener Nacht nicht allein lassen wollen. Als es in den Morgenstunden langsam zu dämmern begann und selbst dem Letzten einleuchtete, dass sie den aussichtslosen Kampf verloren hatten, blieb er trotzdem weiter draußen. Die richtige Entscheidung. Wäre er wie die anderen nach Hause gefahren, hätte er sie nicht sehen können. Den beißenden Rauch jener Nacht hatte er auch jetzt wieder in der Nase, selbst hier, in dem schmalen Spalt zwischen den gehauenen Bruchsteinen der Hauswände. Er hatte ihm Tränen in die Augen getrieben und seinen Blick getrübt. Sein Kopf hatte heftig geschmerzt. Lange Zeit hatte er die Augen geschlossen gehalten und durch seinen Wollschal hindurchgeatmet, den ihm seine Mutter gestrickt hatte, die Hände auf den hölzernen Stiel der Mistgabel gestützt, die er brauchte, um die brennend heißen Töpfe zu verschieben, wenn sie zu nahe beieinander-

oder zu weit voneinander entfernt standen. Da er nicht genug davon hatte, trug er sie von Rebzeile zu Rebzeile.

Ihre spitzen Schreie hatten ihn aus dem Dämmerzustand der Hilflosigkeit gerissen. Sie feierten ausgelassen tanzend ihren Sieg. Dabei sprangen sie um ein mächtiges Feuer, dessen Flammen weit in die Höhe schossen. Er kannte die Feuerstelle, die von fünf gewaltigen hellen Steinen gesäumt wurde. Er hatte sie aber noch nie in Benutzung gesehen. Und erst danach hatte er verstanden, dass es ihr Treffpunkt sein musste. Er war so blind gewesen, und die anderen im Dorf blieben es bis heute. Sie fügten sich in ihr Schicksal und nahmen es klagend an. Verband man die Kalksteine nämlich durch sich überkreuzende Linien, so entstand, wenn man den Hang hinaufblickte, ein auf dem Kopf stehendes Pentagramm, in dessen Mitte die Flammen gelodert und der Teufel gestanden hatte, um sich von seiner tanzenden Gefolgschaft huldigen zu lassen. Allesamt waren sie nackt gewesen und kreischend übereinander hergefallen. Alte, faltige Körper im wilden Tanz. Sie hatten dabei so laut geschrien, dass es in seinen Ohren und im Schädel schmerzte. So hatte er ihnen nicht lange standhalten können, sich vorsichtig hinter seine eng gestellten Blecheimer gekauert und die Augen geschlossen. Erst als die Schreie verstummt und die Frostfackeln im Licht der Morgensonne erloschen waren, hatte er sich getraut, sie wieder zu öffnen und aufzustehen.

Den Scheiterhaufen hatten die Flammen gänzlich verzehrt. Sie hatten nichts übrig gelassen. Sogar die Hitze hatten die Hexen mitgenommen. Nichts sollte sie verraten, den Pakt, den sie mit dem Teufel eingegangen waren, offenlegen, ihren Hexensabbat zur Feier des immensen Schadens beweisen.

Er hatte sich ganz vorsichtig näher herangeschlichen. Seine Hand in die Asche hinabgesenkt. Sie war eisig kalt. Gefroren wie die Triebe der Weinberge. Tags zuvor hatten sie sich noch grün in die Höhe gereckt, jetzt hingen ihre Spitzen leblos herab, ehe sie wenig später tot in die Tiefe fallen würden. Ihr Zerstörungswerk war vollkommen gewesen. Sein Spätburgunder wie auch sämtliche Reben in den anderen Parzellen der Mulde um ihr Freudenfeuer herum waren in jener Nacht erfroren.

Er hatte selbst jetzt, so viele Monate später, noch jedes Detail genau vor Augen. Die Einzelheiten hatten sich tief in sein Gedächtnis eingebrannt, weil er von diesem Moment an gewusst hatte, dass er auserwählt worden war, den Kampf gegen die Brut aufzunehmen. Die Stimmen hatten es ihm zugeflüstert, als er geduckt hinter den flackernden Eimern kauerte, und wiederholten ihren Auftrag in den Wochen danach in jeder einzelnen Nacht. Sie fanden den Weg in seinen Kopf vor allem dann, wenn das Böse ihm in seinem Versteck drohend nahe kam. Unter den Stimmen hatte er eine ganz deutlich heraushören können. Sie wies ihm seither den rechten Weg und führte seine Hand in diesem Krieg.

12

Kurt-Otto Hattemer hielt die offene Weinflasche am Hals. Um nicht ins Gerede zu kommen, hatte er sie in Zeitungspapier eingewickelt. Eine mittelmäßige Lösung. Jetzt war zwar nicht zweifelsfrei zu erkennen, was er genau mit sich führte, aber dass es sich dabei um eine Flasche handelte, stand immer noch außer Frage. Beim nächsten Mal musste er sich eine bessere Tarnung überlegen. Das hier war außerordentlich verdächtig. Aber wie sollte man eine Flasche gärenden Wein sonst quer durchs Dorf transportieren, ohne dass sie einem auf halbem Wege explodierte? Er vermochte sich selbst keine rechte Antwort darauf zu geben. Immerhin waren seit dem gestrigen Lüften des Rieslings die Hefen in Gang gekommen. Endlich. Aus dem Gärröhrchen auf dem Fass drang nun ein gleichmäßiges Blubbern. Das Aromabild seines Sorgenkindes hatte sich dadurch verändert. Die Noten, die an Sauerkraut erinnerten, waren glücklicherweise verschwunden. Stattdessen offenbarte er neben dem Presskopf nun deutlich animalischere Nuancen, die ihn an einen ungewaschenen nassen Hund erinnerten. Innerlich vermochte er sich nicht festzulegen, ob das eine Verbesserung darstellte. Daher hatte er nach der Rückkehr aus dem Weinberg beschlossen, schnell noch einmal bei Dörrhofs vorbeizuschauen. Renate war heute lange in der Schule. Vor halb sechs brauchte er nicht mit ihr zu rechnen. Die halbe Stunde reichte aus, um sich eine zweite Meinung einzuholen.

Vorsichtig schlich er durch die Hofeinfahrt und lauschte. Er passierte die breite Treppe, die linker Hand zur Haustür hinaufführte. Hinter den Fenstern brannte Licht. Schnell eilte er leicht gebückt in Richtung Scheune. Auf halbem Weg hierher hatte er beschlossen, dass er Jochen Dörrhof ohne den Vater sprechen wollte. Der Junge schien ihm in seiner Situation der sinnvollere Ansprechpartner zu sein, weil er bei den eigenen

Weinen mit ähnlichen aromatischen Irrwegen zu kämpfen hatte. Außerdem loderte in Kurt-Otto die Neugierde, ob es wirklich zum Bruch zwischen den beiden kommen und sie getrennte Wege gehen würden, jeder mit seinen eigenen Ideen und einem eigenen Weingut. So etwas hatte es im Dorf noch nie gegeben, und er war sich ziemlich sicher, dass außer ihm noch niemand davon wusste.

Lautlos summte er auf den letzten Metern über den gepflasterten Hof eine Melodie. Aus der zur Kelterhalle umgebauten mächtigen Scheune drangen dumpfe Schläge in gleichmäßiger Folge. Sie erinnerten ihn an den Motor eines Hochdruckreinigers. Vielleicht entstammten sie aber auch bloß wieder Jochens Musikboxen. Entschlossen zog er die Tür auf. Gleich der erste Blick beantwortete seine Frage. Dampfend stiegen mächtige Schwaden in die Höhe. Eine darin nicht erkennbare Person in Ganzkörper-Gummimontur bearbeitete mit dem heißen Wasserstrahl die in weiten Teilen noch deutlich rot verschmierte Kelter. Der Größe nach konnte das nur der dünne blonde Praktikant von Jochen sein, der, obwohl er ihn bei seinem Eintreten eines kurzen Blickes gewürdigt hatte, keine weitere Notiz von ihm nahm. Er setzte seine lärmende, dampfende Arbeit unbeeindruckt fort.

Kurt-Otto schritt vorsichtig über den glitschigen Betonboden. Es tat gut, den hämmernden Lärm hinter sich zu lassen. Vor der zweiten, etwas kleineren Weinpresse ging es nach links durch einen Sandsteinbogen. Ausgetretene Treppen führten hinab in ein Gewölbe, dessen Dimensionen von hier oben nur zu erahnen waren. Kurt-Otto kannte es von früheren Besuchen. Aus dem Kreuzgewölbe drangen die dumpfen Schläge eines Hammers zu ihm herauf.

»Jochen? Bist du im Keller?« Er stieg die ersten Stufen langsam nach unten. Seine in Zeitungspapier eingeschlagene Weinflasche hielt er am Hals fest umklammert. Wie ein unsicherer Berufstrinker, der schon am späten Nachmittag reichlich geladen hatte. Das lag an den krummen Stufen unter seinen Füßen. Am Riesling hatte er vorhin nur kurz genippt. Was für eine zarte Beruhigung gesorgt hatte, weil sich der riechbare Fehlton anscheinend nicht nachhaltig auf den Geschmack auswirkte. Zumindest jetzt noch nicht. Aber er würde seinen Kunden beim Kauf der Flaschen kaum die Empfehlung mit auf den Weg geben, dass sie sich, falls sie sich vor dem Geruch nach nassem Hund ekelten, beim späteren Verzehr am besten die Nase zuhielten. Zweckdienlich wäre es dann, die Wäscheklammer für die Nase gleich mitzuliefern.

»Hier unten bei der Arbeit.« Zwischen den Schlägen war eine Antwort zu hören.

»Kann ich runterkommen?«

»Warum nicht?«

»Ich will dich nicht stören.« Kurt-Otto entdeckte Jochen gleich vorn am ersten großen Holzfass. »Du hast sicher genug zu tun, aber ich brauche noch mal deinen Rat. Der Riesling bereitet mir weiter Sorgen. Er gärt jetzt, aber der Geruch hat sich durch das Lüften nicht verbessert.«

Jochen blickte auf. In der rechten Hand hielt er einen Holzhammer, mit dem er das kleine Türchen auf der Stirnseite des Holzfasses bearbeitete. »Mein Vater will nicht kapieren, dass es vollkommen idiotisch ist, auch noch die Fasstürchen mit Schnitzereien zu verschönern. Wenn es klemmt, muss man den Holzhammer benutzen, um das Fass aufzubekommen. Dass die Schnitzereien das übel nehmen, liegt auf der Hand.« Er lachte auf und ließ den Hammer dann erneut niederfahren. »Vielleicht ist es aber auch Absicht. Über die Jahre habe ich auf diese Weise das untere Drittel seiner Schwiegermutter erfolgreich nachbearbeitet. Jetzt sieht es so aus, als ob sie Klumpfüße hätte.«

Jochen drückte sich in die Höhe und sah sich um. Mit dem Oberkörper beugte er sich zwischen zwei Fässer und hielt gleich darauf die gesuchten Gläser in der Hand. »Na, dann wollen wir uns den Patienten mal ansehen.« Er schenkte ein, senkte seine Nase ins Glas und atmete tief ein. Ohne jede Regung blickte er auf und versetzte den Wein mit einer kreisenden Bewegung in Schwung, um die Nase sofort wieder dicht heranzubringen. Kurt-Otto tat es ihm gleich und sah seinen Aromaeindruck bestätigt. Es roch anders als gestern, aber nicht minder gewöhnungsbedürftig. Neben dem nassen Hund schienen sich allerdings noch weitere nicht genau definierbare Tiere in dem Glas und damit in seinem Fass versammelt zu haben. Die Vogelhochzeit war es ganz sicher nicht. Dann schon eher Lassie und seine Freunde, 101 Dalmatiner oder der Friedhof der Kuscheltiere. Er musste schlucken und zwang sich konzentriert, nicht zu schniefen. Das fehlte jetzt gerade noch, dass ihm hier vor einem Berufskollegen die Tränen über die Wangen liefen. Aber es war doch auch ein Trauerspiel. Sein erster Jahrgang als Winzer im Ruhestand. Ein Jahrgang, der in die Weingeschichte eingehen würde, weil es weltweit seit mehr als fünfzig Jahren keine so knappe Ernte gegeben hatte. Noch nie hatten sie die Weinberge im Südhang mit Frostfeuern gegen das Erfrieren verteidigen müssen. Erst der geringe Ertrag hatte diese hohen Qualitäten möglich gemacht. Durch den frühen Vegetationsbeginn hatten selbst die vom Frost arg geschädigten Parzellen noch Trauben getragen, und im Rückblick waren sie mit einem blauen Auge davongekommen. Trotz der dramatischen Nächte im April hatte es der Herbst letztlich gut mit ihnen gemeint und zu einem versöhnlichen Ende des Weinjahres geführt.

Jochen schlürfte und schmatzte vor sich hin. Es schien so, als wollte er gar nicht mehr damit aufhören, seinen Riesling durchzukauen. Er nickte anerkennend. »Da hast du einen echten Knaller im Keller. Ein Brett von einem Wein!« Er schlürfte schon wieder genüsslich. »Der kommt. Dazu braucht er noch Zeit, ganz sicher, aber der kommt, auch wenn er jetzt noch ein rechter Stinker ist.«

»Mehrmals schon habe ich ihn durch die Luft gelassen. Viel verändert hat das aber nicht. Immerhin gärt er jetzt stärker. Der Geruch ist weiterhin stark gewöhnungsbedürftig.« Kurt-Otto klang leidend. Er seufzte.

»Deine Generation hat eben andere Vorstellungen von einem Wein. Mein Vater würde nächtelang nicht schlafen, wenn das sein Riesling wäre. Für ihn ist das ein Fehler, weil nicht absehbar ist, wie der Wein sich entwickelt. Bleibt die Note erhalten? Verfliegt sie, oder dominiert sie später auch den fertigen Wein?« Jochen zuckte mit den Schultern. »Ich kann das auch nicht vorhersagen, aber es wird zu ihm passen, und er hebt sich damit aus der uniformen Masse heraus. Da bin ich mir absolut sicher. Das wird ein ganz großer Riesling, so dicht, wie er jetzt schon daherkommt, komplex und vielschichtig. Nicht allein fruchtige Noten, sondern mehr. Mineralität, vegetative Noten und dieses durchdringend Animalische. High End, einfach geil!« Er roch wieder ins Glas. »Da kann man stundenlang schnüffeln und nippen. Der macht nicht müde, der fordert heraus, will nicht schmeicheln und geht voll auf Konfrontationskurs. Die Süße versteckt noch vieles, aber wenn er erst durchgegoren ist, dann ist das deutlich schmeckbar.«

Kurt-Otto mühte sich redlich, den Befund selbst nachzuvollziehen. Dabei überprüfte er beiläufig Jochens Gesichtszüge. Er war nicht restlos überzeugt, dass der sich nicht gerade prächtig über ihn amüsierte. Der erfahrene Winzer, dem man trotzdem einen Bären aufbinden konnte, und sein Wein nur mehr ein Fall für die Kanalisation? Körperverletzung aus der Flasche? Er klammerte sich eisern an den Strohhalm, den Jochen ihm mit seiner Einschätzung hinhielt. Wie hieß es so schön? Die Hoffnung stirbt zuletzt.

»Komm mal mit.« Jochen lief los, zwischen der dichten Reihe mächtiger Holzfässer hindurch. Kurt-Otto folgte ihm. Sein Blick blieb an den unförmigen dicken Füßen der eingeschnitzten Schwiegermutter auf dem Fasstürchen hängen. Wäre ihm das auch aufgefallen, wenn Jochen ihn nicht darauf hingewiesen hätte? Da, am nächsten Fass schon wieder. Kurt-Otto hielt abrupt inne, Jochen eilte weiter. Noch breitere Füße, deren Form nicht zu den dazugehörigen Figuren passte. Tanzende Frauen mit wirren Haaren, ein gehörnter Teufel dazwischen, lodernde Flammen, die in die Höhe schossen. Der Teufel hatte einen Pferde- und eines der wilden Weiber einen

Entenfuß. Über dem Hexentanz zeigte eine kantige Schrift an, wo sich die Szene zugetragen haben sollte: Essenheimer Teufelspfad.

»Da bleiben immer alle stehen.« Jochen war wieder zurückgekommen. Er klang genervt. »Das wollte ich dir aber nicht zeigen. Das Fass ist noch von meinem Urgroßvater. Eine fürchterliche Schnitzerei, ganz schlecht gearbeitet, vor allem die Gesichtszüge. Im Gegensatz zu den anderen Fässern fällt dieses deutlich ab.« Er hielt kurz inne und blickte Kurt-Otto prüfend an. »Du kennst die Vorliebe meiner geschätzten und verehrten Vorfahren, sich gegenseitig geschnitzte Fässer zu schenken.« Er deutete in Richtung des Hexenreigens. »Das ist eines davon, nur wurde das Motiv nachträglich hinzugefügt. Als Kind habe ich mich vor den verzerrten Gestalten gefürchtet. Von den Grimassen kann man Alpträume bekommen. Die Geschichte dahinter ist eher skurril und passt zu meiner verqueren Sippe.« Er grinste und strich sich eine seiner Locken aus dem Gesicht. »Das Fass war ein Hochzeitsgeschenk meines Urgroßvaters an seine Frau. Angeblich wurde daraus bei der großen Feier 1919 der Hochzeitswein ausgeschenkt. Mein Urgroßvater kam schwer versehrt aus dem Krieg zurück. Fast zwei Jahre hat er vor Verdun im Graben gelegen. Das steife Bein war wohl nur der sichtbare Schaden und die seelischen Kriegsfolgen weitaus schlimmer. Sie hat es nicht lange mit ihm ausgehalten und ist zurück zu ihren Eltern nach Bingen. Anscheinend in einer Nacht-und-Nebel-Aktion, über die Leiter vor dem Fenster. Das Pferdefuhrwerk stand zwei Straßen weiter bereit. Es gibt dazu die wildesten Geschichten in unserer Familie, die aber nur dann erzählt werden, wenn reichlich Alkohol geflossen ist. Mein Urgroßvater hat den Verlust wohl nie verwunden. Zwei Knechte, die im Verdacht standen, die Flucht unterstützt zu haben, wurden am nächsten Tag vom Hof gejagt. Das Andenken an seine getürmte Frau wurde dadurch getilgt, dass man das Fass mit dem geschnitzten Fassboden zur Wand drehte. Das war aber nur die halbe Miete, denn nun erinnerte ihn das einzige nicht verzierte Fass in der langen Reihe an die Schmach, die er erfahren hatte. Also hat er dem Schreiner im Dorf aufgetragen, unsere wichtigste Weinlage, den Teufelspfad, in den freien Fassboden zu hauen. Dessen künstlerische Fähigkeiten waren äußerst begrenzt, wie man unschwer erkennen kann. Er soll meinen Urgroßvater und seine zweite Frau aber damit zufriedengestellt haben, dass alle vier tanzenden Hexen Gesichtszüge aufwiesen, die denen der geflüchteten ersten Gattin sehr nahekamen.« Jochen zuckte mit den Schultern. »Bliebe nur noch zu klären, wer als Vorlage für den Hexenmeister gedient hat.« Er schnaufte abschätzig. »Manchmal zweifele ich ernsthaft am geistigen Zustand meiner Urahnen. Und dann bekommt man zu hören, dass man sich nicht in abstruse Ideen hineinsteigern soll. Bei diesen Vorbildern bleibt einem ja gar nichts anderes übrig.«

Die Stille, die sich nun zwischen ihnen ausbreitete, wurde nur vom vieltönigen Blubbern der Gärröhrchen durchbrochen. Selbst der Hochdruckreiniger schwieg jetzt. Kurt-Otto hatte das Gefühl, irgendetwas sagen zu müssen. »Wollt ihr das Weingut wirklich aufteilen? Du und dein Vater?«

Jochen blickte ihn aufmerksam und ein wenig nachdenklich an und hob die Augenbrauen. »Mein Vater hat ja anscheinend gar nicht so unrecht mit dir. Er sagt immer, man soll sich gut überlegen, was man sagt, wenn der Kurt-Otto in der Nähe ist. Der Kurt-Otto bekommt alles mit.« Er grinste breit.

Kurt-Otto fühlte sich ertappt. Er hatte doch nur die quälende Stille durchbrechen wollen. Das sollte gar keine hinterhältige Frage werden, und schon gar nicht wollte er dem jungen Dörrhof irgendwelche brandaktuellen Neuigkeiten entlocken. Er war ihm doch dankbar dafür, dass er sich die Zeit nahm, um ihm bei seinem Problem-Riesling zu helfen.

»Mir ist es egal, was andere über mich sagen.« Jochen drehte sich weg und ging weiter an den Fässern entlang. »Es wird sich wahrscheinlich nicht vermeiden lassen. Unsere Ansätze sind so unterschiedlich. Mein Vater ist erst Mitte fünfzig. Er will nicht zurückstecken, und ich kann mich nicht seinem Diktat unterordnen. Entweder wir streiten uns also und zermürben uns damit auf lange Sicht, oder wir ziehen einen klaren Trennstrich. Jeder macht in seinen Weinbergen und seinem Teil des Kellers, was er am besten kann. Mein Vater ist mit seinem Weinstil ja über Jahrzehnte sehr erfolgreich gewesen. Das Geld für die Sanierung der Scheune und die ganze neue Technik hat er verdient, aber ich möchte neue Pfade beschreiten und nicht einfach nur hinter ihm herdackeln.«

Kurt-Otto folgte ihm still bis zum Ende der Doppelreihe aus verzierten Holzfässern. Er hatte mittlerweile ganz vergessen, dass Jochen ihm etwas zeigen wollte. Es ging doch hier um seinen Wein und dessen aromatische Irrwege. Waren das die neuen Pfade, die Jochen beschrieb? Dann konnte er den Vater gut verstehen. Ein ganzer Keller voller verirrter Weine, die ihn geruchlich an den Gonsenheimer Streichelzoo im Regen erinnerten, das würde ihn auch nervös machen. So viele Tierliebhaber konnte es gar nicht geben, dass sich genügend Kunden für dieses Aroma begeisterten, zumal es ja nicht darum ging, die Tiere aus der Ferne zu beobachten, sondern das nach ihnen riechende und schmeckende Getränk zu verzehren. Kurt-Otto musste sich bei diesem Gedanken schütteln. Er verzog das Gesicht.

Jochen war vor einem Absatz am Ende des Gewölbes stehen geblieben. An den hellen Steinen war deutlich zu erkennen, dass das bis auf Bauchhöhe aufgesetzte Mauerwerk noch nicht besonders lange an dieser Stelle stand. Der kreisrunde Deckel auf der knapp zwei Meter tiefen Fläche, die bis an die Bruchsteine des Gewölbes heranreichte, deutete an, dass sich darunter etwas befinden musste. In dem Holzdeckel steckte ein Gärröhrchen, in dem fortwährend Blasen aufstiegen. Die feierlichen Bewegungen, mit denen sich Jochen an dem Deckel zu schaffen machte, hielten Kurt-Otto davon ab, seinen Assoziationen freien Lauf zu lassen. Restlos wollte ihm das aber nicht gelingen. Das rund gemauerte Loch im Podest sah wie eine römische Latrine aus. Dann diente der kreisrunde hölzerne Verschluss mit dem gerollten Lappen wohl dazu, die üblen aufsteigenden Gerüche zu bannen? Er rief sich zur Räson. Die Gärgase, die den Fässern um ihn herum entströmten, schienen seine Wahrnehmung zu trüben.

Mit einer beherzten Bewegung zog Jochen den Deckel zur Seite. Der schien äußerst schwer zu sein. Er beugte sich über die Öffnung und atmete tief ein. Danach blickte er zufrieden in Kurt-Ottos Richtung. »Komm hoch, dann ist es einfacher. Sonst ist dir der Bauch im Weg.« Er grinste.

Etwas unbeholfen stemmte sich Kurt-Otto in die Höhe und krabbelte vorsichtig auf die kreisrunde Öffnung zu.

»Keine Angst, es springt dich keiner an, und hineinziehen wird dich auch nichts.« Jochen schien sein verhaltenes Vorgehen sichtlich Freude zu bereiten. Er war der alte Kollege aus dem letzten Jahrhundert, dem man die unbekannten Neuerungen der Weinbereitung näherbrachte. Welten schienen aufeinanderzutreffen. Vor allem, weil der Holzdeckel, der Lappen drum herum und das gemauerte Loch im Boden für Kurt-Otto beim besten Willen nicht nach einem Quantensprung in Richtung Modernität aussehen wollten. Dann schon eher nach dem Gegenteil: Wir vergraben unseren Wein im letzten Eck des Kellers, weil wir Angst davor haben, dass ihn jemand finden könnte. Sein Vater und ein Kollege hatten im Frühjahr 1945 auf diese Weise ein paar schöne Fässer Wein vor dem Zugriff der Amerikaner geschützt. Sie hatten sie einfach in einer Nische des Kellers eingemauert.

Jochen hielt seinen Kopf jetzt so tief in die Öffnung, dass Kurt-Otto fürchtete, er könnte hineinfallen. Er seufzte zufrieden. »Er gärt mittlerweile ordentlich!«

Kurt-Otto tastete sich näher heran. Seine Knie schmerzten unter seinem Gewicht auf den rauen Backsteinen. Hoffentlich war diese Konstruktion stabil genug für ihn. Jochen war dünn und drahtig. Renate hatte ihn gestern mit einem Sauerbraten und selbst gemachten Klößen überrascht. Dazu hatte sie ihren legendären Rotkohl aufgefahren, der durch die Zugabe von reichlich Johannisbeergelee eine fruchtig-süße Note aufwies. Sie hatte ihm auch einen zweiten Nachschlag bereitwillig gestattet. Nach den Backesgrumbeern und der Bratwurst vom Tag zuvor fühlte er sich wie gemästet. Was sie sich wohl für den heutigen Abend ausgedacht hatte? Er durfte das hier nicht unnötig in die Länge ziehen. Ihre gute Laune, die kulinarische Freigebigkeit, die er nach dem Stammtisch mit den asketischen Kolleginnen nicht erwartet hatte, war ein zerbrechliches Gut. Schnell beugte er sich nach vorn und atmete so tief ein, wie Jochen es vorgemacht hatte. Herb roch es, ein wenig fruchtig und dennoch auch leicht krautig. Insgesamt keine unangenehme Mischung, obwohl er im Dunkel der Öffnung noch immer nicht ausmachen konnte, was sich dort drinnen befand.

»Ein Silvaner. Die Trauben habe ich Anfang Oktober gestampft und komplett hier in die Amphore gefüllt. Seither gärt die Maische mit Schalen, Saft, Fruchtfleisch und Kernen munter vor sich hin. Zwei Wochen hat sie gebraucht, um anzufangen. Jetzt kann man das sanfte Rauschen der Gärung aber deutlich hören und riechen. Bis kurz vor dem nächsten Herbst bleibt das hier drin. Gut verschlossen mit dem Deckel, der zusätzlich noch mit Wachs abgedichtet wird. Erst im nächsten September keltere ich die Trauben.« Jochens Wangen zeigten eine zarte Rötung. Auf ihnen schien sich die gleiche Begeisterung zu spiegeln, die auch aus seinen Augen sprach. »Das Kvevri, die Tonamphore als Gärbehälter, ist die wohl älteste Form der Weinbereitung. Sie stammt aus Georgien, wo bis heute auf diese Weise Wein gemacht wird. Der Ton der Amphore ist kaum dicker als ein Daumen, trotzdem hält er dem Innendruck von gut tausend Litern Maische stand. Das funktioniert aber nur, weil die Amphore eingegraben ist. Sie steckt komplett in der Erde. Das sorgt für eine kühle Gärung und hat auch gleich die richtige Temperatur für die anschließende Lagerung bis ins Folgejahr. Seit mehr als achttausend Jahren gibt es diese Tradition.«

Geübte Erklärungen, die Jochen sicherlich nicht zum ersten Mal von sich gab. »Es liegt auf der Hand, dass diese Weine anders schmecken als das, was man sonst so kennt. Sie haben ihre ganz eigene Aromatik, die von würzigen Noten geprägt ist. Da man während der Gärung und Lagerung null Einfluss auf die Entwicklung nimmt, ist vieles auch eine Überraschung. Die aromatische Bandbreite ist riesig. Manche Amphorenweine offenbaren kaum ihre Herkunft. Sie zeigen höchstens ein paar zarte Anklänge, die an Rotwein erinnern, der ja auch mit den Schalen vergoren wird. Andere wiederum sind echt schwere Kost, selbst für mich. Sie riechen und schmecken wie eine Klassenfahrt ins Tierheim. Aber auch dafür gibt es Liebhaber. Freaks, die genau solche Weine suchen, die meilenweit vom Mainstream entfernt sind. Ein Kumpel von mir macht solche Weine. Die wollte zuerst keiner trinken. Nicht mal seine eigene Familie. Dann hat ein Journalist in den USA die moosige Note gepriesen. Seither überschlagen sie sich dort auf der Suche nach Superlativen für seine herben Moschusnoten, die nur er so in einem Wein freilegen kann. Seine Preise gehen durch die Decke. Er hat inzwischen ein gutes Dutzend Amphoren im Keller vergraben. Dafür mussten die Holzfässer raus. Für den nächsten Herbst plant er die Verdopplung der Menge. Zu ihm pilgern die alternativen Weintrinker und die, die es werden wollen. Sie leben bei ihm im Haus, hängen an seinen Lippen und berauschen sich bei sphärischen Klängen und Tänzen um die Amphoren in seinem Keller.« Jochen musste grinsen. »Das zeigt schon leichte Züge einer Sekte. Die Amphorenjünger.« Er kicherte.

Kurt-Otto musste wohl einen eher irritierten Ausdruck im Gesicht haben, denn Jochen beeilte sich zu sagen: »Keine Angst, so weit wird es hier nicht kommen. Mats war ein paar Wochen bei ihm, bis es ihm zu viel geworden ist. Er hat dort trotzdem einiges gelernt.« Jochen nickte anerkennend. »Ich wollte in diesem Jahr eigentlich die zweite Amphore versenken. Alles war vorbereitet, das Kunstwerk aus Ton auf dem Weg. Ein Direktimport aus Georgien, keine überteuerte Kopie der vielen Nachahmer, die sich mittlerweile auf dem Markt tummeln. Es drängen jetzt nämlich nach und nach alle in das neue Segment, weil es anscheinend Höchstpreise verspricht. Die stellen sich das so einfach vor. Du wirfst einfach alle Trauben in die Amphore. Nach einem Jahr kelterst du und füllst den Wein ab, dann stehen die Kunden Schlange und sind bereit, fünfzig Euro oder noch mehr für die Flasche hinzulegen. So naiv sind wirklich einige. Weil es der Kollege im Dorf vor zwei Jahren gemacht hat, wollen die jetzt unbedingt auch eine Amphore im Keller vergraben. Goldgräberstimmung.« Jochen schüttelte den Kopf. Seine Locken flogen dabei hin und her. »Dann sitzen sie auf ihren Flaschen, weil sie keiner will. Maximal noch den ersten Jahrgang, weil es etwas Neues ist. Jeder Kunde probiert mal. Die Story klingt ja auch gut: die älteste Form der Weinbereitung, eine Tausende Jahre alte Tradition wiederentdeckt und neu belebt. Aber keiner der Kunden kauft eine zweite Flasche. Die greifen alle viel lieber wieder zu den unkomplizierten Trinkweinen. Das funktioniert nur, wenn man ein stimmiges Gesamtkonzept hat und Kunden gewinnt, die das mittragen. Und die habe ich.«

Jochen hielt kurz inne, als suchte er nach dem verlorenen roten Faden seiner Erklärungen. Er schien fündig geworden zu sein, denn er nickte knapp. »Hier, direkt daneben, sollte sie versenkt werden. Das Loch war ausgehoben, die ältere Amphore gesichert. Mein Vater ist gar nicht erst aus dem Haus gekommen, als der Lkw im Hof stand. Das sagt schon alles. Für ihn sind es wirre Hirngespinste. Eine Mode, die viel Geld kostet und in kürzester Zeit überholt ist. Dann haben wir die teuersten Blumenkübel im Dorf, sagt er gern. Doch die Amphore ist auf dem Weg hierhinunter in den Keller zerbrochen. Der Hals ist einfach so abgerissen. Wir hatten sie gut gesichert, gerade so wie bei der ersten auch. Wahrscheinlich hatte sie schon einen Schaden, der uns aber nicht aufgefallen ist. Seither streite ich mit der Spedition und dem Hersteller in Georgien. Jeder schiebt die Schuld weiter, um selbst nicht dafür geradestehen zu müssen. Wasser auf die Mühlen meines Vaters, der das natürlich vorausgesehen hat.« Er langte nach dem Deckel und zog ihn wieder zurück über die Öffnung.

Ein zufriedenes Grinsen lag auf seinem Gesicht. »Falls du also den nächsten Jahrgang deines Rieslings auch im Kvevri vergären möchtest, kann ich für dich den Kontakt herstellen. Du wärst für die nach Neuerungen gierenden Weinjournalisten sicher eine krasse Story. Ein Süßwein-Dinosaurier auf Abwegen.«

Kurt-Otto musste jetzt auch lachen.

13

Vorsichtig schritt Sigrun auf dem halbdunklen Hof voran. Sie hatte keine Ahnung, ob es dort hinten in Roswithas Scheune Licht gab. Bestimmt war irgendwo ein Schalter, aber wie sollte sie den finden, wo sie doch noch nie hier gewesen war? Draußen herrschte noch Zwielicht, doch in der Scheune würde es zappenduster sein. Sie versuchte sich zu erinnern, wie lange sie mit dem Rücken an das Hoftor gelehnt dagestanden und reglos auf die dunkle Öffnung der Scheune gestarrt hatte, doch es wollte ihr einfach nicht einfallen. Es musste schon eine Weile gewesen sein. Sie hatte das Gefühl, dass die Dämmerung seither deutlich fortgeschritten war.

Posthalters Sigrun beschleunigte ihren Schritt und versuchte sich gleichzeitig Mut zuzusprechen. Was konnte denn schon sein? Roswitha wäre nicht der erste Leichnam, den sie zu Gesicht bekam. Ihren Heinrich hatte sie nach Hause geholt, damit er, so wie es sein Wille gewesen war, daheim sterben konnte und nicht im Krankenhaus bleiben musste. Sie hatte ihn gepflegt und auch noch an seinem Totenbett ausgeharrt, als alles längst vorbei war. Da ihre Tochter dazu nicht in der Lage gewesen war, hatte sie ihren Mann außerdem gewaschen und ihm seinen dunklen Anzug angezogen, ehe der Bestatter ihn abgeholt hatte.

»Roswitha?« Ihre Stimme klang dünn. Ob es überhaupt Sinn machte, nach ihr zu rufen? Seit ihrem letzten Besuch waren zwei Tage vergangen. Viel zu viel Zeit, sie hätte früher wieder herkommen müssen. Weitere Gedanken in diese Richtung verbot sie sich. Das war alles nicht ihre Schuld. Viel schlimmer war es, dass sich sonst niemand Gedanken um Roswitha machte. Die Tochter wohnte weit weg, und die arme Mutter konnte die Kellertreppe hinunterfallen, ohne dass sich jemand darum scherte. Sigrun seufzte und setzte ihren Marsch fort. Das Scheunentor hatte sie nun erreicht. Sie konnte ihren eigenen Atem hören. Er ging unruhig. Ihre Hände zitterten. Das spürte sie jetzt deutlich. Es verstärkte sich mit jedem Moment der bohrenden Ungewissheit. Noch einmal formten ihre Lippen Worte. Sie kamen nur stockend heraus. Gehaucht und kaum hörbar: »Roswitha, bist du hier irgendwo? Sag doch etwas!«

Sie horchte angestrengt. Das Rauschen in ihren Ohren überlagerte alles. Kein anderes Geräusch fand hinein. Sie war sich nicht sicher, ob sie Roswithas Antwort jetzt würde hören können. Noch einmal lauschte sie konzentriert. Sollte sie nicht besser in der Nachbarschaft klingeln und jemanden zu Hilfe holen? Damit derjenige sofort die naheliegenden Schlüsse zog und wusste, wer vorgestern den Rettungswagen gerufen hatte? Sie war doch nicht bescheuert! Entschlossen atmete sie aus und schritt voran in die Dunkelheit. Ihre Füße tasteten sich langsam vorwärts. Falls hier irgendetwas quer lag, wollte sie nicht darüber fallen. Sonst stürzte sie am Ende auch noch, und dann erwartete sie das gleiche Schicksal wie die arme Roswitha.

Sigrun schnaufte. Ihre Augen gewöhnten sich nur langsam an die Dunkelheit. Schwarze Konturen zeichneten sich ab. Rechts neben ihr stand ein alter Traktor, umgeben von weiteren, reichlich betagt erscheinenden landwirtschaftlichen Kleingeräten. Sie erkannte eine Sämaschine und einen kleinen Pflug. Bekannte Gerätschaften, weil sie doch früher auch eine kleine Landwirtschaft gehabt hatten, bis das nicht mehr ausreichte und sich für Heinrich die Möglichkeit ergeben hatte, bei Opel in Rüsselsheim anzufangen. Die zwei Äcker blieben sein Hobby bis zur Rente. Erst als die Kinder bauen wollten, hatten sie alles verkauft.

Sie konnte sich schlucken hören. Der runde Bogen, der das Kellergewölbe ankündigte, lag vor ihr. In fast jeder Scheune im Dorf gab es ein solches Tonnengewölbe. Nicht besonders groß, aber ausreichend, um den Wein, der über Generationen neben dem Ackerbau und der Viehzucht das Überleben der Familie gesichert hatte, zu beherbergen. Auch bei ihr war das so gewesen, bis sie und ihr Mann vor gut zwanzig Jahren in Rente gegangen waren. Damals war der Prozess der Spezialisierung fast schon beendet gewesen. Es gab nur noch wenige, die beides machten, Wein- und Ackerbau. Eine rasante Veränderung, die Strukturen hinwegfegte, die davor jahrhundertelang bestanden hatten.

Sigrun steuerte direkt auf den runden Sandsteinbogen zu. Ihr Herzschlag beschleunigte sich mit jedem Schritt. Hier würde sie gleich Licht machen können. Der Lichtschalter befand sich immer rechts oben neben dem Eingang, auf Augenhöhe. Sie atmete durch die Nase ein, um den Geruch beurteilen zu können. Es haftete ihm nichts Ungewöhnliches an, kein Hinweis darauf, dass die arme Roswitha schon wochenlang leblos hier lag. Sie erreichte die offen stehende Flügeltür und fuhr mit ihren Fingerspitzen behutsam über den kalten und rauen Sandstein der inneren Einfassung. Sie beugte sich dabei weit nach vorn, weil sie nicht zu erkennen vermochte, wo es hinunter in die Tiefe ging. Da war er! Sie drehte den alten Schalter. Ein mehrmaliges Flackern kündigte die erwachende Neonröhre an. Sie hielt die Luft an, bereit, augenblicklich einen schnellen Schritt nach hinten zu machen, falls der Anblick gar zu schrecklich sein sollte. Sie dachte an unnatürlich verdrehte Gliedmaßen, offene Brüche, vom Schmerz verzerrte Gesichtszüge.

Ihre Augen brauchten einen Moment, um sich an die gleißende Helligkeit zu gewöhnen. Dann konnte sie es sehen. Es wogte sachte auf der schwarzen Oberfläche. Ihr entfuhr ein spitzer Schrei, dann verschwand alles unter einem dichten dunklen Schleier, der sie weich umhüllte und aufzufangen schien, als die Beine unter ihrem Körper den Dienst versagten.

14

Kurt-Otto postierte die bereits aufgezogene Flasche direkt neben seinem Teller. Er schmatzte deutlich vernehmbar. Sein Gefühl hatte ihn nicht getrogen, er würde auch heute eine wunderbare Mahlzeit genießen dürfen. Eine andere Erklärung gab es nicht. Er nickte sich bestätigend zu. Diesmal hatte er zielsicher nach einem 2003er gegriffen. Gestern hatte er beschlossen, Renates kulinarische Liebeserklärung mit einer Riesling-Vertikalen aus dem Teufelspfad zu begleiten. Mit dem 2001er, ihrem Lieblingsjahrgang, hatten sie vorgestern angefangen, dem war der 2002er gefolgt. Demnach ging es heute mit dem legendären 2003er weiter. Von dem gab es nicht mehr viele Flaschen in seinem Lager.

Der Jahrhundertsommer 2003 hatte sich in seine Erinnerung eingeprägt. Er markierte den Beginn der bis heute anhaltenden Diskussion über den Klimawandel, jedenfalls im Weinbau.

Wochenlang war es über dreißig Grad warm gewesen, die Felder verdorrten, und in den Weinbergen sah es aus wie in einer Steppenlandschaft. Kein grüner Grashalm war mehr zu finden. Anfangs hatten sie alle noch gejubelt, weil die Trauben sagenhafte Reifegrade erklommen. Bald danach hatte sich das Wehklagen eingestellt, weil in diesem außergewöhnlichen Jahr jeder Winzer maximale Oechslegrade aus seinen Weinen herauskitzelte, ohne sich Gedanken darüber zu machen, wie die Weine am Ende schmeckten. Das Resultat waren »leichte«, trockene Sommerweine mit knapp fünfzehn Prozent, die plump und alkoholisch schmeckten und die Vermutung nahelegten, der Winzer habe aus Versehen mit ein paar Litern Schnaps nachgeholfen. Sein 2003er Riesling war zum Glück in der Gärung bei zwölf Prozent stecken geblieben. Die zarte Süße fügte sich fein in das kaum wahrnehmbare Säurespiel ein.

So weit seine Erinnerung, die letzte Flasche dieses Weines hatte er vor zwei Jahren geöffnet. Er war also mindestens genauso gespannt auf den Wein wie auf das, was Renate gerade in der Küche zauberte.

Die Tatsache, dass sie auch heute wieder stimmungsvoll im Wohnzimmer gedeckt hatte, sprach für eine Fortsetzung der kulinarischen Wohltaten. Kurt-Otto reckte sich zufrieden und fuhr sich voller Vorfreude über den Mund. Erst jetzt bemerkte er, dass Renate die Weingläser vergessen hatte. Er wollte sich gerade erheben, um diesen kleinen Schönheitsfehler noch schnell zu korrigieren, als seine Frau mit der abgedeckten Pfanne in der Tür erschien. Sie lächelte zufrieden, genau wie in den Tagen zuvor.

»Die nehme ich kurz mit.« Bevor er reagieren konnte, hatte sich Renate die Flasche gegriffen und war mit ihr in die Küche geeilt.

Kein Grund zur Beunruhigung. Entweder befüllte sie dort die Gläser, weil sie den Platz auf dem Tisch benötigte, oder aber sie brauchte noch einen Schuss des Weines für den aromatischen Feinschliff der Soße. Das war zu verschmerzen.

Kurt-Otto lehnte sich entspannt zurück. Das Leben konnte so schön sein als Winzer im Ruhestand. Der tägliche Arbeits- und Schaffensdruck lastete nicht mehr auf ihm. Freudig konnte er seine Runden auf dem Traktor drehen, ohne beim Plausch mit einem lieben Kollegen ständig von seinem schlechten Gewissen daran erinnert zu werden, was noch alles zu tun war. Ein zufriedenes Seufzen entwich ihm. Dass Renate seinen Ruhestand nun auf diese Weise bereicherte und ihm die Krone aufsetzte, hatte er nicht erwartet. Es freute ihn daher umso mehr.

Sie war zurück und platzierte einen Glaskrug auf dem Tisch. Die Flüssigkeit darin erinnerte ihn an Wasser und nicht an seinen Riesling, der zudem sicher alles, nur nicht dekantiert werden musste.

»Du hast den Wein vergessen.« Er deutete mit einer knappen Kopfbewegung in Richtung Küchentür.

»Nein.« Sie blickte ihn weiter heiter an. »Die Ladephase ist vorbei.«

Es herrschte quälende Stille. Kurt-Otto behielt sein Lächeln zwanghaft bei, obwohl er nicht wusste, was die geöffnete Weinflasche mit der Energieaufnahme einer Batterie zu tun hatte.

Renate war in den letzten Tagen viel zu Hause gewesen. Hatte sie die Stromversorgung in der Küche neu organisiert? Er wollte den Kopf schütteln, verbot sich aber jede körperliche Regung. Seine Gedanken fuhren im Kreis. Es gab Kollegen, die glaubten, durch die Veränderung der Ladungsverhältnisse eines Weines dessen aromatische Ausprägung beeinflussen zu können. Das Verfahren hatte ihn an Voodoo erinnert. Durch ein Stück Edelstahl, das der Hersteller der Apparatur mit dem klangvollen Namen »Aromarohr« versehen hatte und für das er ein paar tausend Euro verlangte, pumpte man munter Wein, der dann auf der anderen Seite noch genauso schmeckte wie davor. Zumindest tat er es, wenn man – wie er – nicht fest an eine Veränderung glaubte. Was machte sie mit seinem 2003er Riesling? Ganz still, in Schockstarre, verharrte Kurt-Otto auf seinem Stuhl. Er spürte, dass ihm der Schweiß auf die Stirn trat. Ein feines Rinnsal bewegte sich auch unter seinen Armen in die Tiefe.

Renate langte nach den beiden Deckeln und riss sie schwungvoll in die Höhe. Zwei dampfende Wolken stiegen auf, die einen vertrauten Bratengeruch verbreiteten. Kurt-Otto atmete auf. Er war zu misstrauisch. Sein Magen entspannte sich. Durch den Dunst versuchte er, die Bestandteile des heutigen Abendessens zu identifizieren. Es konnte ja nicht immer Backesgrumbeern mit Bratwürsten oder Sauerbraten mit Klößen und Rotkohl geben. Renate hielt seinen Teller bereits in der Hand und drapierte die langen dünnen Nudeln darauf zu einem Nest. Aus dem zweiten Topf träufelte sie eine dünne Spur roter Soße daneben und richtete eine winzige, flach gedrückte Bulette darauf aus. Seine Hand zitterte ganz leicht, als er nach dem außerordentlich übersichtlich gestalteten Teller griff. Unbeholfen stellte er ihn vor sich ab und blickte sie fragend an. »Was ist das?«

Renate lächelte verständnisvoll. Erst dann antwortete sie ihm in einem Tonfall, der ihm den Eindruck vermittelte, er sei in einer Gruppe schwer erziehbarer Vierjähriger gelandet und habe angefangen, genüsslich den Bastelkleister vom Pinsel zu lecken. »Meine Reblaus, die Ladephase ist vorüber.« Sie hielt kurz inne.

Er konnte sich an diesen Satz erinnern. Es war noch nicht so lange her. Hielt sie ihn schon für komplett verkalkt? Hatten die beiden letzten Abendessen mit seinen Lieblingsgerichten aus dem Familienkochbuch Erinnerungen wecken sollen, die sie längst schon begraben gewähnt hatte? Aber was sollte dann das auf seinem Teller sein? Eine Gedächtnisbrücke in die achtziger Jahre, zurück zu ihrem ersten und einzigen Italienurlaub? Am Strand hatte er sich den Rücken barbarisch verbrannt, in ihrem Hotelzimmer war die Dusche defekt, der Balkon führte auf den Hinterhof und befand sich direkt über den munter vor sich hin stinkenden Mülltonnen des miesen Hotelrestaurants, und bei der Ausfahrt aufs Land war zur Krönung auch noch der Reifen geplatzt. Danach hatte er sich erfolgreich dagegen gewehrt, jemals wieder die Landesgrenze zu übertreten. Seine Erinnerung funktionierte noch ausgezeichnet, dazu bedurfte es keiner Spaghetti!

»Guten Appetit!« Sie lächelte weiter. Ihre Gesichtszüge schienen in diesem lächelnden Zustand eingefroren zu sein. Gleichzeitig behielt sie ihn aufmerksam im Blick. Kurt-Otto senkte daher hastig seinen Kopf und griff zur Gabel.

Die Bulette war verschwunden! Sie schien sich unter den Nudeln verkrochen zu haben. Vorsichtig lupfte er das dünne weiße Wirrwarr an. Er hatte den Teller vorhin bei der Speisenausgabe nicht gerade gehalten, sie war daher verrutscht und nicht wiederzufinden. Ein schneller Blick in die Pfanne zeigte, dass es keine Aussicht auf Ersatz gab. Ein rares Einzelstück, das auf seinem Teller gelandet und flugs in Deckung gegangen war. Diese verdammte kleine Bulette. Ungeduldig drehte er mit seiner Gabel ein gutes Drittel der unpraktisch langen Nudeln auf. Nur unter äußerster Anstrengung bekam er seinen Mund so weit aufgerissen, dass das riesige Knäuel hineinpasste. Lediglich ein einzelner verirrter Nudelfaden weigerte sich. Er hing unbemerkt über sein Kinn. Renate lächelte.

»Es freut mich, dass es dir so gut schmeckt.« Sie teilte ihre Bulette, die sich ruhig verhalten hatte und auf dem dünnen Soßenteppich sitzen geblieben war, mit der Gabel in der Mitte durch. »Es sind nur minimale Umstellungen, die eine tief greifende Wirkung erzielen. Du wirst sehen, wie gut das alles schmeckt und wie wenig wir uns einschränken müssen.«

Da war er wieder, der Tonfall der verständnisvollen Erzieherin, die sich mühte, ihren widerspenstigen Zögling auf den Pfad der Tugend und des Anstands zurückzuführen. »Jason-Etienne, wenn du Hunger hast, dann nimm dir doch bitte eine glutenfreie Chia-Waffel und nicht den Kleisterpinsel!«

Er kaute weiter auf den Nudeln, die ein unerwartetes Verhalten zeigten. Sie waren glitschig und rutschten zwischen seinen Zähnen weg. Sein überfüllter Mundraum zwang ihn dazu, schnaufend und gurgelnd durch die Nase ein- und wieder auszuatmen.

»Täuschend echt, nicht wahr? Und keine Kohlenhydrate.« Renate schaute begeistert und erwartete anscheinend auch von ihm eine euphorische Antwort. Er nickte. Mehr war nicht drin, weil sich das außerordentlich flexible Wollknäuel in seinem Mund weiter recht erfolgreich dagegen zur Wehr setzte, zerkaut zu werden. Es sonderte zusätzlich Unmengen von Flüssigkeit ab, gegen die sich sein Rachen sträubte. Er verweigerte den Schluckreflex, weil auch der Magen anscheinend noch nicht ganz sicher war, ob er all das wirklich haben wollte.

Renate kaute ausgelassen auf ihrer kleinen Bulette. Jetzt erst fiel ihm auf, dass die Nudeln grüne Enden hatten. Er drückte einen gehörigen Teil des Wassers in seinem Mund die Speiseröhre hinunter, zwang den Gegner zur Kapitulation. Die einzige Alternative, um die Situation in seinem Mundraum zu entspannen, verbot sich. Renate würde es ihm nie verzeihen, wenn er die Erinnerung an ihren Italienurlaub wieder herauswürgte. Aber hatten die Nudeln dort jemals eine solch eigenartige Konsistenz offenbart? Er schluckte erneut und unterband gleichzeitig den plötzlichen Würgereiz. Eine der furchtbar langen Nudeln schien bis weit in seine Luftröhre gerutscht zu sein. Ein heiseres Röcheln drang aus seinem weiterhin gut gefüllten Mund. Entschlossen kaute er weiter, ohne feststellen zu können, ob das irgendetwas veränderte.

»Die sind Gift!« Renate nickte entschlossen.

Kurt-Otto hielt in der Kaubewegung inne.

»Die Kohlenhydrate.« Sie schob sich ein weiteres Häppchen der Bulette in den Mund. Seine eigene hielt sich weiter gut versteckt. Renate fuhr fort: »Wir verzichten also auf sie und werden sie gar nicht vermissen. Keine Kartoffeln, keine Nudeln, kein Reis und kein Brot.« Sie nickte kauend.

Er konnte sich nicht entschließen, es ihr gleichzutun. Wenn Nudeln verboten waren, was hatte er sich dann gerade in den Mund gesteckt?

Sie langte nach der großen Glaskanne und goss beide Gläser randvoll. Sie nahm einen großen Schluck und stellte ihr Glas zurück. Er kaute weiter und drückte mutig alles hinunter. Mit dem größten Teil des Wassers spülte er hastig nach, um sicherzustellen, dass sein Magen nicht alles wieder in die entgegengesetzte Richtung schickte. Renate lächelte in einem fort weiter.

»Die Zucchinispaghetti sind der beste Beweis dafür. Täuschend echt und so bissfest. Mir schmecken sie sogar besser als das Original.« Sie bestätigte sich ihre Einschätzung nickend selbst. »Dazu habe ich eine Tomatensugo gekocht, abgeschmeckt mit einem Hauch frischem Chili. Nicht einmal auf das Fleisch musst du verzichten. Ein wenig reduziert vielleicht, dafür beste Qualität und so mager.«

Dem konnte er getrost zustimmen. Die Mini-Bulette verfügte über ein so reduziertes Gesamtgewicht, dass sie sich problemlos unter ein paar dürren, künstlichen Nudeln zu verstecken wusste. Und zwar so erfolgreich, dass er es mittlerweile aufgegeben hatte, ihr weiter nachzuspüren.

Renate fixierte ihn mit ihrem Blick und sprach in pädagogisch-verständnisvollem Tonfall weiter auf ihn ein. »Mit der zweitägigen Ladephase haben wir unseren Stoffwechsel so richtig angefeuert. Alles war erlaubt, so viel, wie man möchte. Und du hast wirklich ordentlich zugelangt. Es ist wichtig, mit einem guten Gefühl in die folgenden drei Wochen zu gehen. Daher habe ich dir den Wein an diesen beiden Tagen gelassen. Der ist aber ab jetzt tabu.« Sie zog ihre Augenbrauen in die Höhe, um ihren Worten zusätzliches Gewicht zu verleihen.

Langsam kamen ihre Worte in seinem Kopf an. Es gelang ihm jedoch nicht, die Tragweite des Gesagten vollständig zu erfassen, und so verlegte er sich erneut auf die Suche nach seiner verschwundenen Mini-Bulette. Nicht dass dieses kleine Ding durch das sinnlose Versteckspiel das bisschen Restgewicht noch vollständig verlor. Mager war sie bereits; wartete er noch lange, blieb am Ende gar nichts mehr von ihr übrig. Oder die gierigen Zucchinispaghetti verstoffwechselten den winzigen Fleischklops, bevor er ihn sicherstellen konnte. Es schien also Eile geboten.

»Die Einundzwanzig-Tage-Stoffwechseldiät ist eine echte Wohlfühldiät, in der man auf den Genuss nicht verzichten muss und trotzdem auf ein gutes Ergebnis zusteuert. Das ist garantiert, allein dadurch, dass wir konsequent auf Kohlenhydrate, unnötige Fette und Alkohol verzichten. Und wenn wir unsere selbst gesteckten Gewichtsziele nicht erreichen, kann man die strenge Phase getrost bis zu zweimal wiederholen.« Sie lächelte schon wieder. »Wir müssen uns also nicht unnötig unter Druck setzen.«

Kurt-Otto hatte endlich verstanden. Ihm wurde schwummrig. Übelkeit stieg in ihm auf.

Renate drehte jetzt auch an ihren Ersatznudeln. Im Unterschied zu ihm gelang es ihr jedoch, ein kontrollierbares Nest auf die Gabel zu bekommen, das ohne größere Probleme den Weg in ihren Mund fand. »Hunderttausende Paare haben das schon erfolgreich durchgestanden. Es wäre doch gelacht, wenn wir beide das nicht auch schaffen würden. Du wirst schon nach wenigen Tagen fühlen und sehen, wie gut es dir damit geht.« Entschlossen nickend drehte sie mit ihrer Gabel die nächsten leuchtend weißen Ersatznudeln auf.

15

Sigrun schlug die Augen auf und wusste sofort, wo sie war. Der Geruch erinnerte sie daran und ebenso das Licht der Neonröhre. Nachdem sie die ersten Eindrücke notdürftig sortiert hatte, atmete sie erleichtert durch. Sie war zum Glück nicht nach vorn gefallen und die Treppe hinuntergestürzt. Dann wäre sie jetzt tot, qualvoll ersoffen. Wie lange Roswithas Keller wohl schon unter Wasser stand? Er wäre nicht der einzige im Dorf. Bei Helga war das auch schon mal passiert. Aus dem Nichts, obwohl es gar keine Niederschläge gegeben hatte, stand in ihrem ehemaligen Weinkeller von einem auf den anderen Tag das Wasser einen halben Meter hoch. Wochenlang war damals die Pumpe gelaufen, die Helgas Sohn extra im Baumarkt besorgt hatte. Als man sich nach erfolgloser Ursachensuche mit dem Wasser im Keller bereits abgefunden hatte, war die Quelle so urplötzlich wieder versiegt, wie sie zu sprudeln begonnen hatte.

Ein schneller Blick in die Tiefe bestätigte ihren Eindruck. Das Wasser stand gar nicht wirklich hoch. Die alten Holzfässer waren noch immer deutlich zu erkennen und ebenso die steinernen Fasslager, auf denen sie ruhten. Es konnten also maximal dreißig Zentimeter sein. Aber das reichte aus, um darin zu ersaufen. Vorsichtig drückte sie sich in die Höhe. Ihr Kreislauf und das Rauschen in ihren Ohren geboten ihr, kurz innezuhalten und zu verschnaufen. Sonst war sie gleich wieder weg und verschwand in der traumlosen Dunkelheit. Wie lange hatte sie wohl hier gelegen? Sie fror nicht. Ganz im Gegenteil, es hatte sich eine wohlige Wärme in ihr ausgebreitet. Allzu ausgedehnt konnte ihre Ohnmacht also nicht gewesen sein. Der Schreck hatte sie kurzzeitig auf den Scheunenboden gezwungen. Vermochte die fortgeschrittene Dunkelheit Auskunft über die Dauer zu geben? Sie blickte in Richtung Scheunentor. Es sah draußen alles noch so aus wie zuvor.

Das spielte doch jetzt wirklich keine Rolle! Sie schob sich auf die Knie und schnaufte. Dann spähte sie die Treppe hinunter. Jetzt, wo sie wusste, was dort unten lang, fiel ihr das gar nicht schwer. Ihr Herzschlag hatte sich auch beruhigt. Eine fette Ratte oder ein ähnlich großes Tier war dort unten ersoffen und trieb leblos auf der schwarzen Wasseroberfläche in Roswithas Weinkeller. Nur ein Teil des haarigen Rückens ragte heraus, grellweiß beleuchtet vom Licht der Neonröhre. Sie hatte mit der toten Roswitha gerechnet, daher der Schreck in jenem Moment, als das pelzige Bündel in ihr Blickfeld trieb. Sie richtete sich langsam auf und drückte sich in die Höhe. Mit den Händen strich sie sich den Staub von den Knien und von der Brust.

Der Boden in Roswithas Scheune war noch so, wie es früher üblich gewesen war. Kein Pflaster, das man fegen konnte, sondern gestampfter Lehm, der sich partout nicht von ihr lösen wollte. Sie würde später nicht umhinkommen, ihre gesamte Kleidung in die Wäsche zu geben. Bedauerlich war das, wo sie ihren Übergangsmantel doch erst vor wenigen Tagen aus der Reinigung geholt hatte. Elf Euro hatte der Mann in der Wäschereiannahme dafür haben wollen und dann noch etwas von einem Sonderpreis gefaselt. Es gab eben keine Konkurrenz im Dorf. Er konnte verlangen, was er wollte. Vielleicht musste sie es nachher doch erst einmal selbst versuchen.

Sie stand jetzt endlich wieder auf den Füßen und stieß einen erleichterten Seufzer aus. Das kleine Gewölbe stand unter Wasser, aber Roswitha lag zum Glück nicht dort unten. Doch wo war sie dann? Wahrscheinlich gab es dafür eine ganz einfache und naheliegende Erklärung, die ihr Kopf allerdings nicht zustande brachte. Ärger keimte in ihr auf. Immer erwartete sie das Schlimmste. Vielleicht hatte Roswitha einfach nicht an die große Glocke hängen wollen, dass sie vor oder sogar über ihren Geburtstag hinaus verreist war. Sie wäre nicht die Erste, die jahrelang keine Veranstaltung mit Sekt und Schnittchen ausgelassen hatte, um sich dann im entscheidenden Moment, wenn sie selbst dran war, aus dem Staub zu machen. Eine ganz billige Masche war das! Der Zorn fachte die Hitze in ihr noch zusätzlich an. Und sie hatte sich Sorgen um die arme Roswitha gemacht. Irgendwann würde ihr die eigene blinde Gutgläubigkeit noch zum Verhängnis werden.

Über *ihren* nächsten runden Geburtstag würde sie auch in Urlaub fahren. Das war sowieso viel billiger, als die vielen gierigen Freibiernasen einen ganzen Vormittag lang durchzufüttern.

»Hallo, ist alles in Ordnung?«

Sie zuckte zusammen und fuhr erschrocken herum. Hektisch suchte sie in der Richtung, aus der die Stimme gekommen war, nach der Person, zu der sie gehörte. Am Eingang der Scheune stand er und sah sie an.

»Ich hab einen Schrei gehört.« Er kam langsam auf sie zu. »Das Hoftor stand offen.«

Ein bekanntes Gesicht, für das sie jedoch keinen Namen parat hatte. Der würde ihr aber sicher gleich einfallen. Das mit der Vergesslichkeit wurde wirklich immer schlimmer.

»Soll ich Sie heimbringen?«

Sie nickte schnell, bekam aber keinen Ton über die trockenen Lippen. Sie war einfach noch zu durcheinander. Erleichtert streckte sie ihm den Arm entgegen, den er bereitwillig ergriff. Die ersten Schritte über den Hof fielen ihr so schwer, dass sie sich gehörig auf ihn stützen musste.

16

Kurt-Otto entschloss sich, noch einen Moment abzuwarten. Wie sollte er ihr sein plötzliches Verschwinden gefahrlos erklären? Kein Alkohol in der einundzwanzigtägigen Diätphase. Ihn schüttelte es bei diesem Gedanken. Hatte Renate vergessen, womit er seine karge landwirtschaftliche Rente aufbessern musste?

Es klapperte fortwährend in der Küche. Normalerweise wäre das der perfekte Moment. Lautlos könnte er sich jetzt nach hinten in seinen Keller verziehen, um dort den dringend notwendigen zusätzlichen Kontrollrundgang durchzuführen. Alle Weine befanden sich mitten in der Gärung, eine ganz entscheidende Phase, in der sie seine volle Aufmerksamkeit beanspruchten. Ohne sie ein letztes Mal in Augenschein genommen zu haben, konnte er sich unmöglich entspannt vor den Fernseher setzen oder ins Bett gehen. Sein Weg in den Keller würde am Traktor vorbeiführen, den er heute richtig herum geparkt hatte. So konnte er den Werkzeugkasten mit den Bratwurstdosen auf der Rückseite gefahrlos erreichen, ohne dass sie ihn durch das Küchenfenster dabei beobachtete. Das Wasser lief ihm im Mund zusammen.

Renate würde ganz bestimmt beherzt einschreiten. Bei so etwas verstand sie keinen Spaß. Kein Alkohol in der Diätphase! Der Fluchtgrund war zerplatzt wie eine Seifenblase. Er zitterte jetzt. War das schon eine Folge der Mangelernährung? Drei Wochen, die sich bis zu zweimal wiederholen ließen. Zusammen ergab das neun Wochen, die er überstehen musste, mehr als zwei Monate mit homöopathischer Fleischzufuhr und Gemüsenudeln. Und damit nicht genug. Mit erhobenem Zeigefinger hatte sie alles aufgezählt, was während dieses biblischen Zeitraums neben den Kohlenhydraten und dem Alkohol strikt verboten war: Kondensmilch im Kaffee, Käse und vor allem seine heiß geliebte Dosenbratwurst. Zum Frühstück sollte er auf Quark umsteigen oder sich mit einem speziellen kohlenhydratfreien Brot vergnügen, auf das maximal eine ganz dünne Schicht zuckerfreier Brotaufstrich gehörte. Um dem zu erwartenden Nährstoffmangel einer solchen Ernährungsverirrung vorzubeugen, sollte er dann auch noch irgendwelche Nahrungsergänzungsmittel schlucken, die Renate bei einer ihrer Kolleginnen bereits bestellt, aber noch nicht erhalten hatte. Er rieb sich den Schweiß von der Stirn. Kalt fühlte der sich an.

Das war alles völlig verrückt. Gerade im Spätherbst musste man doch für die notwendigen Reserven sorgen. Das Tierreich machte es einem vor. Wie sollte er den nahenden Winter gesund überstehen, wenn sein Körper kontinuierlich ausgezehrt wurde? Sie katapultierte ihn sehenden Auges in eine lebensbedrohliche Notsituation. Dem ersten leichten Schnupfen stünden seine Abwehrkräfte vollkommen hilflos gegenüber. Und dann war es ganz sicher zu spät, um noch reagieren zu können. »Plötzlich und für uns alle unerwartet ist mein lieber Mann nach kurzer Krankheit von uns gegangen.« Kurt-Otto spürte den Druck auf seiner Brust, der ihm das Luftholen in diesem Moment fast unmöglich machte. Er atmete schwer. Sollte er den kommenden Winter wider Erwarten doch überleben, dann ging es weiter. Renate hatte gar nicht aufhören wollen mit den Folgephasen. Nach der zweimaligen Wiederholung der Diät kam nämlich die Stabilisierungsphase, die sich aus dem Blickwinkel des Opfers betrachtet kaum bis gar nicht von der Diätphase davor unterschied. Alles, was davor strikt verboten war, blieb verboten. Ein zusätzlicher Eiweißshake sollte dann erlaubt sein, auch mal ein Stück Obst. Lag er zu diesem Zeitpunkt noch nicht auf dem Friedhof im Kreise seiner Ahnen, folgte die sechsmonatige Testphase, in der die Nahrungszufuhr ganz vorsichtig wieder so weit normalisiert wurde, dass das erreichte Gewicht stabil blieb.

Zu diesem Zeitpunkt hatte er schon nicht mehr zugehört. Was interessierte ihn die Zeit nach dem sicheren Tod? Wer hatte Renate in diesen Wahn getrieben? Ein Blick auf ihre ausgemergelten Kolleginnen musste ihr doch die Tragweite dieser Entscheidung offenbaren. Schnell würde ihm die Kraft für jegliche Arbeit im Weinberg fehlen. Das unumgängliche wochenlange Siechtum flackerte deutlich vor seinen Augen auf. Teilnahmslos würde er dann schon am Nachmittag auf dem Sessel im Wohnzimmer vor dem Fernseher sitzen und morgens zu erschöpft sein, um aufzustehen. Er schoss in die Höhe. Noch hatte er genug Energie für einen entschlossenen und an Finten reichen Abwehrkampf!

»Ich muss kurz raus, meine Brille liegt noch irgendwo auf dem Traktor, vielleicht habe ich sie aber auch draußen auf der Straße verloren. Du musst dir also keine Gedanken machen, wenn es ein klein wenig länger dauert. Zur Tagesschau bin ich sicher wieder zurück.«

Er wartete nicht auf eine Antwort. Jede Minute zählte. Im Laufschritt hetzte er durch den Flur und riss die Haustür auf. Renate klapperte in der Küche weiter mit dem Geschirr. Alles lief perfekt. Er war ein Fuchs. Erfahren in allen Lebenslagen. Wärmende Zufriedenheit stieg in ihm auf, als er über das dunkle Kopfsteinpflaster seines Innenhofes eilte. Schon oft hatte er auf ihre Ernährungskapriolen reagieren müssen, und bisher war ihm noch jedes Mal die richtige Antwort darauf eingefallen. Es brauchte nur einen klaren Kopf, blitzgescheite Gedankengänge und eine gute Ausrede, die sie in Sicherheit wiegte. All das kam in diesem Moment trefflich zusammen.

Er schmatzte auf den letzten Metern, ehe er sich hastig umdrehte, um sicherzustellen, dass sie ihn nicht beobachtete. Und selbst wenn, dann war an seinem Verhalten nichts verdächtig. Gar nichts! Er musste ja *zwangsläufig* an den Werkzeugkasten, weil seine Brille durchaus dort hineingeraten sein könnte. Er hätte jetzt gern ein Liedchen angestimmt. Zu munter durfte er aber nicht wirken, schließlich war er in ernster Sorge um seine Sehhilfe.

Zwei Bratwurstdosen und den Öffner würde er mitnehmen. Das Taschenmesser befand sich in seiner Hosentasche. Die Suche nach der Brille würde er dann draußen auf der Straße fortsetzen. Nicht weit entfernt, am ehemaligen Wiegehäuschen, das jetzt eine Miniatur-Tauschbücherei beherbergte, stand eine Bank. Um diese Uhrzeit saß da niemand mehr. Er konnte dort also in aller Ruhe seine beiden Bratwurstdosen öffnen und ungestört den schmackhaften Inhalt genießen. Ein zufriedenes Seufzen entfuhr ihm und entfleuchte in das Dunkel hinter seinem Traktor. Den spitzen Schrei konnte er im letzten Moment gerade noch unterdrücken, den Schmerz in seiner Magengegend jedoch nicht. Er fuhr tief in seine Eingeweide. Kurt-Otto krümmte sich. Tränen standen ihm in den Augen. Er hätte niemals gedacht, dass sie dazu in der Lage wäre. Eigentlich hätte es ihm nach den Erfahrungen des letzten Jahres aber klar sein müssen. Renate schreckte vor nichts zurück. Durch den dünnen Tränenschleier starrte er reglos auf das kleine rosafarbene Vorhängeschloss, das neben seinem hing und ihm den Zugang zu seinem Heiligtum verwehrte.

»Ich habe sie.« Ihre Stimme ließ ihn erschrocken zusammenfahren. Renate stand in der Haustür und hielt seine Brille triumphierend in die Höhe.

17

Es war eine ganz spontane Entscheidung gewesen, mit völlig offenem Ausgang. Er hatte sie nicht selbst getroffen. Es war die Stimme gewesen, die den Ausschlag gegeben hatte, als er für sich bereits beschlossen hatte, dass der richtige Augenblick zur Flucht gekommen war. Den ersten Schritt aus dem engen Reilchen heraus hatte er schon gemacht und noch einmal gelauscht, ob wirklich keiner kam. Dann hatte er seine Stimme gehört, sich gegen den Heimweg entschieden und war umgekehrt. Diese einmalige Chance durfte er sich nicht entgehen lassen. Er würde ihr sonst lange hinterhertrauern.

Alles war so ruhig gewesen, die Dunkelheit geradezu vollkommen, um ihr heimlich hinterherzuschleichen, nachdem Sigrun durch das Hoftor verschwunden war. Niemand hatte ihn gesehen. Sie waren ahnungslos, weil sie schwach waren. Er schien ihnen schon so sehr zugesetzt zu haben, dass sie gar nicht mehr wussten, wie sie sich seiner erwehren sollten. Trotzdem hätte er sofort abgebrochen, wenn ihm auf dem Weg jemand begegnet wäre. Das war nicht der Fall gewesen.

Ihre Ahnungslosigkeit spielte sie perfekt. Sie konnte ihn damit nicht täuschen, auch wenn sie sich geschwächt zeigte und sich bis zu ihrem Hoftor schwer auf seinen angewinkelten Arm stützte. Im Geiste hatte er fortlaufend die Verse aus den Büchern aufgesagt. Sie hielten die Hexe auf Abstand und verstellten ihr den Blick auf das, was er vorhatte für den Fall, dass alles gut lief. Jetzt war es so weit und die Entscheidung gefallen. Nun gab es kein Zurück mehr.

»Ich begleite Sie noch hinein.«

Sie widersprach nicht. Er musste jetzt sehr vorsichtig sein. Es war für ihn nicht kalkulierbar, wozu sie in der Lage war. Am Feuer in jener Nacht war sie mehrere Meter in die Höhe gesprungen, immer wieder, und hatte sich dabei wild um die eigene Achse gedreht. Auch die leise Stimme seines Bruders hatte ihn gewarnt. Er begleitete ihn still. Das fühlte er. Ganz nah war er, so nah, dass er meinte, seinen warmen Atem spüren zu können. Er freute sich jedes Mal, wenn er nach tagelangen Phasen des Schweigens wieder die ruhigen Worte seines Bruders vernahm. Seine wohltuende Stimme, die er jahrzehntelang nicht mehr gehört hatte und die so plötzlich wiedergekommen war, um ihm den rechten Weg zu weisen und ihn auf diesem beschwerlichen Pfad zu begleiten. Er spürte seinen Blick. Die Augen, die auf ihn gerichtet waren, sahen ihn genauso an wie damals. Ein zufriedenes Lächeln stand in seinem Gesicht. Hastig sagte er in Gedanken zwei Verse auf. Sie durfte jetzt noch nicht bemerken, dass er gar nicht allein war. Sie hatte sonst genügend Zeit, sich darauf einzustellen.

Im Hof blieben sie kurz stehen, weil er das Türchen zurück ins Schloss drückte. Die Fenster im Haus gegenüber waren dunkel. Alles wirkte verlassen. Möglicherweise beschlich die Ersten im Dorf langsam das dumpfe Gefühl, dass der große Krieg gegen die Hexenbrut in einer entscheidenden Phase war. Mehr als eine Ahnung konnte es kaum sein. Die anderen waren über die Zeiten hinweg so blind gewesen, warum sollten sie gerade jetzt das Sehen erlernt haben?

Sie löste sich von seinem Arm und drehte den Schlüssel im Schloss der Haustür. Er behielt sie im Blick. Er bewegte die Lippen, weil sie ihm den Rücken zuwandte. Das musste nichts bedeuten. Trotzdem blieb er angespannt und wachsam. Sollte sie sich jetzt herumwerfen, um ihn zu attackieren, war er darauf vorbereitet. Einen Angriff würde er abwehren können, solange sie allein war und keine Unterstützung aus der Tiefe erhielt.

Der warme Atem seines Bruders streifte sein Ohr. Er sagte nichts. Er wollte ihm nur schweigend bedeuten, dass er noch immer da war und ihm beistand. Das war entscheidend, denn ein nicht abzuschätzendes Risiko begleitete diesen aus der Situation geborenen Handstreich. Eine mit voller Härte geführte Attacke sollte sie tief treffen. Der Überraschungsangriff durfte nur nicht misslingen, sonst verkehrte er sich ins Gegenteil. Ein kleiner Fehler, und das Kriegsglück, das ihm so lange hold gewesen war, war verspielt.

Ein Schwall warmer Luft schreckte ihn auf. In einem unachtsamen Moment hatte ihn ihr Atem getroffen. Sie eilte voraus in den dunklen Flur. Er folgte rasch, um ihr keinen Raum zur Entfaltung zu geben. Flimmernd erwachte das Licht. Eine diffuse Helligkeit, die langsam zunahm.

Sie stand in der Küche am Tisch. Die Hängelampe befand sich direkt über ihr und strahlte auf sie herab. Sie goss Wasser in ein Glas. »Es ist sehr freundlich von dir, dass du mich nach Hause begleitet hast.«

Sie vollführte eine ungelenke Bewegung. Ein Schwung Wasser traf auf das an dieser Stelle ausgeblichene Wachstuch, das ein braunes Blumenmuster zeigte. Sie trank einen hastigen Schluck. Er war auf alles vorbereitet, spannte die Muskeln an und ballte die Fäuste. Sie wand sich, so als ob sich ein unsichtbarer Strom einen Weg durch sie hindurchbahnte. Sein Blick huschte kontrollierend über den Fußboden. Die Öffnung nach unten konnte unsichtbar sein. War das möglich? Was hatte sie vor? Lautlos bewegte er die Lippen.

»Wie unhöflich von mir, dass ich nur an mich selbst denke. Ich habe dir gar nichts angeboten.« Sie stellte ihr Glas ab und eilte davon. Er tastete nach dem Fläschchen in seiner Jackentasche. Er konnte sie im Nachbarraum eine Schranktür öffnen hören, als er den Deckel abschraubte und die Tropfen in ihr Wasser fallen ließ.

»Ein Rumtopf auf den Schrecken.« Sie war zurück, lächelte und platzierte zwei große Gläser mit einer bräunlichen Flüssigkeit darin auf dem Küchentisch. Aus beiden ragte ein langer Löffel in die Höhe. Ein Gebräu, mit dem sie ihn außer Gefecht zu setzen gedachte. Er atmete konzentriert und rezitierte heimlich einen Vers zur Verteidigung: Ihr habt den Teufel zum Vater, und nach eures Vaters Gelüste wollt ihr tun. Der ist ein Mörder von Anfang an und steht nicht in der Wahrheit; denn die Wahrheit ist nicht in ihm. Wenn er Lügen redet, so spricht er aus dem Eigenen; denn er ist ein Lügner und der Vater der

Lüge. Zieht die Vollrüstung Gottes an, damit ihr gegen die Überfälle des Teufels bestehen könnt!

Sie sah ihn weiter auffordernd und durchdringend an. Er wich ihrem Blick aus. »Setz dich doch, oder darf ich dir etwas anderes anbieten?« Sie zog einen Stuhl unter dem Tisch hervor und machte Anstalten, Platz zu nehmen. Noch bevor sie saß, schnellte sie jedoch wieder in die Höhe. Er brachte seine Fäuste unter dem Tisch in Abwehrposition. »Diese Vergesslichkeit.« Sie schüttelte den Kopf und eilte erneut ins Nebenzimmer. Er konnte hören, wie zwei Flaschen sachte aneinanderstießen. Dann erklangen wieder ihre schnellen Schritte auf den Fliesen. »Es braucht noch einen Schuss Rum, fürs Aroma.«

Der Deckel knirschte. Sie goss den Rum zuerst in das Glas, das vor ihm stand, dann in ihr eigenes. Er folgte jeder ihrer Bewegungen, vermied es aber, sie direkt anzusehen. Gegen den Geruch, der in seine Nase strömte, vermochte er sich nicht zu wehren. Sie wusste genau, was sie tat. Er hielt die Luft an.

Sie stellte die Rumflasche auf den Tisch, ließ sich auf den Stuhl sinken und seufzte. Gierig schüttete sie gleich darauf das Wasser in ihren weit geöffneten Mund. »Die Kinder sagen, ich trinke zu wenig.« Sie lächelte hintersinnig. »Dabei schmeckt Wasser so langweilig.« Sie setzte den Löffel in ihrem Glas in Bewegung. »Das Obst ist entscheidend. Es muss überreif sein, zuckersüß. Und dann kommt es natürlich auf den Rotwein an, in dem man die Früchte einlegt.«

18

Sigrun überlegte, ob sie sich noch einmal nachschenken sollte. Sie war viel zu sparsam mit dem Strohrum umgegangen. Der Rotwein schmeckte dann zu sehr vor. Aber was sollte der Junge von ihr denken? Am Ende erzählte er seinen Eltern noch, dass sie dem Alkoholismus verfallen war. Dann würde es im Dorf die Runde machen, weil seine Mutter schlecht über jeden sprach. Mit ihr hatte keiner gern zu tun, und gegen sich wollte man sie schon gar nicht haben. Aber wer konnte es ihr verübeln? Es war kein leichtes Schicksal, das sie auf ihren Schultern durchs Leben hatte tragen müssen. Sie war von Gram gebeugt. Der erste Sohn, so klug und schlau, dass er von allen als Wunderkind bezeichnet worden war, weil er bereits als kleiner Junge dicke Bücher verschlang, war mit fünfzehn in einer Pulkaut, wie sie die Jauchegruben hier nannten, ersoffen. Kein Alter eigentlich, in dem einem so etwas noch zustieß. Mitte der Sechziger musste das gewesen sein, und noch heute wurde, wenn die Sprache darauf kam, gern darüber spekuliert, was an jenem Nachmittag, an dem beide Kinder ganz allein daheim gewesen waren, geschehen war. Als die Eltern vom Feld nach Hause kamen, war der ältere Sohn tot, und der Kleine, auf den er hatte aufpassen sollen, saß vollkommen verstört neben der Pulkaut. Er war gerade einmal fünf und hatte mit ansehen müssen, wie der Bruder in der stinkenden Brühe jämmerlich ersoff. Zum Glück war er nicht einfach hinterhergesprungen. Wobei niemand zu sagen vermochte, was wirklich passiert war. Die Eltern hatten den Leichnam ihres Kindes schon herausgezogen und gewaschen, ehe sie Hilfe riefen. Die Gerüchte waren daher nie verstummt. Es gab vielerlei Theorien, etwa dass der Große dem Kleinen hinterhergesprungen war und ihn gerettet hatte, bevor er selbst ertrunken war. Sie empfand Mitleid und rührte ihren Rumtopf noch einmal durch.

Er hielt seinen Kopf gesenkt. Schüchtern und still war er,

wie sein Vater. Sie musste innerlich schmunzeln, weil sie ihn in Gedanken noch immer »den Jungen« nannte, obwohl er doch auch schon über fünfzig sein musste. Ob es an den schlimmen Ereignissen seiner Kindheit lag, dass er selbst nie eine Familie gegründet hatte? Im Dorf erzählten sie gern, dass die Mutter die Schuld trug, die den einzigen Sohn, der ihr geblieben war, nicht hatte hergeben wollen. Andere meinten, es genau zu wissen, und behaupteten mit einem Hinweis auf den üppigen Familienbesitz, dass es reichlich Interessentinnen gegeben habe. Keine sei der Mutter gut genug gewesen. Sie hielt an den alten Vorstellungen fest, dass man eheliche Verbindungen stets auf Augenhöhe eingehen sollte. Getreu dem Spruch: »Drum prüfe, was sich ewig bindet, dass Hektar zu Hektar findet.«

»Geht es deinen Eltern gut?«

»Ja, danke.«

»Sie sind doch jetzt auch schon weit über achtzig?«

Er nickte und sprach erst weiter, als er damit aufgehört hatte. »Die Mutter ist zweiundachtzig, und der Vater wird neunzig im Januar.«

Sie musste sich das einprägen, damit sie es nicht vergaß. Er hatte sie hierhergeführt und sie auf dem ganzen Weg gestützt. Wenn er auch ihren Rumtopf zu verschmähen schien, war sie ihm doch dankbar dafür. Er hatte sie gerettet. Über Nacht wäre sie in Roswithas dunkler Scheune vielleicht erfroren oder hätte vor Angst einen Herzschlag bekommen. Sie langte nach dem Wasserglas und leerte es. Ihr Mund fühlte sich noch immer trocken an. Vielleicht hatte sie doch länger dort gelegen, als sie glaubte.

Das Wasser schmeckte irgendwie bitter. Das war ihr eben noch gar nicht so aufgefallen. Mit dem Löffel klaubte sie sich eine besonders saftige Pflaume aus dem Glas. Sie wollte den unangenehmen Geschmack schnellstmöglich vertreiben. Vielleicht musste sie doch mal einen Handwerker kommen lassen oder auf das teure Sprudelwasser umsteigen. Aber wer sollte die Kisten quer durchs Dorf schleppen? Sie war allein, und die Kinder kamen selten vorbei. Wasser aus dem Hahn war praktischer und kostenlos. Es durfte nur nicht so abgestanden schmecken. Am Ende waren das irgendwelche Keime, die sie krank machten. Sie spürte, dass die Schwäche von vorhin zurückkam. Es war gut, dass sie den Jungen nicht gleich am Hoftor weggeschickt hatte. Jetzt war sie zumindest nicht allein, wenn sie zurück in die weiche Dunkelheit fiel.

19

Kurt-Otto fand keine Ruhe. Sein Magen knurrte. Wie ein Geist schlich er unruhig im Haus herum. Der Snack, den ihm Renate zum Fernsehen gereicht hatte, zeigte keine nachhaltig sättigende Wirkung. Er schnaufte ungehalten. Wie sollte er auch! Ein zweckentfremdetes Wasserglas, aus dem drei zu dick geratene helle Salzstangen in die Höhe ragten. Irgendetwas Italienisches, zumindest hatte der Name das nahegelegt. Geschmacklos waren sie gewesen. Der Bäcker schien neben dem Salz auch noch alle anderen aromagebenden Zutaten vergessen zu haben. Im Endeffekt hatten die drei schnell verzehrten Stäbchen den in ihm randalierenden Hunger nur zusätzlich angefacht. Seither polterte es in seinem Magen. Geräusche, die anscheinend nur ihn zu stören schienen. Renate hatte gleichmäßig atmend und entspannt neben ihm gelegen. Sie schien bereits im Tiefschlaf zu sein, während er nun schon zum dritten Mal das Bett verlassen hatte, um ohne ein wirkliches Ziel einen Rundgang durch den oberen Stock ihres Hauses zu unternehmen. Ob die Rastlosigkeit ein fester Bestandteil der Diät war? Kündigte sich so der Stoffwechsel an? Das klang reichlich sonderbar.

In der nächtlichen Stille konnte er das höhnische Brummen des Kühlschranks unten in der Küche hören. Fiel das bereits unter den Begriff der Folter? Und wenn ja, an wen konnte er sich wenden? Wenn das in diesem Tempo weiterging, war er spätestens in einer guten Stunde so weit, dass er die übrig gebliebenen Zucchinispaghetti vom Abendessen kalt in sich hineinstopfte, um den Hunger zu besänftigen und doch noch in den Schlaf zu finden. Einen anderen Ausweg gab es nicht. Ein beiläufiger Kontrollblick in den Kühlschrank hatte ihm das bestätigt. Es war auch nicht anders zu erwarten gewesen. Wer so perfide plante und sich sogar ein rosa Vorhängeschloss anschaffte, um die Werkzeugkiste auf seinem Traktor zu sichern, der ließ doch den Kühlschrank nicht unberücksichtigt.

Bis auf ein wenig Gemüse, Soja-Joghurt natur, Mandelmilch und sauber übereinandergestapelte kohlenhydratfreie, vegane Sellerieschnitzel hatte Renate alles entfernt, was an sein altes Leben erinnerte. Eine gähnend weiße Leere, die ihm signalisierte, dass Linderung erst für die Zeit nach dem Frühstück in Sicht war. Sein allererster Weg morgen früh mit dem Traktor würde ihn nach unten ins Tal führen, zum Metzger im Nachbardorf. Jetzt verbot er sich allerdings jeden weiteren Gedanken daran, weil sich sein Magen in einer Lautstärke bemerkbar machte, dass sogar der Kühlschrank nicht mehr zu hören war.

Zielstrebig tastete er sich die Treppe hinunter. Er wusste genau, welche er auslassen musste, damit Renate durch das Knarren des alten Holzes nicht aus dem Schlaf fuhr. Nacheinander zog er in der Küche die Hängeschränke auf, in der stillen Hoffnung, dass sie irgendetwas darin vergessen haben könnte, was den in ihm wütenden Hunger zu besänftigen wusste. Ein ganz sicherlich sinnloses Unterfangen, weil sie auch beim Quälen ihres Ehemannes mit einer Akribie zu Werke ging, die ihrem sonstigen Perfektionismus in nichts nachstand. Beim Blick in die Schublade mit den Backzutaten stöhnte er auf. Selbst die Schokoladenkuvertüre hatte sie verschwinden lassen. Vor anderthalb Jahren, als sie versucht hatte, ihn auf eine komplett pflanzliche Nahrungszufuhr umzustellen, war die Backschokolade seine letzte Rettung in einer durchwachten Nacht gewesen. Sein Magen hatte eine ganz natürliche Abwehrreaktion gegen Tofu, Seitan, Okraschoten, Tempeh und Grünkern gezeigt. Die harte Schokolade hatte den Schmerz gelindert. Als er in der Nacht darauf erneut in die Küche geschlichen war, um sich über den Rest herzumachen, war alles verschwunden. Selbst die Lebensmittelfarbe hatte Renate sichergestellt, um ihn nicht in Versuchung zu führen.

Weiter arbeitete er sich durch die Küchenschränke voran, angetrieben von purer Verzweiflung. Irgendwo mussten doch diese geschmacklosen italienischen Salzstangen abgeblieben sein. Da waren sie! Sein Magen knurrte überschwänglich. Er strich sich mit der Hand über den buschigen Schnurrbart.

Nur zwei, drei davon, mehr durfte er sich nicht gönnen, sonst würde ihr das morgen ganz sicher auffallen. Oder er sorgte für Ersatz. Die musste es doch in jedem Supermarkt geben. Sie schmeckten nach nichts, stellten aber seine letzte Rettung dar. Er brauchte dringend eine Notreserve dieser Stangen, die er im Kelterhaus deponieren konnte, um den massiven Schwund hier auszugleichen. Kein schlechter Ansatz für die erste Nacht.

Mit der Packung, die ihm leicht wie eine Feder erschien, setzte er sich an den Küchentisch und zog die erste salzlose Stange heraus. »Grissini« hießen die Dinger. Auf der Packung war neben der italienischen Fahne eines der geschmacklosen Stäbchen abgebildet. Dort war es aber mit einer Scheibe rohem Schinken umwickelt. Ein Anblick, der ihm erneut Schmerzen im Unterleib bereitete. Von dort kam auch die vollkommen sinnlose Anweisung, mit der Hand zu überprüfen, ob sich in die Packung nicht vielleicht doch ein paar dieser auf fleischige Weise verschönerten Exemplare verirrt hatten. Er fühlte aber keinen Schinken. Um ganz sicherzugehen, zog er sie allesamt heraus. Nichts! Nur das trockene Zeug. Er kaute weiter auf dem staubigen Gebäck und empfand tiefes Mitleid für die armen Menschen jenseits der Alpen, die sich auf diese Art und Weise ernähren mussten. Sein Blick blieb an einem bunten Prospekt hängen, der auf der Küchenbank zwischen den Seiten der Tageszeitung herauslugte. Er zog die Hochglanzbroschüre hervor und las die Überschrift: »Glücklich ins Wunschgewicht. Die Einundzwanzig-Tage-Stoffwechseldiät, eine Anleitung«. Kurz rang er mit sich, weil er befürchtete, dass ihm die Lektüre jede Aussicht auf ein wenig Restschlaf nehmen würde. Die Bedenken schob er jedoch beiseite und steckte sich stattdessen noch eine italienische Knusperstange in den Mund. Er hatte ein Recht zu erfahren, was ihn in den kommenden Monaten erwartete. Nur so konnte er sich entsprechend vorbereiten, vorausplanen und in ausreichendem Maße bevorraten. Schöne Wunschvorstellungen das alles, weil er nicht den Schimmer einer Idee hatte, wo er das, was er zum Überleben benötigte, sicher verstecken konnte.

Über die ersten Seiten blätterte er schnell hinweg. Die Phasen kannte er bereits. Da waren die trügerischen ersten beiden Tage. Er war so blind gewesen und naiv. Sie hatte ihn in Sicherheit gewogen, wohl wissend, was auf die Ladephase folgte: drei Wochen Entbehrung, Einschränkung, Knappheit, Not und Elend. Ein Zustand, der dann im Handstreich zweimal verlängert und mit der sechs Monate andauernden Testphase auf die erschreckende Spitze getrieben wurde. Es schüttelte ihn vor Abscheu. Seiner ob dieser Aussichten aufsteigenden Übelkeit schickte er eine weitere geschmacklose Salzstange entgegen. »Keine Angst, Sie werden nicht verhungern«, hieß es in der Broschüre. Kurt-Otto überflog missmutig die in beruhigenden Pastellfarben gehaltene Seite. »Ihr Körper wird sich aber an die veränderte Ernährungssituation anpassen müssen. Bleiben Sie stark! Es sind Ihr Körper und Ihr Wille, die entscheiden. Lassen Sie sich auch von Phasen des Unwohlseins nicht abbringen. Bei starken Kopfschmerzen innerhalb der ersten Woche trinken Sie reichlich klares Wasser und ungesüßten Tee.«

Kurt-Otto griff sich eine neue Knusperstange. Und was sollte er bei heftigen Magenschmerzen machen, wie das Gefühl der Leere bekämpfen? Die Stangen schmeckten gar nicht so schlecht, wenn man sie nur lange genug kaute. »In der Diätphase unterstützen Sie Ihren Körper mit dem großen Nahrungsergänzungspaket, für die Stabilisierungs- und die nachfolgende Testphase empfehlen wir das kleine Nahrungsergänzungspaket«, las er. Wie praktisch, dass man beides im Internet und mit dem hier beigefügten Bestellformular ordern konnte. Er musste schlucken. Zweihundertfünfzig Euro für drei Wochen? Er schloss kurz die Augen. Sie waren zu zweit. Also kostete der Spaß fünfhundert Euro – und das nur für die Diätphase. Dafür gab es Dragees aus fünfunddreißig Gemüsesorten, den Eiweißshake »Morgenglück«, kleine, runde Kügelchen, die auf den Namen »Durchhalteglobuli« hörten, Omega-3-Fischöl-Softgel-Kapseln und aspartamfreies Eiweiß in der Geschmacksrichtung Stracciatella oder Banane-Kirsch.

Kurt-Otto wurde schlecht. Er konnte nicht sicher bestimmen, woher die sich rasant in seinem Inneren ausbreitende Übelkeit stammte. Es musste eine Mischung aus den zu erwartenden Kosten, die er für die zu durchlaufenden Phasen inklusive der sicher notwendigen Wiederholungen grob überschlug, und den beschriebenen Inhaltsstoffen der Tabletten sein. Gemüsesorten, von denen er noch nie gehört hatte, und verflüssigte Bestandteile von Meereslebewesen, die ihn sofort an die übel riechende Abfallverwertung eines fischverarbeitenden Großbetriebes erinnerten. Die unangenehmen Bilder ließen sich auch durch die schnelle Zufuhr zweier Knusperstangen nicht vertreiben.

Wollte Renate ihn zuerst aushungern, um ihn dann besser vergiften zu können, oder lief das parallel zueinander ab? Neben dem Hunger wuchs jetzt die Angst um sein Leben wie auch die Furcht vor dem finanziellen Bankrott. Was das alles kosten würde! Er war ein armer Rentner, der zusehen musste, wie er mit der wirklich dürftigen landwirtschaftlichen Altersversorgung über die Runden kam. Renate wusste das doch. Sie hatten so oft darüber gesprochen.

Er klappte den Prospekt kraftlos zu. So viele Fronten, an denen er gleichzeitig aktiv werden musste. Guter Rat war teuer. Er konnte Renate ja schließlich nicht den Zugang zum gemeinsamen Konto verwehren. Reichte das hier schon aus, um sie entmündigen zu lassen? War seine Frau nicht mehr zurechnungsfähig, um weiter Geschäfte ohne seine Zustimmung machen zu können? »Freunde werben, Partner werden.« Seine Augen starrten gebannt auf die Buchstaben auf der bunten Rückseite. »Empfehlen Sie ein erfolgreiches Produkt weiter. Auch Sie können Freunde werben und sich so Ihre Nahrungsergänzungsmittel refinanzieren. Werden Sie Werber für die Einundzwanzig-Tage-Stoffwechseldiät oder sogar Partner. Viele unserer zufriedenen Kunden verdienen sich auf diese Weise etwas dazu.«

Kurt-Otto ließ die geballte Faust auf die Tischplatte niederfahren. Die letzte Salzstange hüpfte aus der Packung und rollte auffordernd auf ihn zu. Für den Bruchteil einer Sekunde sah er sich an die im Weinberg um ihn versammelten Winzerkollegen Gemüsedragees, Omega-3-Fischöl-Kapseln und den Eiweißshake »Morgenglück« in den Geschmacksrichtungen Riesling, Kerner oder Dornfelder verteilen. Er schüttelte sich heftig. Dann erreichte sein Blick den kleinen weißen Klebezettel, der ihm einen ganz neuen Weg aus dieser Misere zu eröffnen schien: »Sprechen Sie mich bei allen Fragen um die Diät und Bestellungen an, ich berate Sie gern: Ihre Gudrun Dörrhof«.

20

Er hatte sich viel Zeit gelassen. Es erschien ihm notwendig, nicht überstürzt vorzugehen. Er hatte keine Vorbereitungen treffen können, weil alles so urplötzlich über ihn gekommen war, einer glücklichen Fügung gleich. Beweis genug, dass er dem richtigen Pfad folgte. Daher wollte er jetzt ganz besonders besonnen handeln. Die Ruhe war trügerisch.

Posthalters Sigrun war so leicht, als würde sie einen Teil ihres Gewichts selbst übernehmen. Sie schien auf seinen ausgestreckten Armen zu schweben. Deutlich vernehmbar flüsterte er nun seine Verse, die sie auch dann niederhalten würden, wenn sie schlagartig erwachte. Eine reine Vorsichtsmaßnahme, deren es eigentlich nicht bedurfte. Bei den beiden anderen war von dem Moment an, da sie in tiefen Schlaf gesunken waren, nichts Unvorhergesehenes mehr passiert. Warum sollte es bei ihr anders ablaufen? Wenn er es ganz am Ende mit ihm, ihrem Teufel und Anführer, zu tun bekam, musste er vieles neu denken. Aber dorthin hatte er sich noch lange nicht vorgearbeitet. Zuvor galt es, etliche Hindernisse aus dem Weg zu räumen und Ängste zu bestehen. Aufgaben, an die er heute, im erhabenen Moment seines großen Triumphs, noch nicht denken wollte.

Ihr warmer Atem traf sein Gesicht, doch er hatte keine Macht mehr. In ihrem Haus war bereits alles bereinigt. Wenn der Kopf der Hexenbrut nach ihr suchte, fand er nichts. Den Inhalt der beiden Gläser hatte er in einen Müllbeutel gekippt, den er ihr – fest verknotet – mit auf die letzte Reise geben würde. In den Mülleimer unter der Spüle hatte er das stückige Gebräu nicht schütten können. Die Gläser hatte er wie immer gespült, sie danach abgetrocknet und im Schrank verstaut.

Ein Kreuz schien sie nicht zu besitzen. Er hatte daher bei seinem Rundgang durch die verschiedenen Räume des riesigen Hauses nach dem Gesangbuch auf dem Nachttisch gegriffen. Das aufgeprägte Kreuz, dessen goldene Farbe an den Ecken abgeplatzt war, erfüllte den gleichen Zweck. Vielleicht war es sogar noch besser geeignet, um sie in die Tiefe zu drücken. Man brauchte ein Gewicht, weil sie sonst nicht untergehen wollten. Hexen waren leichter als Wasser, das hatte er in den Aufzeichnungen lesen können, die ihm sein Bruder hinterlassen hatte. Seitenweise Notizen mit komplizierten Wörtern und lateinischen Ausdrücken, die er vielmals laut hatte aufsagen müssen, um alles richtig zu verstehen. Lange hatte er gebraucht, um darin eine Anleitung zu erkennen. Ein detailliertes Instrumentarium, das es ihm ermöglichte, den Kampf gegen die alles niederdrückende eigene Angst aufzunehmen. Einen Krieg zu führen, den sein Bruder begonnen und nicht zu Ende gebracht hatte. Sein Wissen und die Erinnerung an jenen letzten Blick, den er ihm zugesandt hatte, bevor er in die Tiefe eingetaucht war, begleitete ihn in jeder Minute. Er hatte gelächelt. Er tat es ihm gleich in diesem Moment und fühlte, dass sein Bruder wieder ganz nah bei ihm weilte.

Den Deckel hatte er vorhin bereits geöffnet und die Gegebenheiten darunter überprüft. Daher wusste er, dass er diesmal nicht mit hineinsteigen, sie nicht neben der Öffnung ablegen musste, um selbst voranzugehen. Das schwarze Wasser stand hoch im alten Abwassergewölbe unter der Erde. Sachte ging er in die Knie und ließ sie durch die runde Öffnung so weit hineingleiten, dass nur noch ihr Oberkörper auf dem grauen Betonpflaster des Hofes auflag. Er flüsterte einen Vers, während er die Kerze aus der linken Jackentasche holte und sie entzündete. Es war gut, dass er immer eine mit sich führte und auch die Tropfen nie vergaß. Das Gesangbuch unter ihren gefalteten Händen richtete er noch einmal genauer aus, um den nötigen Platz für die brennende Kerze mit dem roten Kreuz zu schaffen. Dann fiel die Mülltüte klatschend in das sanft wogende Wasser und entfernte sich aus seinem Blickfeld.

Jetzt musste er sich beeilen. Er schob sie von den Pflastersteinen. Ihr Rock und der luftige Mantel, den er ihr angezogen hatte, weil ihm der Schmutz des anderen Ortes anhaftete, blähten sich auf. Die Kerze wackelte, blieb aber stehen. Das

Böse trieb unter dem gehauenen Rund der groben Bruchsteine davon, während er flüsterte: »Der allmächtige Gott, der dich geschaffen hat, ruft: Fürchte dich nicht, denn ich habe dich erlöst. Fahre ein!«

21

Fast lautlos drückte sie die Tür auf und lauschte. Sie hielt für einen Moment die Luft an. Sie meinte, trotzdem nichts zu hören. Also tastete sie nach dem Lichtschalter. Es genügte ein einziger Blick. Sie drückte das Licht umgehend wieder aus. Er war noch immer unterwegs. Sein Bett war noch so, wie sie es heute Morgen gemacht hatte. Selbst die glänzende Tagesdecke darüber schien unberührt zu sein. Sie fuhr sich über das faltige Gesicht und strich dabei ein paar Haare zur Seite. Sie fielen ihr erst dadurch auf, dass ihre Fingerspitzen sie berührten. Sie hatten sich aus dem langen, geflochtenen Zopf gelöst. Morgen früh, wenn sie ihn erneuerte, um ihn dann auf dem Hinterkopf zu einer grauen Schnecke einzudrehen, die sie mit fünf Haarklammern feststeckte, würde sie die verlorene Strähne wieder einfangen.

Sie seufzte und setzte sich in Bewegung, bevor er nach ihr rief. Das war eine schlechte Angewohnheit ihres Mannes, die er seit dem letzten Winter an den Tag legte. Wenn sie nachts rausmusste und nur ein klein wenig länger brauchte, um den Bademantel überzuziehen und ihre Notdurft zu verrichten, fing er an, ihren Namen zu rufen. Erst zweimal leise, dann mit jedem weiteren Mal lauter werdend, bis er heiser schrie. Sie hatte ausprobiert, ob er aufhörte, wenn sie nicht reagierte. Bald hatte sie einsehen müssen, dass er die Nachbarschaft weckte, wenn sie stur blieb. Es schirmten sie zwar dicke Mauern ab, und der große Hof lag dazwischen, aber nachts fand ein einsamer Rufer schnell wache Ohren. Dann redeten sie auf der Straße wieder schlecht über sie. Zischten hinter vorgehaltener Hand böse Worte und verstummten erst, wenn sie sich ihnen näherte. Sie erkannte an ihren ertappten Blicken jedes Mal sofort, dass es um sie, ihren Mann, den Jungen und das Unglück ging. Das Bild hatte sich tief in ihr Gedächtnis eingebrannt. Ihr Sohn, der reglos auf dem Wasser trieb an jenem Nachmittag. Sie hatte sofort gewusst, dass es keine Rettung mehr geben würde, noch bevor sie ihn aus dem alten gemauerten Abwassergewölbe herausgeholt hatten. In jedem Gehöft gab es damals wie heute diese verzweigten Relikte aus der Zeit vor dem Bau der Kanalisation. Tiefe Gewölbe unter der Erde, in die alles aus Haus, Stall und Misthaufen hineinlief und deren unterirdische Dimensionen die folgenden Generationen schon nicht mehr kannten. Früher hatten sie wiederkehrend geleert werden müssen. Heute waren sie entweder an den Kanal angeschlossen oder besaßen zumindest einen Überlauf, der verhinderte, dass sie bei starkem Regen an die Grenze ihres Fassungsvermögens kamen. Manche waren ganz in Vergessenheit geraten, weil die Abwasserrohre um sie herumgelegt worden waren.

Es war kein Unfall gewesen, wie sie im Dorf erzählten. Es gab unzählige Geschichten über die Ereignisse an diesem Tag. Aber nur sie und ihr Mann wussten, was wirklich geschehen war. Der Junge musste das alles genau geplant haben. Den schweren Deckel, der auf dem Zugang lag, konnte er nur unter äußerster Kraftanstrengung zur Seite bewegt haben. Er war doch gerade erst fünfzehn geworden, gut zwei Monate davor. Ein zarter Junge mit wachem Geist und reichlich Energie, wenn er ein Ziel vor Augen hatte. Wahrscheinlich hatte er sich ein Stemmeisen oder etwas Ähnliches besorgt, um den Zugang zu öffnen. Gefunden hatten sie nichts, was verriet, wie er es bewerkstelligt hatte. Der kleine Bruder hatte im Wohnzimmer gesessen und in einem seiner Bilderbücher geblättert. Er hatte nichts mitbekommen. Und er war auch im Wohnzimmer geblieben, als sie ihn herauszogen und wuschen. Der Hausarzt, der später den Haufen stinkender Klamotten sah, glaubte, dass ihr Sohn in die große offene Jauchegrube gefallen sein musste und darin ertrunken war. Den schweren Deckel hatten sie zu diesem Zeitpunkt bereits wieder über die Öffnung des Abwassergewölbes geschoben und es damit verschlossen. Sie war damals der Ansicht gewesen, es würde ihnen allen helfen, wenn sie und ihr Mann es für sich behielten. Es sollte nach einem

Unglück aussehen. Das war es ja auch, aber ein Unglück, das er selbst herbeigeführt hatte. Sie spürte den Stich tief in ihrem Herzen. Es tat so weh, jeder Gedanke daran, auch nach so vielen Jahrzehnten.

Keines der alten Weiber, die so böse über sie redeten, konnte nachempfinden, was sie seither zu ertragen hatte. Der tägliche Schmerz, der sie zerstörte, aber einfach nicht töten wollte. Für den Jungen hatte sie weiterleben müssen, jeden Tag. Bis er die Schule hinter sich hatte, bis er fertig gelernt hatte, bis er auf eigenen Beinen stand und selbstständig leben konnte. Bis er eine Frau gefunden hatte, die für ihn sorgte und statt ihrer auf ihn aufpassen würde. Immer neue Wegmarken hatte sie sich gesetzt und sie dann doch verstreichen lassen. Er brauchte sie immer noch. Dabei sehnte sie nichts so sehr herbei wie den Moment, in dem sie endlich ihrem toten Sohn folgen durfte.

Sie schlich langsam zurück ins Schlafzimmer. Auf die Toilette würde sie erst später gehen. Dann konnte sie noch mal nachsehen, ob er zurück war. War es ein gutes Zeichen, dass er in den letzten Wochen so oft bis tief in die Nacht weggeblieben war? Sie nickte. Vielleicht hatte er endlich eine gefunden, die ihn so annahm, wie er war.

Sie verbat sich den Gedanken an diesen Hoffnungsschimmer. Es war noch viel zu früh dafür.

22

Erschrocken fuhr er in die Höhe. Kurt-Otto brauchte einen gedehnten Moment, bis er verstand, warum er in der Küche mit dem Kopf auf der Tischplatte eingeschlafen war. Die leere Packung Grissinis und der farbige Hochglanzprospekt erklärten es. Aber wovon war er wach geworden? Schnell griff er nach der Verpackung und ließ sie unter dem Stapel alter Zeitungen verschwinden, die neben ihm auf der Eckbank lagen. Falls Renate gleich in der Tür erschien, war es besser, wenn sie das nicht sah. Bis zum abendlichen Zusammensein würde er für Nachschub sorgen, damit es nicht auffiel, dass er sich unerlaubterweise ein paar zusätzliche Kalorien gegönnt hatte. Wobei er bis eben noch davon ausgegangen war, dass Kalorien zumindest entfernt etwas mit Geschmack zu tun haben mussten.

Die donnernden Schläge holten ihn aus seinen Gedanken. Die hatten ihn auch geweckt, nicht irgendwelche anderen Geräusche. Wer oder was verursachte diesen Lärm? Er rieb sich die Feuchtigkeit von der Wange. Dabei bemerkte er, dass auch sein Handrücken nass war. Er musste mit offenem Mund zufrieden vor sich hin geschnarcht haben. Aber lange konnte es nicht gewesen sein. Laut der Uhr über der Küchentür war es halb zwölf. Er war demnach höchstens eine halbe Stunde im Reich der Träume gewesen, bevor ihn der Lärm aufgeschreckt hatte.

Die nächsten wilden Schläge führten dazu, dass sich auch die letzten offenen Verbindungen in seinem Schädel schlossen. Das kam von draußen. Da schlug jemand auf das Holz seines Hoftores, so fest, dass es hier in der Küche sogar zu spüren war. Hastig stand er auf und lief in den Flur.

Erst jetzt bemerkte Kurt-Otto, dass er im Schlafanzug steckte. Worin denn auch sonst? Es war mitten in der Nacht und er unsanft aus dem Tiefschlaf gerissen worden. Im Vorbeigehen griff er sich seine gefütterte blaue Feldjacke und zog den Reißverschluss bis unters Kinn. Eine neue Folge trommelnder Schläge machte ihm klar, dass zwar Eile geboten war, es sich aber nicht um sein Hoftor handelte, das da so unsanft bearbeitet wurde. Der Lärm kam aus der Nachbarschaft. Für die Vibration, die er geglaubt hatte spüren zu können, schien einmal mehr sein Magen verantwortlich gewesen zu sein.

»Mama, hallo, hörst du mich?« Sie zog die einzelnen Worte in die Länge und schlug direkt nach der letzten Silbe aufs Neue mit der Faust gegen das Holz des Hoftores. Kurt-Otto hatte die Szenerie schon vor Augen, noch bevor er auf der Straße stand und sie sehen konnte. Gegenüber wohnte die alte Bonacker. Sie lebte allein, seit ihr Mann, der Schmied im Dorf, vor einem guten Jahrzehnt gestorben war. Sie hatte eine Tochter südlich von München und einen Sohn, den es nach Spanien verschlagen hatte. Die Tochter kam ab und an zu ihr, den Sohn hatte er lange schon nicht mehr gesehen. Die Tochter schien nun diesen Lärm zu veranstalten, weil die sicherlich schwerhörige Mutter sie nicht hineinließ.

Kurz hielt er in der Bewegung inne. Die Hand griff schon nach der kühlen Türklinke. Er sah an sich hinunter. Konnte er im Schlafanzug hinaus auf die Straße? Die dünne Frotteehose sah reichlich ausgeblichen aus. Sauber war sie aber, und es herrschte Dunkelheit dort draußen. Seit sie die Straßenbeleuchtung auf LED umgestellt hatten, wirkte es nachts auf dem Bürgersteig ohnehin so, als ob der Nachtwächter nur jede zweite Laterne entzündet hatte. Kurt-Otto zog kurz entschlossen die Tür im Hoftor auf. Er konnte sie doch nicht allein dort draußen stehen lassen, nur weil er nicht angemessen gekleidet war.

»Aufmachen!« Sie brüllte jetzt lauter. Die übrigen Worte gingen im Schluchzen verloren. »Bitte, bitte!«

»Ist alles in Ordnung?« Kurt-Otto war schnell über die Straße geeilt und stand jetzt neben ihr. Erschrocken blickte sie ihn an und versuchte hastig, die Tränen auf ihren Wangen wegzuwischen.

»Ja, ja, alles bestens. Ich bin nur fünfhundertneununddreißig Kilometer gefahren und habe dafür knapp acht Stunden gebraucht, weil auf der A 3 ein Vollidiot in eine Baustelle rasen musste. Und nun stehe ich hier und komme nicht rein.« Sie schluchzte erneut auf und fuhr sich mit der rechten Hand über die roten Wangen.

Mareike hieß sie. Ihr Name hatte ihm eben nicht gleich einfallen wollen, obwohl sie gegenüber aufgewachsen war. Schon für die Ausbildung war sie weggezogen. Bei der Entfernung verwunderte es kaum, dass sie nur selten in die alte Heimat und zu ihrer Mutter kam. Sie hatte selbst Familie. Er konnte sich erinnern, dass die Bonacker ihm von ihren Enkeln erzählt hatte, wobei er nicht sicher zu sagen wusste, ob sie damit die Kinder ihrer Tochter oder ihres Sohnes in Spanien gemeint hatte. Die Bonacker sah man selten auf der Straße. Sie hielt sich mehr hinter dem Haus in ihrem großen Garten auf, der mittlerweile rundherum so zugewachsen war, dass man kaum noch hineinsehen konnte. Und ihm ging sie sowieso meistens aus dem Weg. Das wusste er genau. Wenn er nachmittags draußen auf der Straße stand, um mit dem einen oder anderen einen knappen Plausch über Neuigkeiten und das Wetter zu führen, stand sie manchmal hinter der Gardine und beobachtete ihn. Erst wenn er weg war, trat sie auf die Straße, um ihre Erledigungen und Einkäufe zu tätigen. Das hatte er selbst herausgefunden. Beim letzten notwendigen Anstrich seiner Klappläden zur Straße hin hatte er nämlich gekonnt zwei Bohrlöcher so fein gesetzt, dass er auch bei geschlossenen Läden unbehelligt in beide Richtungen der Hauptstraße spähen konnte. Wenn er wollte, entging ihm also nichts.

Auf diese Weise hatte er, ohne dass es seine Nachbarin gegenüber mitbekam, feststellen können, dass sie nur darauf zu warten schien, bis er endlich weg war, um dann davonzueilen. Dabei konnte man von ihr ohnehin kaum etwas erfahren. Wer nur im eigenen Garten herumhantierte, bekam nicht mit, was im Dorf passierte. Es sei denn, man besaß die Gabe, Neuigkeiten aus dem Kaffeesatz zu lesen. Nicht wenige im

Dorf sprachen der Bonacker diese Fähigkeit zu, weil in ihrer Familie der Einsatz von heilenden Kräutermischungen schon immer eine große Rolle spielte. Ihn hatte sie damit aber noch nie beglückt, während Renate ab und an einen Beutel zugesteckt bekam.

»Weiß sie nicht, dass du kommst?«

»Doch, eigentlich schon.« Mareike ließ die geballte Faust sinken. »Und auch wieder nicht.« Sie schniefte und ergänzte: »Je mehr ich darüber nachdenke, desto idiotischer ist das alles. Rüdiger, mein Mann, hat recht. Sie braucht Betreuung, und wenn sie sich weiter dagegen wehrt, müssen wir sie eben dazu zwingen. Aus der Entfernung ist das nicht zu leisten. Sonst werde ich noch irre.« Sie schnaufte ihn an. Ihr Atem roch nach Kaffee. »Harald ist fein raus. Spanien ist so weit weg. Der kümmert sich schon lange um gar nichts mehr. Alles bleibt an mir hängen, inklusive des schlechten Gewissens und der schlaflosen Nächte, wenn man nichts von ihr hört.« Ein neuer dampfender Hauch Kaffeeatem traf ihn. Sie schien fast erleichtert, das alles einmal loswerden zu können. »Seit mehr als sechs Wochen ist ihr Telefon kaputt. Davor haben wir jeden Samstagnachmittag miteinander telefoniert. Immer um vier, wenn mein Mann im Stadion bei den Bayern ist. Sie klagt nie, hat ihre Beschäftigung mit dem großen Garten, ihren Kräutern und vermittelt den Eindruck, noch alles selbstständig erledigen zu können, trotz des Alters. Sie ist im Sommer einundachtzig geworden. Die Sache mit dem Telefon hat mir allerdings die Augen geöffnet.«

Sie hielt kurz inne. Anscheinend wog sie ab, ob es Sinn machte, um diese Uhrzeit vor dem Hoftor auch noch davon anzufangen. Die Entscheidung war schnell getroffen. »Es ist unmöglich, dieses Problem aus der Ferne zu lösen, wenn Mama nicht einmal ein Mindestmaß an Kooperationsbereitschaft zeigt. Ich rufe den Stördienst der Telekom an, lasse die Leitung überprüfen, eruiere, dass es an ihrer Dose im Haus liegen muss, und stimme den Termin mit dem Techniker ab. Den teile ich ihr per Postkarte mit, weil das per Telefon ja nicht möglich ist. Und wer ist am fest vereinbarten Termin nicht da?« Sie blickte ihn für einen kurzen Augenblick fragend an, dann gab sie sich selbst die Antwort. »Genau, meine liebe Frau Mama. Aus der Telefonzelle hat sie mich angerufen, nachdem ich ihr eine weitere Postkarte geschrieben hatte mit der Bitte, mir doch einen Tag und eine Uhrzeit zu nennen, zu der sie den Techniker empfangen möchte. Sie war vollkommen entgeistert und behauptete, dass der Fernseher doch wieder gehe. Sie habe ihn selbst repariert. Es habe lediglich der Stecker wieder in die Dose gemusst.« Sie schüttelte den Kopf. In ihren Augenwinkeln sammelten sich neue Tränen.

Kurt-Otto kramte in seiner Jackentasche nach einem Taschentuch und reichte es ihr.

Sie tupfte damit über ihre Augen. »Ich hätte alles stehen und liegen lassen und sofort kommen sollen. Aber Rüdiger war auf Dienstreise in Peking, und für die Kinder haben wir niemanden vor Ort. Außerdem hat sie sich ja auch wieder an alles erinnert, nachdem ich ihrem Gedächtnis auf die Sprünge geholfen hatte. Morgen kommt er noch einmal, der Techniker. Damit es diesmal klappt und sie endlich wieder normal zu erreichen ist, habe ich mich ins Auto gesetzt und bin hergefahren. Das habe ich ihr, wieder per Postkarte, vor acht Tagen mitgeteilt. Dass ich stundenlang im Stau festhängen würde, konnte ich nicht vorhersehen. Jetzt liegt sie im Bett, hat ihr Hörgerät ebenso wie die dritten Zähne herausgenommen, wahrscheinlich außerdem vergessen, dass ich heute kommen wollte, und schläft süß und selig.« Sie holte aus und schlug noch einmal fest auf das Holz des Hoftors. »Dass ich die Nachbarn anrufe und um Hilfe bitte, wollte sie partout nicht. Dafür ist sie zu stolz. Sie kommt ja allein zurecht.«

»Hast du keinen Schlüssel?«

»Doch, aber nur für die Haustür.«

Kurt-Otto überlegte nur einen winzigen Moment, ob das eine gute Idee war und wie Mareike es wohl einordnen würde. Das war schließlich ein absoluter Notfall, und er konnte ja auch ganz zufällig im Vorbeigehen Zeuge geworden sein. Wie sollte sie denn darauf kommen, dass er ihre Mutter durch die Bohrlöcher im Klappladen dabei beobachtet hatte, wie sie auf den Knien liegend durch den schmalen Spalt zwischen Hoftor und Pflaster hindurch den Dorn des Tores angehoben hatte, um es zu öffnen?

Um keine Ausrede verlegen, sagte er: »Bei uns geht das auch so«, ließ sich auf die Knie sinken und schob seine Hände unter dem Holz hindurch. Das Metall hatte er zügig ertastet. Der Stab war leicht in die Höhe zu schieben und damit die Verriegelung zu lösen. Mit der Schulter stieß er das Hoftor so weit auf, dass Mareike hindurchpasste.

Ächzend stemmte er sich wieder in die Höhe. Sie schenkte ihm ein dankbares Lächeln, nickte kurz und verschwand im Hof.

Gemächlich schlich er zurück und schloss das eigene Tor hinter sich ab. Er gähnte mit weit geöffnetem Mund. Wie würde es wohl mit ihm und Renate weitergehen? Noch zählte er mit seinen fünfundsechzig Jahren zur jüngeren Generation im alten Ortskern. Die ganz jungen Familien zog es in die Neubaugebiete am Ortsrand, während im alten Dorf die Vergreisung offensichtlich war. Kein Haus oder Gehöft stand leer, aber in den meisten lebte nur noch eine einzige Person, und fast alle waren über achtzig oder noch älter. Nur in ein paar Höfen wohnten die Generationen zusammen. Die Jungen hatten die Scheunen im hinteren Teil ausgebaut, und die Alten blieben in ihrem Haus zur Straße hin. Sicherlich keine ganz problemlose Konstellation, aber so war es über Generationen gewesen. Die Alten wurden mitversorgt, wenn sie allein nicht mehr klarkamen. Heute zog es die Jungen in die Ferne, und die Elterngeneration konnte zusehen, wie sie sich damit arrangierte. Dass sich die Bonacker gegen eine Verlegung ins Seniorenheim anscheinend vehement zur Wehr gesetzt hatte, war nur allzu verständlich.

Kurt-Otto wollte gerade die Haustür aufziehen. Da rissen ihn donnernde Schläge herum. Das klang ganz anders als eben. Und es war diesmal ganz sicher an seinem Hoftor. Sein Herz schlug schneller. Das konnte nur Mareike sein. Sie trommelte gegen die Holzplanken. Er rannte zurück und riss das Türchen auf.

»Sie ist weg!« Tränen flossen über ihre Wangen. Ihre Augen waren gerötet. »Sie ist weg. Das Haus ist leer. Es ist eiskalt dort drinnen. Keine Ahnung, wie lange sie schon verschwunden ist. Aus dem Briefkasten quillt die Post.«

23

Sie spürte die eisige Kälte zuerst an ihrem Hinterkopf. Etwas hinderte sie aber noch daran, den Weg aus dem tiefen, traumlosen Schlaf zu finden. Er hielt sie fest umschlungen. Dann war die Kälte überall. An ihren Füßen, an der Seite und sogar über ihr. Sie erfasste ihren Körper und drang sogar in sie ein. Sie rang nach Atem, spuckte, würgte. Erstickte Geräusche aus ihrem Rachen drangen gedämpft an ihre Ohren. Sie riss den Mund weit auf, um Luft zu bekommen. Das brachte aber nur noch mehr Kälte und Wasser. Sie ertrank! Erschrocken öffnete sie die Augen und schlug sofort wild um sich, weil sie das Gefühl hatte zu fallen. Nach hinten aus dem Gleichgewicht geraten, drohte sie auf Kopf und Rücken zu schlagen. Die Kälte hielt sie nicht mehr. Sie gab nach, verlangsamte aber ihren Sturz. Sie glaubte, den Aufprall und die Schmerzen jeden Moment spüren zu können. Es wäre nicht der erste Sturz im Schlaf aus dem Bett. Irgendwie gelang es ihrem benommenen Schädel aber dennoch, den kurzen Moment des Fallens in ein Traumkonstrukt vom Ertrinken einzupassen. Hatte ihr Hirn im Schlaf vorausgeahnt, dass sie gleich fallen würde? Aber warum verhinderte es das dann nicht, und warum wachte sie jetzt nicht auf?

Sigrun würgte einen Schwall kalter Flüssigkeit heraus. Ein ekeliger Geschmack blieb in ihrem Mund zurück, während ihre Hände, die sie schützend nach hinten geworfen hatte, um den Aufprall abzufangen, tief im weichen Grund einsanken. Die eisige Kälte wollte nicht von ihr ablassen. Der widerliche Geschmack ließ sie unentwegt würgen. Noch einmal schoss ein Strahl kalten Wassers aus ihrem weit geöffneten Mund. Dazwischen rang sie nach Luft, die aber nicht in ihren fordernden Rachen hineinwollte. Irgendetwas versperrte den Zugang. Sie hustete dagegen an. Dann schien die Luftröhre endlich frei zu sein. Röchelnd atmete sie ein. Ihr Atem ging hektisch. Ihr Herz hämmerte.

Es war dunkel, obwohl ihre Augen geöffnet waren. Um sie herum war alles nass. Sie saß bis zur Brust in eisigem Wasser. Wenigstens fiel sie nicht mehr, hatte Halt gefunden. Die Kälte war aber noch immer da. Und die Nässe, die sie umspülte. Das Blut rauschte stoßweise in ihren Ohren. Dazwischen herrschte Stille. Kurze Phasen, in denen sie meinte, Tropfen hören zu können, die von irgendwo hinabfielen und auf die Wasseroberfläche trafen, während sanfte Wogen sie ganz sachte anstießen und langsam schwächer zu werden schienen. Sie hustete wieder. Es wollte aber nichts mehr aus ihr herauskommen. Wasser rann ihr auch übers Gesicht. Einzelne kalte Tropfen, die bis unter ihr Kinn liefen, wo sie einen Moment verharrten, ehe sie sich lösten und nach unten fielen.

Sie schloss die Augen, um sie gleich darauf wieder zu öffnen. Es machte keinen Unterschied, auch bei den nachfolgenden Wiederholungen nicht. Um sie herum war es dunkel. Konturenlose, absolute Dunkelheit. Vorsichtig hob sie ihre Hände aus dem weichen Grund, den sie auch unter ihren Beinen und dem Gesäß spüren konnte. Das kalte Wasser stieß sie sanft an. Sie streckte tastend die Arme aus. Erst nach vorn, dann nach beiden Seiten, ohne irgendetwas greifen zu können. Weite Leere umgab sie, die erst über ihr ein Ende fand. Rauer Stein. Zitternd bewegte sie ihre Hände darüber, suchte erneut Halt. Feine Körner rieselten auf sie herunter. Sand aus den Ritzen zwischen den gehauenen Bruchsteinen. Ein Gewölbe war über ihr und sie im Wasser darunter. Ihre Arme sanken kraftlos herab.

Sie bemühte sich erfolglos um eine Erklärung. War das schon der Tod und sie auf der Fahrt hinüber in eine andere Welt? Sigrun schüttelte den Kopf, ohne zu wissen, ob das die richtige Antwort war. Wer wusste schon, wie sich der Tod anfühlte. Eisig kalt, nass, dunkel und muffig?

Sachte stieß etwas an ihre Brust. Sie ließ die Hände langsam sinken, tastete im Wasser danach und hatte es gleich darauf gefasst. Trotz der Nässe, die es durchdrungen hatte, konnte sie die vertraute Oberfläche fühlen. Langsam folgte die Spitze ihres Zeigefingers der glatten, geprägten Linie bis zum Abzweig. Sie erkannte das Symbol. Mit nunmehr sicherer Hand strich sie erst über die eine, dann über die andere der sich kreuzenden Linien. Vor ihrem inneren Auge entstand dadurch ein farbiges Bild der sie umgebenden Dunkelheit. Ein Bild vom goldenen Kreuz auf dem Gesangbuch, das sie von ihrer Patentante zur Konfirmation geschenkt bekommen hatte. Es lag immer auf ihrem Nachttisch, weil ihr die Lieder halfen, in den Schlaf zu finden. Sie drückte es fest an sich und schloss die Augen. Wenn sie sie gleich wieder öffnete, würde die Nacht vorüber und der böse Traum sicher zu Ende sein.

24

Kurt-Otto folgte ihr nach draußen und hinüber zu ihrem Hoftor. Dabei durchforstete er seine Erinnerung. Wann hatte er Margit Bonacker zuletzt gesehen? Er wusste es nicht. Sie war ja kaum jemals auf der Straße zu sehen, und da sie ihm außerdem meist aus dem Weg ging, weil sie sich anscheinend nicht gern über Dorfneuigkeiten austauschte, konnte man ihm wohl kaum einen Vorwurf machen, dass er über ihr Kommen und Gehen nicht Bescheid wusste. Im schmalen Hof bog Mareike nach links ab, um die wenigen Stufen zur Haustür zu erklimmen.

Die Kühle des Hauses schlug ihnen entgegen. Es war seit vorgestern wieder deutlich wärmer geworden. Im Hausinneren schien sich dagegen die Kälte der vergangenen Tage eingenistet zu haben. Sie hatten den ersten Frost gebracht. Die Bonacker wäre nicht die einzige der älteren Damen im Dorf, die den Beginn der Heizsaison so weit hinauszögerte, bis das Heizen nicht mehr zu vermeiden war, weil ansonsten die Wasserleitungen im Haus einzufrieren drohten, deren Reparatur sicherlich teurer werden würde als die Kosten für das Erdgas, mit dem es sich verhindern ließ. Er war schon in Häusern gewesen, in denen die in mehrere Wollschichten gehüllten Bewohner Mitte Januar stolz darauf verwiesen, dass sie die Heizung bisher noch nicht hatten anmachen müssen, weil sich der Winter in diesem Jahr von einer ungewöhnlich milden Seite zeigte. Die über Generationen gepflegte Sparsamkeit. Sein eigener Vater hatte zeit seines Lebens jeden Abend vor dem Schlafengehen am Zählerkasten mit der Laterne in der Hand kontrolliert, ob auch wirklich kein elektrisches Licht mehr sinnlos Strom vergeudete. Mit Renate war das nicht machbar. Sie brauchte behagliche Temperaturen in allen Räumen des Wohnbereichs, und er konnte sicher sein, wenn er irgendwo den Heizkörper herunterdrehte, hatte sie ihn spätestens am Folgetag wieder in die Ausgangsposition zurückgestellt. Bei ihnen herrschte wohlige Wärme, die es ihr ermöglichte, selbst im tiefsten Winter in der Küche im T-Shirt zu arbeiten.

Mareike Bonacker blieb im Hausflur stehen. »Ich habe überall nachgeschaut. In jedem Zimmer des Hauses.« Sie versuchte erst gar nicht, die über ihre Wangen fließenden Tränen wegzuwischen. »Nichts.«

»Warst du auf dem Speicher?«

Sie verneinte.

»Dann gehst du da rauf, und ich schaue in der Zwischenzeit in der Scheune und im Garten dahinter nach. Sie kann ja nicht einfach weg sein, oder ist sie vielleicht nach Spanien zu deinem Bruder gefahren?«

»Das wüsste ich, außerdem würde sie nie allein dorthin fliegen.«

»Wir sehen nach und treffen uns gleich wieder in der Küche. Warte dort auf mich, bis ich zurück bin.« Es war besser, wenn sie nicht mitkam. Er atmete tief durch. Wenn die Bonacker mitten in der Nacht nicht in ihrem Bett lag oder vor dem Fernseher saß, musste man kein Hellseher sein, um zu ahnen, dass ihr etwas zugestoßen war. Da sie viel Zeit im Garten verbrachte, war die Wahrscheinlichkeit groß, dass sie dort lag. Er wollte Mareike den Anblick der toten Mutter vorerst ersparen. Das war alles schon schlimm genug für sie. Er musste sich aber sputen, damit sie nicht doch noch hinter ihm hereilte, wenn sie vom Speicher zurückkam.

Auf seinem Weg durch den Hof zog er die beiden Türchen des flachen Seitengebäudes auf, um einen kontrollierenden Blick hineinzuwerfen. Fast jede der schmalen Hofreiten im Rheinhessischen besaß an der Seite so ein Stallgebäude. Früher hatten darin Schweine, Kühe und Ziegen Platz gefunden. Bei den Bonackers war das anders, denn als Schmiede benötigten sie eine Werkstatt mit offenem Feuer und hielten die für die Eigenversorgung notwendigen Tiere stattdessen hinten in der Scheune, die er jetzt erreichte. Mit jedem Schritt schlug das Herz in seiner Brust fester gegen seinen Brustkorb. Der fahle

Mond warf sein schwaches Licht durch das schmale Türchen im Scheunentor. Es reichte aus, um den alten schwarzen Drehschalter erahnen zu können. Kurt-Otto bewegte ihn hastig und wartete nicht ab, bis die Neonröhre aufflackerte. Das mehrmalige Blitzen reichte aus, um erkennen zu können, dass in der vollkommen leer geräumten Scheune niemand lag. Schon hetzte er weiter, über die ineinandergreifenden Betonsteine auf die Tür zu, die in den Garten hinter der Scheune führte. Ob das Mondlicht ausreichte, um dort jeden Winkel abzusuchen? Neben der Tür erkannte er einen weißen neuen Schalter. Er betätigte ihn und konnte, noch bevor er die rostige Schraube löste, die das Schiebetürchen verschlossen hielt, den Lichtschein durch die Ritzen erkennen. Anscheinend hatte sie an der rückwärtigen Scheunenwand einen starken Strahler anbringen lassen, um auch im Dunkeln in ihrem Garten werkeln zu können.

Er atmete noch einmal schnaufend aus und schob dann das Türchen quietschend zur Seite. Bilder geisterten durch seinen Kopf. Wie lange mochte sie schon dort draußen liegen? Jeden Tag waren etliche Menschen ganz nahe an ihr vorbeigelaufen. Spaziergänger mit ihren Hunden, Friedhofsbesucher und tobende Kinder, die die Wiesen hinter den Gärten als Bolzplatz nutzten. Keiner von ihnen hatte sie durch das dichte Gehölz der Sträucher, das ihren Garten umgab, sehen können, obwohl die meisten Blätter längst abgefallen waren. Sein gleichmäßiger, fester Herzschlag begleitete ihn die wenigen Stufen hinauf. Sein dunkler Schatten eilte voraus. Komisch eigentlich. Sie konnte doch gar nicht hier draußen liegen, wenn das Türchen verriegelt gewesen war. Kurt-Ottos Blick hetzte über die Beete, folgte der Linie der dichten Büsche am Zaun entlang. Er atmete erleichtert durch. Hier war niemand.

Aber wo war die Bonacker dann?

Mareike hatte sich an seine Anweisung gehalten. Sie saß zusammengesunken auf der Eckbank in der Küche und blickte ihn fragend an, als er im Türrahmen erschien. Ihr Gesichtsausdruck verriet, dass sie mit dem Schlimmsten rechnete. Er hob die Schultern. »Sie ist nicht hier. Und soweit ich weiß, feiert heute niemand im Dorf Geburtstag. Vielleicht ist sie bei einer Freundin, und sie haben sich verquatscht oder sind vor dem Fernseher eingeschlafen.«

Sie schwiegen beide. Er wusste nicht, was er noch sagen sollte. In Anbetracht des überquellenden Briefkastens vermochte er seinen eigenen Worten kaum Glauben zu schenken.

25

Das Klappern ihrer Zähne drang bis in ihre Ohren. Sie bewegten sich in einem unkontrollierbaren Stakkato. Sigrun öffnete vorsichtig die Augen, obwohl sich längst schon keine Hoffnung mehr in ihr regte. Sie zitterte am ganzen Leib. Die Kälte hatte Besitz von ihr genommen. Entschlossen presste sie das Gesangbuch gegen ihre Brust. Das Geschenk ihrer Patentante bot den schwachen Schimmer einer Erinnerung. Einen kleinen Hauch Helligkeit in ihrem Kopf, kaum zu erahnen, aber doch vorhanden, und einen Punkt, an dem sie sich festhalten konnte.

Die Gesichtszüge ihrer Patin flackerten vor ihrem inneren Auge auf. Tiefe Furchen auf der Stirn, die dünnen Haare streng zurückgekämmt. Alles so fest auf dem Hinterkopf fixiert, dass niemals eine Strähne herausfand. Sie hatte ihre Tante kein einziges Mal mit offenen Haaren gesehen. Sie war kinderlos gestorben, weil ihr Mann nicht aus dem Krieg nach Hause gekommen war. Sein Schicksal blieb ungeklärt. Lange hatte sie geglaubt, dass er doch noch wiederkehren würde. Als ihre letzte Hoffnung, er könne in einem der Gefangenenlager in Russland sein, erlosch, war es zu spät für sie.

Alt war die Tante geworden und friedlich eingeschlafen daheim am Frühstückstisch. Sie hatten sie am selben Tag gefunden. Sie saß auf ihrem Platz auf der Eckbank in der Küche, die Augen geschlossen, den Mund ein wenig geöffnet, das Kaffeegedeck vor sich auf dem Tisch. Ihr Marmeladenbrot hatte sie zur Hälfte gegessen. Sie schien zu schlafen. Nur ihre blassen Wangen, die sonst rot waren, verrieten, dass sie längst woanders weilte. Was musste sie empfunden haben bei ihrem letzten Atemzug, in den Momenten, die zwischen dem Leben und dem Tod lagen? Hatte es ebenso lang gedauert wie bei ihr? Befand sie sich auf dem langen Weg hinüber in eine andere Welt? Aber warum fror sie dann, warum hörte sie das Glucksen des Wassers, warum konnte sie sich riechen? Sie befand sich noch immer in ihrem Körper, auch wenn sie ihn nicht sehen konnte.

Sie war nicht im Bett eingeschlafen, sonst hätte sie die Zähne nicht im Mund, die weiter vor sich hin klapperten. Ihr Gebiss blieb abends im Bad. Das gesichtslose Grinsen im Wasserglas war etwas, worüber sie sich morgens still amüsierte. Jetzt fühlte sich alles so weit entfernt an. Die Erinnerungen waren trotzdem abrufbar, auch in der Dunkelheit und der Kälte. Auch die Erinnerung an schwarzes Wasser. Sie zwang sich, konzentriert nachzudenken. Wasser. Das lag gar nicht so weit zurück. Gerade eben war das gewesen, bei Roswitha in der Scheune. Sie hatte oben gestanden und hinabgeblickt. Jetzt fiel es ihr wieder ein. Der Schreck, der ihr den Boden unter den Füßen weggezogen hatte, als das Bündel auf der schwarzen Wasseroberfläche in ihren Blick trieb. Ein totes Tier, nicht mehr. Ersoffen im kniehohen Wasser des nutzlosen alten Kellergewölbes. Die sich windenden Maden auf dem zerfaserten Gewebe. Der faulige Geruch, der in ihre Nase gestiegen war.

Sie atmete schnaufend ein. Der Geruch entstammte nicht ihrer Erinnerung an den heutigen Tag. Er gehörte zum Hier und Jetzt. Ein fauliger Gestank, wie er aus der Kanalisation aufstieg, wenn die Gemeindearbeiter im Herbst die Auffangeimer der Gullys entlang der Straße und direkt vor ihrem Haus reinigten. Genau so roch es hier.

Sie war doch wieder wach geworden in Roswithas Scheune und hatte sich in die Höhe gestemmt. Der staubige Lehmboden hatte ihren Mantel verdreckt, das wusste sie nun wieder. Von da ging es aber nicht weiter. Es wollte einfach kein weiteres Bild folgen. War sie nach vorn die Treppe hinuntergestürzt und lag jetzt im überfluteten Kellergewölbe? Nein. Das Gesangbuch in ihren Händen passte nicht dazu. Wie war das zu ihr gekommen? Vielleicht war sie doch längst tot, und man hatte ihr das Gesangbuch mit in den Sarg gelegt. Doch sie lag nicht in einem Grab. Die gehauenen Steine über sich hatte sie vorhin ganz deutlich spüren können. Sigrun traute sich nicht, erneut die Hand nach oben zu strecken. Sie summte eine Melodie gegen die aufsteigende Angst und die Einsamkeit. Nach den ersten Takten flüsterte sie leise die Worte ihres Lieblingsliedes: »Geh aus, mein Herz, und suche Freud in dieser lieben Sommerzeit an deines Gottes Gaben: Schau an der schönen Gärten Zier und siehe, wie sie mir und dir sich ausgeschmücket haben.«

26

Als die Polizei gekommen war, hatte er sich rasch zurückgezogen. Es mussten ihn nicht noch mehr Menschen im Schlafanzug zu Gesicht bekommen. Er hatte Mareike versprochen, am Morgen vorbeizukommen. Seither mühte er sich erfolglos, in den Schlaf zu finden. Zu viele Gedanken geisterten durch seinen Kopf und verhinderten, dass er zur Ruhe fand. Renate atmete tief und entspannt neben ihm. Sie hatte nicht einmal mitbekommen, dass er weg gewesen war.

Jetzt war es nicht mehr allein der Hunger, der Kurt-Otto plagte. Hinzu gesellte sich das schlechte Gewissen, das ihn überfiel, als er den überquellenden Briefkasten der Bonacker gesehen hatte. Sie musste seit mehreren Tagen weg sein, vielleicht auch schon länger. Wann hatte Mareike das letzte Mal mit ihrer Mutter telefoniert? Er wusste es nicht, doch es war ganz sicher länger als eine Woche her. War die Bonacker seit Wochen verschwunden, und keiner hatte es bemerkt? Sie lebten doch in einem Dorf und nicht in einer anonymen Großstadt. War so etwas hier bei ihnen möglich? Er wollte eigentlich entschlossen verneinen, hielt aber inne. Wer, wie sie, zurückgezogen lebte, den vermisste über lange Zeit niemand. Es gab einige, die sah man täglich auf der Straße. Sie suchten die Gesellschaft der anderen und flohen aus der Einsamkeit ihrer eigenen vier Wände bei jeder sich bietenden Gelegenheit. Ihr Verschwinden würde sicher innerhalb weniger Tage jemandem auffallen. Andere kamen kaum heraus. Die bekam man wochenlang nicht zu Gesicht, höchstens bei einer großen Beerdigung, wenn ein Altersgenosse zu Grabe getragen wurde. Sie gingen nur selten vor die Tür, mieden den Kontakt, lebten weiter allein in den alten riesigen Höfen, die früher einem knappen Dutzend Menschen Raum und Platz geboten hatten.

Die Bonacker gehörte zu Letzteren. Aber zu Hause war sie ja nicht, wo war sie also abgeblieben? Klärte sich am Ende doch alles zu Mareikes Erleichterung auf, und sie hatte sich in den Flieger oder den Zug nach Spanien gesetzt, um ihren Sohn zu besuchen? Eine spontane Reise, weil er die Hilfe der Mutter brauchte oder sie ihn mal wiedersehen wollte? Das lag als einfache Erklärung auf der Hand. Er nickte sich zu. So musste es sein. In ihrem großen Garten hatte sie jetzt nichts mehr zu tun, es war also die beste Zeit für eine große Reise. Aber dann hätte sie doch zumindest eine Freundin beauftragt, nach dem Rechten zu sehen, die Blumen zu gießen und den Briefkasten in regelmäßigen Abständen zu leeren, damit er nicht überquoll.

Das passte nicht zusammen. Renate seufzte neben ihm. Sollte er sie wecken, um herauszubekommen, wann sie ihre Nachbarin zuletzt gesehen hatte? Besser nicht. Er musste an die geschmacklosen dicken Salzstangen denken. Hatte er die Packung eigentlich noch weggeworfen, ehe er ans Hoftor geeilt war? Seine Gedanken verflossen, ohne einen Endpunkt zu finden. Morgen früh würde sich alles aufklären, ganz sicher. Er seufzte tief und vernahm das dumpfe Knurren seines Magens unter der dicken Federbettdecke. Dann würde er als Erstes hinunter ins Tal fahren, um sich satt zu essen.

27

Seine Mutter war bestimmt noch wach. Das war sie immer, wenn sie wusste, dass er unterwegs war. Sie lag im Bett und lauschte auf das Knarren und Quietschen des Hoftores. Durch die dünne Gardine ihres Schlafzimmers konnte er den schwachen Lichtschein ihrer Nachttischlampe erahnen. Wenn er das Hoftürchen fest zudrückte und dabei ausreichend Lärm machte, erlosch das Licht im oberen Stock des alten Wohnhauses fast im selben Moment. Sie wusste jetzt, dass er daheim war, in Sicherheit. Und konnte endlich einschlafen. Würde sie sich auch so verhalten, wenn das mit seinem Bruder damals nicht passiert wäre? Fast fünfzig Jahre war es her und die Erinnerung daran noch so wach. Damals, als kleines Kind von fünf Jahren und noch lange darüber hinaus, hatte er nicht verstanden, was ihn in die Tiefe gezogen hatte. Die Erklärungen suchte er bei seinem Bruder, genau wie seine Mutter. Sie verlor ihm gegenüber kein Wort darüber, aber er konnte es ihr ansehen und es ihren geflüsterten Selbstgesprächen entnehmen, die sie immer dann führte, wenn sie glaubte, allein zu sein. Er hatte sie so oft dabei belauscht. Er kannte die Fragen, auf die sie nie eine Antwort bekam, und die Vorwürfe, mit denen sie sich quälte: »Hätte ich dich doch nicht alleingelassen mit deiner Angst. Es ist alles meine Schuld.«

Wenn alles vorbei war, würde er es ihr erklären können und damit die Last von ihr nehmen. Niemand hätte es verhindern können, auch er nicht, selbst dann nicht, wenn er damals schon alles gewusst hätte. Unvorbereitet war man dem Bösen hilflos unterlegen. Der Teufel und sein Gefolge besaßen ungeahnte Kräfte. Das hatte sein Bruder gewusst, der ja all die Bücher gelesen hatte, die in altertümlicher Schrift und verquerer Wortfolge Aufschluss darüber gaben. Werke, die er selbst nicht verstand. Zu viele Worte befanden sich darin, deren Bedeutung er nicht erfassen konnte. Die kurzen Stichwortblätter seines

Bruders, die in jedem der gelesenen Bücher lagen, hatten geholfen. Kleine zurechtgeschnittene Zettelchen, die ihm den Weg wiesen und ihn verstehen ließen.

So ergab alles einen Sinn. Besonders eines der Bücher, der »Malleus maleficarum«, kannte alle Antworten. Der Hexenhammer, wie die Schrift auf Deutsch hieß, hielt alle notwendigen Erklärungen und Anweisungen bereit. Die Notizen seines Bruders aus diesem dicken Buch von Jakob Sprenger und Heinrich Institoris von 1487 trug er stets bei sich. Ganz abgegriffen waren die Zettel bereits, sodass er so manche Notiz gar nicht mehr zu entziffern vermochte. Das brauchte er auch nicht. Er kannte jedes Wort auswendig. Es handelte sich um eine genaue Anleitung für den Krieg, ein Handbuch, für den Hexenjäger geschrieben, um alles erklären und verstehen zu können. Ohne den Teufel war das Böse nicht zu denken. Er steuerte seine Hexen, führte ihren Zerstörungsfeldzug an und band sie mit einem feierlichen Pakt an sich. Als Verfolger der Hexen besaß man einen gewissen Schutz, den aber schon sein Bruder in Zweifel gezogen hatte. Die zwei dicken Fragezeichen auf einem der Zettel verrieten, dass er sich darauf nicht hatte verlassen wollen. Weihwasser, geweihte Kerzen und bestimmte Verse halfen beim direkten Aufeinandertreffen. Hexen leugneten stets ihr Tun, das überführte sie und galt als Bestätigung ihrer Schuld. Offenbarte sich eine Hexe durch ihr Werk, galt sie ebenso zweifelsfrei als überführt. Es konnte dann nur eine Strafe geben: den Tod. Er ballte die Fäuste und beschleunigte seine Schritte.

Sie hatten seinen Bruder in die Tiefe gelockt, noch bevor er sich hatte zur Wehr setzen können. Später schickten sie auch ihm die Angst und die Dunkelheit, damit er sich nicht gegen sie erhob, sondern voller Furcht tagelang unter dem Bett in seinem Zimmer kauerte. Bis zu jener Nacht im April hatte er nicht gewusst, woher das alles kam. Sie offenbarten sich nicht. Jahrzehntelang hatte er daher keinen Ansatzpunkt gefunden, um den Kampf zu beginnen. Ihre Stimmen, die Angst und die Dunkelheit hatten ihn begleitet und beherrscht. Er war ihnen all die Jahre hilflos ausgeliefert, obwohl er doch wusste, dass die Hexen und ihr Meister dahintersteckten. So hatte er darauf gewartet, dass sie sich eines Tages verrieten. Und in der Nacht, als der Frost kam, hatte er sie schließlich bei ihrem schadenstiftenden Tun überraschte. Er hatte sie alle erkennen können: Roswitha Hembes, Margit Bonacker und Sigrun Lohrum, die von allen nur Posthalters Sigrun genannt wurde, weil sich in ihrem Haus über Generationen die Poststation des Dorfes befunden hatte. Und er hatte ihren Hexenmeister gesehen, dem sie huldigten, indem sie sich ihm vor die Füße warfen und um ihn herumsprangen, hoch in die Luft, um sich dann von ihm auffangen zu lassen. Heute fühlte er sich zum ersten Mal stark genug, um es auch mit ihm aufnehmen zu können.

Er spürte die wohltuende Hitze, die sich zu seiner Entschlossenheit gesellte. Die ersten Rebzeilen im Teufelspfad hatte er mittlerweile erreicht. Den ausgefahrenen Feldweg konnte er kaum erahnen, weil es so dunkel war, aber er wusste, wo er langmusste. Gleich kam auf der rechten Seite der Spätburgunder, den er 1984 gepflanzt und in dem er in jener Nacht des 20. Aprils gestanden hatte, um die Verderbnis von den schutzlosen grünen Trieben fernzuhalten. Alle waren sie erfroren, aber der Erfolg der Hexen markierte den Beginn ihrer Vernichtung. Lange würde es nicht mehr dauern, bis er es zum Abschluss brachte.

Mit schnellen Schritten bog er vom Weg ab und lief unter den ausladenden Ästen der großen Wildkirsche hindurch. An ihrem Stamm lehnte eine Bank. Von hier aus konnte man bei guter Sicht den Donnersberg am Horizont erkennen, der sich wie der Rücken einer großen schlafenden Schildkröte aus dem Hügelland hob. Auf den letzten Metern flüsterte er bereits die ersten Worte und kramte in seinen beiden Jackentaschen. Die Kerze mit dem Kreuz und den geschwungenen Ranken hatte er sofort gefunden, ebenso das Feuerzeug. Er beugte sich hinab und postierte die weiße Kerze auf der weichen Asche in der Mitte der fünf mächtigen Kalksteine. Die Flamme des Feuerzeugs flackerte nicht, sie stieg gerade in die Höhe. Der

Docht bog sich und knisterte. Eine kleine gelbe Flamme züngelte empor und schuf Licht in der Dunkelheit. Das Feuerzeug steckte er zurück in die Jackentasche und holte stattdessen die kleine Wasserflasche aus Plastik hervor. Langsam schraubte er den Deckel ab, träufelte etwas davon auf seine Handfläche und ließ seinen Arm dann in die Höhe fahren. Im Schein des Kerzenlichtes sah er die Tropfen des geweihten Wassers fliegen. Er flüsterte dazu die Worte, die sein Bruder im Hexenhammer rot markiert hatte: »So nämlich heißt es, dass, wohin es gesprengt wird, diese Stelle von aller Unreinigkeit frei werde, befreit sei von der Schuld und dort nicht bleibe ein verderblicher Geist.«

Er wiederholte das so lange, bis auch der letzte Rest aus der Flasche über ihrem Tanzplatz verteilt war. Damit war der Ort, an dem sie sich trafen, für immer zerstört. Es durfte ihrem Anführer nicht gelingen, sich eine neue Gefolgschaft heranzuziehen. Seine Macht war gebrochen. Jetzt war er in der Lage, es auch mit ihm aufzunehmen.

28

Kurt-Otto steuerte seinen Traktor über die Betonwege ins Selztal hinab. Er war ohne Frühstück aufgebrochen. Renate hatte noch geschlafen. Sie musste heute erst zur dritten Stunde in die Schule. Zur Sicherheit, damit sie nicht auf den Gedanken kam, ihm nachzuspüren, hatte er auf dem Küchentisch einen Zettel hinterlassen. Darauf stand, dass er plante, den gesamten Vormittag in seinem Riesling am Mohruff zu verbringen. Der Weinberg lag an der Grenze zur Nachbargemeinde Elsheim und damit am weitesten von daheim entfernt. Keine ihrer morgendlichen Laufstrecken führte an dieser Parzelle vorbei. Ebendeshalb hatte er sie in weiser Voraussicht behalten und nicht an einen der Kollegen verpachtet. Ab und an brauchte er die wohltuende Distanz, quasi als Sicherheitsabstand zwischen sich und seiner Renate. Und besonders jetzt. Wenn er sich schon die halbe Nacht mit der quälenden, lärmenden Leere in seinem Magen herumschlagen musste, wollte er zumindest bei deren Beseitigung ungestört sein. Es gab nichts Schlimmeres beim Essen als die ständige Furcht, entdeckt zu werden. Ungesund war es außerdem, sich ständig hektisch umsehen zu müssen und jeden Happen hinunterzuschlingen, als gäbe es kein Morgen, ohne ihn in vollen Zügen genießen zu dürfen. Genuss brauchte Ruhe.

Noch zwei schnelle Kurven, und er hatte die Metzgerei in Stadecken erreicht. Ein Parkplatz direkt vor dem Eingang wurde gerade frei. Zufrieden lenkte er seinen alten Fendt in die Lücke und steuerte gleich darauf auf die Eingangstür zu. Durch das streifenfreie Glas konnte er bereits die üppige Auslage sehen. All die feinen Leckereien, die ihm Renate in den nächsten Monaten vorenthalten würde, um sich mit ihren unterernährten Kolleginnen am Nieder-Olmer Gymnasium über die schnellen Erfolge der Einundzwanzig-Tage-Stoffwechseldiät austauschen zu können. »Mein Gerd hat bereits mehr als vier Kilo verloren.« – »Mein Kurt-Otto schon fünf!« Die täglichen Updates würden den schwelenden Wettbewerb um das beste Endergebnis noch zusätzlich anfeuern. Es war für ihn nicht absehbar, welche bisher unerwarteten Auswirkungen das in den kommenden Wochen auf sein Leben haben würde. Aus diesem Blickwinkel betrachtet, müsste er sich eigentlich einen riesigen Vorrat an Dosenwurst zulegen. Die Erfahrungen der letzten Jahre hatten ihm aber schmerzlich klargemacht, dass Renate jedes seiner Verstecke, und waren sie auch noch so gut, entdecken würde. Ihr jüngster Streich, das kleine rosafarbene Vorhängeschloss am Werkzeugkasten hinter seinem Fahrersitz, verdeutlichte, dass sie auch diesmal auf der Hut zu sein gedachte. Ein Versteck schied aus. Die täglichen Rundfahrten durch seine Weinberge, in denen seine Anwesenheit auch im November erforderlich war, konnte sie ihm aber kaum verbieten. Da ihr Stundenplan gut sichtbar am Kühlschrank hing, wusste er genau, zu welchen Tageszeiten ein kleiner Umweg über den Metzger im Nachbardorf gefahrlos zu bewerkstelligen war.

Die zwei kräftigen Verkäuferinnen hinter der Fleischtheke schienen beschäftigungslos zu sein. Soweit er das durch die Scheibe erkennen konnte, steckten sie die Köpfe zusammen und unterhielten sich. Doch noch ehe er die Tür aufgedrückt hatte, verschwanden sie beide in den hinter der Theke gelegenen Aufbewahrungsräumen. Sie mussten ihn also gesehen haben. Wahrscheinlich war es gerade das. Er schmatzte. Sie kannten alle ihre Kunden namentlich und wussten, was jeder gern und regelmäßig holte. Es würde ihn nicht wundern, wenn sie jetzt gerade im gekühlten Vorratsraum sämtliche Bratwurstdosen zusammensuchten, die sie finden konnten.

Ein breites Lächeln erschien auf seinem Gesicht. Die Klingel über der Eingangstür begrüßte ihn freundlich. Er nutzte die anschließende Stille, um seinen Blick über die aufgebauten Würste und marinierten Steaks wandern zu lassen. Sein Magen machte sich lautstark bemerkbar. Er forderte eine ordentliche Grundlage, um die Gemüsespaghetti des heutigen Abends ohne größere Widerstände in sich aufnehmen zu können. Die Tafel über der heißen Theke zur Rechten pries für den heutigen Tag Leberklöße mit Sauerkraut und Kartoffelbrei an. Ob es die auch schon um kurz nach neun gab? Er wollte seinem Magen nicht zu viel Hoffnung machen. Wo waren die Frauen denn hin? Er hatte nicht vor, eine ganze Palette Wurstdosen zu erwerben. Sinnvoll wäre es schon, aber in der Realität nicht zu bewerkstelligen. Wo sollte er die verstecken?

»Hallo?« Sein Magen wurde ungeduldig. Es war die reinste Folter, hier völlig ausgehungert vor der üppigen Auslage zu stehen. Das Wasser lief ihm im Mund zusammen. Sein Magen knurrte übellaunig. Kurt-Otto musste mehrmals schlucken, bevor er noch einmal rufen konnte, jetzt aber deutlich lauter und mit einer Spur Ungeduld in der Stimme. Er konnte sie dort hinten kurz flüstern hören.

»Sofort, einen kleinen Moment noch.«

Was brauchten die denn so lange, um ein paar Dosen Wurst zu holen? Sie waren doch zu zweit. Zumal ein Blick zur Seite verdeutlichte, dass das Regal bis oben hin gut gefüllt war mit allem, was sein Herz begehrte. Er wollte sich gerade in diese Richtung orientieren und vier der kleinen Dosen holen, als er Schritte vernahm. Es war die Chefin persönlich, und sie sah ihn an, als ob sie längst wüsste, dass er hier stand. Ihre beiden Mitarbeiterinnen mussten sie informiert haben. Im Unterschied zu den beiden passte sie allerdings nicht in diese Umgebung. Eine Metzgersfrau stellte er sich anders vor. Genau genommen hätte er sie eher Renates Kollegium zugeordnet als einer gut gehenden Landmetzgerei, die für ihre Mainzer Fleischwurst regelmäßig Auszeichnungen bekam. Vielleicht sollte er sich davon auch noch einen großen Ring mitnehmen, um ihn als Nachtisch nach den vier Bratwurstdosen zu verzehren. Weil er doch aufgrund der Uhrzeit auf die Leberklöße verzichten musste. Ein Kompromiss, den sein Magen mitzutragen gewillt war, wenn auch unter gedämpftem Grummeln.

»Der Herr Hattemer.« Sie lächelte gequält, aber nicht unfreundlich. »Guten Morgen, was kann ich denn für Sie tun?«

Innerlich rang er noch mit den Mengen. Sein Kopf und sein Magen hatten ganz unterschiedliche Vorstellungen von Begriffen wie »Notration« und »ausreichende Bevorratung«. Eine erste Sondierungsrunde war ergebnislos verlaufen. Eine Annäherung hatte nicht stattgefunden.

Die Metzgersfrau lächelte weiter angestrengt vor sich hin. Hinter der Theke sah man sie sonst selten. Nur wenn eine der drallen Verkäuferinnen ausgefallen war, sprang sie ein. Ansonsten wirkte sie eher im Hintergrund und koordinierte die Waren für die verschiedenen Filialen und den Wurstwagen auf dem Mainzer Wochenmarkt. Ihr Mann und ihr Sohn zeichneten für die Produktion verantwortlich. Es war sicherlich ein taktisch kluger Schachzug, die Seniorchefin, die körperlich seiner Renate ähnelte und ebenso drahtig war, nicht in vorderster Reihe einzusetzen. Es sei denn, man wollte den Absatz von Diätwurstwaren steigern.

»Fünf kleine Dosen Bratwurst.« Kurt-Otto hielt kurz inne, weil er sich nicht ganz sicher war, ob er die Zahl nicht noch erhöhen sollte, und fuhr dann fort: »Die sind doch ohne Dosenöffner aufzubekommen?«

Sie nickte, machte aber keine Anstalten, irgendetwas in ihre Kasse einzugeben.

»Und noch einen großen Ring Fleischwurst bitte.« Sein Magen knurrte zufrieden und entspannte sich.

Die dürre Metzgersfrau verbog sich leicht und wippte vom einen auf den anderen Fuß. »Wie soll ich es Ihnen sagen, lieber Herr Hattemer?« Das Lächeln war aus ihrem Gesicht gewichen.

War die Dosenbratwurst alle? Schnell warf er einen Blick neben sich ins Regal. Sein Erinnerungsvermögen war doch noch existent. Er hatte die Dosen vorhin gesehen. Jawohl. Die Chefin schien ihre eigenen Bestände nicht mehr zu kennen. Er deutete auf die entsprechende Abteilung im Regal. Sie zuckte gleichmütig mit den Schultern, weil sie seinem Blick gefolgt war.

»Ja, ich weiß. Wir haben vorgestern erst neue Dosen fertig gemacht.« Sie schluckte kurz und verbog den Oberkörper noch einmal recht ungelenk.

Aus dem Nachschubbereich konnte er ein unterdrücktes Kichern hören. Die zwei opulenten Verkäuferinnen schienen sich dort mit einem Ring Fleischwurst zu vergnügen, während er hier vorn mit der umständlichen Chefin Verkaufsverhandlungen führen musste, deren erfolgreiches Ende derzeit noch nicht absehbar war. Worauf wartete sie denn? Fünf kleine Dosen Bratwurst und ein Ring Fleischwurst. Das war alles, nur keine komplizierte Sonderbestellung. »Bitte ein kleines halbes Steak, aber ohne Fett, und eine nicht allzu weiche, aber auch nicht zu harte luftgetrocknete Bratwurst. Gestern war sie doch noch zu frisch, und es war auch ein wenig zu viel Kümmel drin. Der hängt mir dann zwischen den Zähnen. Haben Sie auch welche ohne Kümmel, aber mit Pfeffer?« *Das* war etwas, bei dem man kurz innehalten durfte. Er blickte fragend, was sie dazu bewog, endlich weiterzureden.

»Sie müssen mich verstehen. Mir sind die Hände gebunden.« Sie wippte ein paarmal verlegen auf und nieder. Dabei wiegte sie bedauernd den Kopf.

Langsam stieg aus seinem Magen eine schmerzhafte Befürchtung auf. Der Speichelfluss in seinem Mund versiegte augenblicklich. Sein Hirn kapitulierte. Er ließ solche wirren Gedanken einfach nicht zu. Sie versuchte wieder zu lächeln, wohlwollend und verständnisvoll. Wobei er nicht zu sagen vermochte, ob das nicht vielleicht bloß Mitleid war.

»Ich darf Ihnen leider nichts verkaufen.« Sie vollführte eine ungelenke Bewegung und faltete die Hände vor der Brust. Wollte sie ihm ein letztes Gebet mit auf den Nachhauseweg geben? Hatte er beim letzten Einkauf die Zeche nicht bezahlt? Das hatte es noch nie gegeben, dass man ihm nichts mehr verkaufte. Beim Raiffeisen-Landhandel, in dem er vom Dünger bis zu Weinbergspfählen alles kaufte, gab es Kollegen, die bekamen selbst eine Heftklammer nur gegen Vorkasse, weil sie als nicht kreditwürdig galten. Aber beim Metzger?

Zur Bestätigung seiner Kaufabsicht zerrte er genervt sein Portemonnaie aus der Gesäßtasche und zog einen Fünfziger hervor. Sie grinste weiter fortgesetzt vor sich hin. Ihre Hände hatte sie nun abwehrend geöffnet. Folgte nach dem Gebet jetzt der Segen?

»Bitte bringen Sie mich nicht in Schwierigkeiten.« Ihre weißen Handflächen zuckten hin und her. Sie schien ihm zum Abschied zuzuwinken. Er wollte aber doch noch gar nicht gehen! Er wollte keine Schwierigkeiten, er wollte nur seine Dosenwurst und dafür bezahlen. Zur Not auch noch die Zeche, die irgendjemand sonst auf seinen Namen angehäuft hatte. Wobei es ihn schon interessieren würde, wer eine solche Unverfrorenheit besaß, in seinem Namen hier einzukaufen. Zumal hier jeder jeden kannte. Verwechslung ausgeschlossen.

Langsam verfinsterte sich seine Laune. Er schnaufte ungehalten durch seinen buschigen Schnurrbart.

»Ich musste es Ihrer Frau versprechen.« Wieder war ein Geräusch aus den Vorratsräumen zu hören. Es klang, als würden sie dort hinten quietschende kleine Ferkel halten, die sich trotz der Tatsache, dass ihre Artgenossen zerteilt und verarbeitet in der Auslage ruhten, anscheinend bester Laune erfreuten. »Ich darf Ihnen nichts verkaufen. Es sei zu Ihrem Besten, hat sie gesagt.«

Kurt-Otto starrte auf den Fünfziger in seiner Hand. Ungläubig schüttelte er den Kopf und steckte ihn zurück. Was war bloß in Renate gefahren? Wo war der nächste Metzger? Kraftlos sank er in sich zusammen und verließ grußlos die Metzgerei.

Die Leere in seinem Magen schmerzte und gebar Übelkeit. Er hatte keinen blassen Schimmer, wie er den langen Vormittag überstehen sollte. Hatte Renate auch die Verkäufer im Supermarkt am Ortseingang instruiert? War sie mit seinem Foto in der Hand alle Geschäfte im Mainzer Umland und in den zu ihrer Seite liegenden Vororten der Stadt abgefahren und hatte vor ihm gewarnt? »Bitte verkaufen Sie keine Lebensmittel an diese Person.« Das wäre wirklich zu peinlich. Mit jedem Jahr wurde es schlimmer, doch stets war er sich sicher, dass seine liebe Frau nicht noch einen Schritt weiter gehen würde. Wo sollte das hinführen? Setzte sie demnächst einen Privatdetektiv auf ihn an, der ihm unauffällig folgte, um sofort einzuschreiten, wenn er vom rechten Pfad abkam? »Bitte verlassen Sie nicht Ihren Weinberg. Es ist zu Ihrem Besten.«

»Guten Morgen, Kurt!« Der Klaps auf seine Schulter holte ihn aus seinen missmutigen Gedanken. »Du rennst ja an mir vorbei, als ob wir uns nicht mehr kennen würden.«

Kurt-Otto brauchte einen Moment, bis er zum Gesicht einen Namen parat hatte. Gustav Eifinger hatte mit ihm die Schulbank in Essenheim gedrückt. Er hatte nach Stadecken geheiratet und den Betrieb seiner Schwiegereltern übernommen. Den kleinen Gemischtbetrieb mit Wein- und Ackerbau hatte er in den letzten dreißig Jahren erfolgreich umgebaut und sich auf Spargel und Erdbeeren spezialisiert. Seine kleinen mobilen Verkaufsstände fand man von April bis Ende Juni an fast jedem Supermarkt und unzähligen Baumärkten in der Region. Die Zahl der Übernachtungscontainer seiner osteuropäischen Erntehelfer an seinem Aussiedlerhof wuchs in jedem Frühjahr in neue schwindelerregende Höhen. Mit mehreren ausrangierten Gelenkbussen brachte er die Erntetrupps auf die jeweiligen Felder zum Spargelstechen oder Erdbeerpflücken. Sein Betrieb schien gut zu laufen. Sein glänzendes Gesicht und das breite zufriedene Grinsen passten dazu.

»Mensch, Gustav, dich schickt der Himmel.« Kurt-Otto hatte sich selten so über das Wiedersehen mit einem alten Kollegen gefreut. »Willst du zum Metzger?«

Eifinger nickte.

»Könntest du mir zehn kleine Dosen Bratwurst und einen Ring Fleischwurst mitbringen?«

Der Kollege sah ihn etwas erstaunt an, nickte aber bereitwillig.

»Sag der Verkäuferin nicht, dass ich dich geschickt habe. Ich erkläre dir gleich, was es damit auf sich hat.« Er klopfte ihm schnell auf die Schulter. »Mensch, Gustav, wir haben uns ja lange nicht mehr gesehen!«

In Kurt-Ottos Magen breitete sich ein wohliges Gefühl aus, das ihm signalisierte, dass dieser Tag doch noch irgendwie zu retten war.

29

Sigrun wusste jetzt, wo sie war. Es hatte lange gedauert. Zwischendurch musste sie sogar eingenickt sein. Das Erwachen war diesmal aber schneller gegangen. Sie hatte all ihren Mut zusammengenommen, ihr Umfeld ertastet und eine schmale Nische weiter hinten im Gewölbe gefunden, die zwar hart, aber trocken war. Seither fror sie weniger. Ihre Kleidung war immer noch feucht und klamm, doch nicht mehr triefend vor Nässe. Der dünne runde Lichtstreifen, der sich vor einiger Zeit erst ganz zart und dann immer deutlicher über ihr abgezeichnet hatte, half ihr, sich zurechtzufinden. Dazu hatte der Geruch, den sie jetzt kaum mehr wahrnahm, ihren Gedanken den Weg gewiesen. Es roch nach Kanalisation, aber dumpfer und weniger streng. Wie ihr Komposthaufen nach wochenlangen Regenfällen in einem milden Winter. Nicht gut, aber auch nicht so, dass man sich augenblicklich übergeben musste, solange die Brühe einem nicht in den Mund lief. Sie verbot sich eisern, daran zu denken, woraus der muffige Pfuhl um sie herum und der dicke weiche Bodensatz einmal bestanden hatten. Die Übelkeit war sonst sofort wieder da, und sie musste würgen. Sie hatte viel gespuckt, um den Geschmack, den der erste tiefe Atemzug unter Wasser in ihrem Mund hinterlassen hatte, loszuwerden. Jetzt ging es einigermaßen.

Sie saß in einem der alten Abwassergewölbe, wie es sie in jedem der großen Gehöfte im alten Ortsteil gab. Es war ihr eigenes Gewölbe, und sie hatte von dem Moment an, in dem sie sich darüber klar geworden war, keine Angst mehr empfunden. Sie wusste immer noch nicht, wie sie hierhergekommen war. Sie hatte keine Ahnung, was nach ihrer kurzen Ohnmacht bei Roswitha passiert war. Die Erinnerung war gelöscht bis zu dem Moment, als sie in der Brühe erwacht war, die schon seit fünfzig Jahren hier unten stand und vor sich hin moderte.

Als ihr Mann in den späten sechziger Jahren den Hof neu

gepflastert hatte, war auch das Abwassersystem für ihr Gehöft neu gemacht worden. Alle Abwasserrohre waren damals unter Umgehung des alten Sammelgewölbes neu verlegt und an die Kanalisation unter der Straße angeschlossen worden. Das Gewölbe war seither eigentlich nutzlos.

Der Deckel, den ihr Heinrich gesetzt hatte, um zur Not einen Zugang zum Gewölbe unter der Erde zu haben, hatte ihr die Augen geöffnet und ihr die Angst genommen, lebendig begraben worden zu sein. Sie lag nicht in einem Sarg auf dem Friedhof und war gerade beerdigt worden, sondern saß daheim, aber am falschen Ort. Durch den Ring um den Deckel fiel ein feiner Lichtschein zu ihr herab, der sie inzwischen sogar die eine oder andere Kontur in der grob gehauenen Rundung der Gewölbedecke erkennen ließ. Ihre zaghaften Versuche, den schweren Betonverschluss in die Höhe zu drücken, hatte sie jedoch schnell aufgegeben. Ihre Kraft reichte schlicht nicht aus, zumal sie tief im Morast unter ihren Füßen einsank, sobald sie sich auf die Zehenspitzen stellte, um an den Deckel zu gelangen. Noch traute sie sich nicht aus ihrer Nische und weiter hinein in die Gruft, deren Ende sie nicht zu erahnen vermochte. Wenn sie hier nicht erfrieren oder verhungern wollte, musste sie aber früher oder später weitergehen. Doch wie war sie hier gelandet?

Egal wie sie es drehte und wendete, es gab nicht viele Erklärungen dafür: Sie könnte beim Kartoffelnholen hinten in ihrer Scheune eingebrochen sein. Das unterirdische Bauwerk verlief quer durch den ganzen Innenhof bis dorthin, das wusste sie. Da ihr Gehöft und das des Nachbarn früher zusammengehört hatten und der Besitz erst 1880 im Zuge der Erbteilung zwischen zwei Brüdern aufgeteilt worden war, reichte ein Teil des verzweigten Abwassergewölbes sogar bis zu den Nachbarn hinüber. Wenn sie also in der Scheune eingebrochen war, musste sie dort auch wieder herauskommen. Es sei denn, alles war ganz anders.

Sie spürte den Druck auf ihrer Brust, als sie ihr aufgeweichtes Gesangbuch noch fester an sich drückte. Sie hörte eine

Stimme in ihrem Kopf. Die leisen und ruhig gesprochenen Worte eines Mannes. *Ist alles in Ordnung?* Sie hatte kein Bild dazu, aber sie wusste sofort, wann sie die Worte gehört hatte. Es war bei Roswitha gewesen.

Sie war nicht allein nach Hause gegangen. Was war danach passiert, und wer hatte ihr das angetan?

30

Den Ring Fleischwurst hatte er vollständig verzehrt und zum Nachtisch auch noch eine der kleinen Bratwurstdosen geöffnet. Jetzt war ihm schlecht. Kurt-Otto atmete schwer gegen das Völlegefühl in seinem Magen an. Er hatte alles viel zu schnell hinuntergeschlungen, zu wenig gekaut und keine Ruhe gefunden bei dem, was er tat. Er hatte Mareike versprochen, am Vormittag vorbeizukommen. Die Dosen mussten bis dahin so versteckt werden, dass Renate sie nicht finden konnte. Nach Hause konnte er aber erst, wenn seine Frau in der Schule war. Das hatte ihn vor eine beinahe unlösbare Aufgabe gestellt. Der Genuss hatte unter diesen Umständen zwangsläufig auf der Strecke bleiben müssen.

Wie konnte er sich auch einstellen, wenn er wusste, dass er möglichst viel essen musste, um im Zweifelsfall über den gesamten Tag zu kommen? Jetzt kam er sich vor wie eine gestopfte Gans: randvoll bis obenhin. Die Bodenwellen des ausgefahrenen Betonweges ließen ihn wiederkehrend sauer aufstoßen.

Die verbliebenen neun Bratwurstdosen hatte er am ersten Rebstock der zweiten Reihe seines Rieslings im Mohruff vergraben. Mit bloßen Händen und seinem Taschenmesser hatte er eine kleine Kuhle ausgehoben. Besseres Werkzeug stand ihm leider nicht zur Verfügung, weil Renate seinen Werkzeugkasten mit diesem bescheuerten rosafarbenen Vorhängeschloss gesichert hatte. Notdürftig hatte er die Dosen am Ende mit Erde bedeckt. So waren sie zumindest vor neugierigen Blicken geschützt. Außer ihm würde sie keiner finden. Für die nächsten paar Tage hatte er sich damit ausreichend bevorratet. Mit der Zeit danach wollte er sich jetzt noch nicht beschäftigen. Er sah sich aber schon vor der Metzgerei herumlungern, um auf einen Kollegen zu warten, der ihm den nötigen Stoff besorgte. Zukunftsaussichten eines auf trockenen Entzug gesetzten Dosenbratwurst-Junkies: »Hast du 'ne Dose für mich? Hab gerade 'nen Engpass.«

Ob Renate auch nur ein einziges Mal daran dachte, dass er sich so zum Gespött der gesamten Winzerschaft im Selztal machte? »Heute gehst du besser nicht zum Metzger. Der Kurt-Otto hängt vor der Filiale rum und bettelt mal wieder um Wurstwaren. Wie tief ist der gesunken. Es wird erzählt, er überfällt sogar ältere Damen, die aus der Metzgerei herauskommen, und klaut ihnen die Teewurst.«

Mit Vollgas steuerte er seinen alten Fendt die steile Straße hinauf, die ihn weiter oben am Gehöft von Klaus Dörrhof vorbei- und direkt auf die Hauptstraße führte. Mit seinem problematischen Riesling würde er später noch mal bei ihm vorbeischauen. Davor musste er ihn aber selbst probiert haben, solange Renate in der Schule und die Luft rein war. Mit Klaus hatte er außerdem noch ein Hühnchen zu rupfen.

Weiter kam er in seinen Planungen für den vollgepackten Restvormittag eines rüstigen Ruheständlers nicht. Wild winkend stand Berthold Baumann mitten auf der Straße. Kurt-Otto ging vom Gas und brachte seinen Fendt zum Stehen. Der »Großbauer«, wie Baumann im Dorf augenzwinkernd genannt wurde, kam auf ihn zugerannt. Seine Wangen leuchteten rot, die Augen waren weit aufgerissen. Baumann war eigentlich Elektriker und arbeitete in seinem erlernten Beruf bei einem Installateur in Nieder-Olm. Nachdem ihn seine Frau vor gut zehn Jahren mit den beiden Kindern im Gepäck verlassen hatte, war er voll in seinem landwirtschaftlichen Hobby aufgegangen. Wenn man wissen wollte, wie ein durchschnittlicher Betrieb im rheinhessischen Hügelland kurz nach dem Krieg strukturiert war, kam man am besten zu ihm. Er hatte von allem etwas: ein paar Rindviecher, Pferde, Schafe, Ziegen, Hühner und Hasen. Daneben betrieb er Ackerbau mit Getreide und Zuckerrüben und besaß sogar einen kleinen Weinberg für den eigenen Feierabendschoppen. Der Großteil der Tiere diente der Eigenversorgung. Lediglich wenn er zweimal im Jahr ein Rind schlachten ließ, brachte er das Fleisch unter die Leute. Ein gelebtes landwirtschaftliches Museum. Sein auf beiden Seiten des Mundes in die Höhe gedrehter Schnurrbart fügte sich gut in dieses Bild ein. Nur sein gut ausgestatteter Fuhrpark passte historisch nicht ganz dazu. Die Geräte wie auch sein Traktor waren zwar nicht ganz neu, aber auch noch keine Oldtimer, die ins Weinbaumuseum nach Oppenheim gehörten.

»Kannst du mir helfen? Ich muss mein Wasserfass herausziehen.« Baumann schnaufte gehetzt und deutete in Richtung seines offen stehenden Hoftores.

Kurt-Otto seufzte. Heute kam wirklich alles zusammen. Er nickte, weil er seinen Kollegen kaum mit einer dünnen Ausrede abspeisen konnte.

»Du musst rückwärts durch die Einfahrt rangieren und bis ganz nah an meinen Traktor heran. Das Abschleppseil liegt schon bereit. Ich hänge es dann bei dir ein. Auf mein Kommando ziehst du an!«

Baumann beendete die klaren Anweisungen für das Bergungsmanöver, indem er sich wegdrehte und schnellen Schrittes auf seine Hofeinfahrt zueilte. Kurt-Otto fuhr an und steuerte den Traktor am Tor vorbei. Baumanns alter John Deere stand weit hinten auf dem Hof. Dahinter ein Anhänger, den er auf die Schnelle nicht zuzuordnen vermochte. Vorsichtig lenkte er seinen Fendt rückwärts durch die mit einem kleinen Dach überbaute Einfahrt. Der Hof war schmal und lang und wurde zur einen Seite von einer hohen, unverputzten Backsteinmauer begrenzt. Auf der anderen Seite ragte das Wohnhaus in die Höhe, an das sich die niedrigeren Wirtschaftsgebäude anschlossen, in denen der Großbauer seine Hühner und Hasen hielt. Den Abschluss machte eine gedrungene Scheune, auf die Kurt-Otto nun langsam zusteuerte. Jetzt erkannte er auch, was sich hinter Baumanns Traktor befand. Er hatte das große Wasserfass angehängt, das er mehrmals wöchentlich aus seinem Brunnen im Hof befüllte, um den zweirädrigen Karren dann draußen auf der Weide für seine Rindviecher abzustellen. Die mobile Tränke schien unter dem Gewicht in die Knie gegangen zu sein. So viel glaubte er von hier aus erkennen zu können. Das Wasserfass hing in leichter Schräglage hinter dem Traktor, so als wäre es hinten abgesunken. Ein paar Meter vor Baumanns Traktor hielt Kurt-Otto an. Der Kollege war sofort mit dem Abschleppseil zur Stelle und befestigte die Schlaufe im Anhängmaul.

»Ganz langsam anfahren. Wir müssen zusammen ziehen, sonst kriegen wir das nicht hin.«

Ehe Kurt-Otto Genaueres erfahren konnte, war Baumann schon wieder davongeeilt. Er kletterte die Stufen zu seinem Fahrersitz hinauf und startete den Motor. Mit einem Nicken gab er das Zeichen, dass er nun bereit war für die komplizierte Bergungsmaßnahme.

Kurt-Otto drückte sich aus dem Fahrersitz weit in die Höhe, um besser sehen zu können. Ein knapper Blick nach hinten bestätigte seinen ersten Eindruck: Die beiden Reifen des Fasses waren fast bis zur Achse eingesunken. Die Steine des eckigen Betonpflasters hatten nachgegeben. Sie ragten an der einen Seite spitz in die Höhe. Sanft setzte Kurt-Otto seinen Schlepper in Bewegung. Gleich darauf spürte er, dass sich das Stahlseil spannte. Es ruckte, noch tat sich aber nichts. Auch sein Kollege gab jetzt hörbar Gas. Der Motor des John Deere jaulte auf. Baumanns Lippen formten Worte, die er bei der Lautstärke zwischen den eng stehenden Mauern des schmalen Hofes nicht verstehen konnte. Es schien aber alles so weit in Ordnung zu sein. Wenn das Fass bis zum Anschlag mit Wasser befüllt war, hatten sie eine ordentliche Last in Bewegung zu setzen, die zudem noch vehement zurückgehalten wurde. Wenn es dumm lief, riss entweder das Seil und flog dem Baumann um die Ohren, oder sie ruinierten sich die Traktoren. Vor allem die erste Variante stellte eine ernsthafte Lebensgefahr dar.

Stockend bewegte sich der Fendt nach vorn. Der Anhänger mit dem Wasserfass hob sich langsam an. Es schien zu funktionieren. Kurt-Otto reduzierte den Druck aufs Gaspedal ein wenig. Nicht dass er gleich nach vorn schoss. Er spürte, dass er den anderen Traktor kaum noch ziehen musste. Baumann streckte ihm den erhobenen Daumen entgegen. Alles schien gut gegangen zu sein. Kurz sah er vor sich, um den Fahrweg zu kontrollieren. Bis zur Ausfahrt und zur Straße davor war es noch ein Stück. Ein plötzlicher Lärm ließ ihn zusammenzucken. Der Boden schien zu beben. Eine deutlich spürbare Vibration, die nicht von seinem Fahrzeug kam. Er riss den Kopf herum.

Eine schwarze Fontäne schoss aus dem riesigen Loch, das sich hinter dem Wasserfass aufgetan hatte. Vor Schreck rutschte sein Fuß von der Kupplung. Der Traktor sprang ein Stück nach vorn, ehe ihn das gespannte Stahlseil abrupt bremste. Kurt-Otto spürte einen stechenden Schmerz im Nacken, als sein Kopf zurückflog. Gleich darauf war alles tiefschwarz um ihn herum.

31

Er war bereit für den letzten Akt. Die Sonne schien. Er war es, der nun den Takt vorgab. Er bestimmte die Abfolge, das Tempo und den Zeitpunkt der nächsten Aktionen. Das verlieh all seinem Tun eine ungekannte Leichtigkeit. Er schien zu schweben. Nichts drückte ihn mehr nieder und beschwerte jeden seiner Schritte so sehr, dass er sich nur mühsam dahinschleppen konnte. Entschlossen, mit weit ausgreifenden, federnden Schritten, zog er voran. Von nun an musste es schnell gehen. Noch schneller als bisher. Er durfte ihm keine Zeit für Gegenmaßnahmen lassen. Trotzdem war auch Vorsicht geboten. Es war nicht vorauszusehen, wen er sich noch zu Hilfe holen würde. Der Tanzplatz war vernichtet, aber vielleicht gelang es ihm dennoch, willenlose Handlanger zu finden.

Die Stimmen der Nacht waren restlos verstummt. Daher hatte er endlich wieder ruhig schlafen können. Das erste Mal seit unendlich langer Zeit. Keine Schritte, kein Rufen, nur die beruhigenden Worte seines Bruders. Gehauchte Sätze, die er auch jetzt wieder hören konnte: »Du hast recht getan. Alles ist gut, so wie es jetzt ist. Halte nicht ein auf deinem Weg. Gehe entschlossen weiter.«

Er sehnte den Moment des Triumphs herbei. Würde sein Bruder dann Erlösung finden? Er wollte seine zarte Stimme aber weiter hören. Seinen Worten lauschen, die ihm so viel Mut zugesprochen hatten in den letzten Monaten. Ohne ihn hätte er es nie so weit gebracht. Seine Kraft allein hätte dazu nicht ausgereicht. Jetzt schon, aber noch nicht im April. Sie war erst durch die gemeinsamen Erfolge gewachsen. Jetzt schien er allmächtig zu sein, es mit jedem aufnehmen zu können. Ein trügerisches Gefühl, weil es unvorsichtig machte. Doch er wusste genau, womit er es zu tun hatte. Die rasende Wut eines verletzten Tieres durfte man nicht unterschätzen. Er zog gegen einen mächtigen Gegner ins Feld. Sie hatten ihm nicht ohne Grund in jener Nacht um das lodernde Feuer zu Füßen gelegen. Er forderte den Meister des Bösen heraus.

Er musste sich sammeln für den heutigen, alles entscheidenden Abend. Daher war er schon früh am Morgen hier herausgefahren. Der frische Mut wuchs weiter in ihm, und die kraftspendende Helligkeit der Sonne wärmte Körper und Geist. Außerdem hatte er von diesem und den beiden anderen Weinbergen aus die Feuerstelle im Blick, die er letzte Nacht zurückerobert hatte. Er musste kontrollieren, ob der Herr der Hexen es wagen würde, am helllichten Tage dagegen vorzugehen. Deswegen war er hier in diesem Weinberg unterwegs.

Er nahm die nächsten Haken vom Draht und steckte sie in die Schürze, die er nach jeder Runde in den großen weißen Eimer entleerte, den er oben an seinem Weinberg neben dem Auto postiert hatte. Endlich hatte er wieder genug Energie, um sich den notwendigen Arbeiten vor dem Winter zu widmen. Seine Mutter hatte ihn aufmunternd angeblickt, als sie zusammen am Frühstückstisch saßen und er ihr erklärte, welche Weinberge heute auf seinem Plan standen. Es hatte gerade erst gedämmert, als er losgefahren war.

Seither lief er unentwegt die Zeilen hinauf und hinunter, um die Heftklammern am oberen und am mittleren Drahtpaar zu suchen und zu entfernen. Sie mussten eingesammelt werden, damit er in einem nächsten Schritt die beiden Drahtpaare nach unten hängen konnte. Dann war der Weinberg für den Winter vorbereitet. Die Drähte waren dann beim Rebschnitt, mit dem er immer in der ersten Woche des neuen Jahres begann, nicht mehr im Weg. Eine Woche lang würde er im Januar allein draußen sein, bevor die drei Rumänen kamen, um die abgeschnittenen verholzten Triebe herauszuziehen und sie ordentlich in die Gasse zwischen den Rebzeilen zu legen. Zu dritt waren sie schneller als er. Daher brauchte er diese Woche Vorsprung.

Er reckte sich in die Höhe und eilte geschäftig weiter. In diesem Jahr würde er den Betriebshelfer nicht brauchen. Seine Mutter hatte ihn im vergangenen Jahr zur Unterstützung beim Rebschnitt beim Hilfsdienst des Maschinenringes angefordert, weil er nicht die Kraft aufgebracht hatte, das dunkle und kalte Schlafzimmer zu verlassen. Sie hatte ihn nicht bedrängt, weil sie wohl eine Ahnung hatte von dem, was ihn damals niederdrückte. Doch es gab nun keine Kraft mehr, die mächtig genug war, ihn tagelang unter sein Bett zu zwingen. Und er war es, der sie ganz allein, nur mit Hilfe seines Bruders, niedergezwungen hatte.

32

Sie hatte das sachte Vibrieren unter ihrem Körper spüren können. Das tote Wasser war dadurch in Bewegung geraten. Sigrun hatte es auch vernommen. Für einen Moment nur, weil hier unten sonst absolute Stille herrschte. Jetzt war es vorbei. Obwohl sie angestrengt lauschte, konnte sie nichts mehr hören. Die Stille schmerzte in ihren Ohren.

Vorhin war ein Flugzeug über sie hinweggeflogen. Zumindest hatte sie das sanft anschwellende Brummen, das dann in gleichem Maße wieder nachließ, dafür gehalten. Bei Sonnenschein und Ostwind flogen die Maschinen im Landeanflug auf den Frankfurter Flughafen fast senkrecht über ihr Haus. Jede Minute ein Flugzeug, ein gleichmäßiger Rhythmus, von dem hier unten aber nichts zu bemerken war. Sie hatte nur das eine hören können. Es musste eins von denen gewesen sein, die ganz besonders niedrig flogen oder sehr langsam. Sie wusste nicht, warum ein Flugzeug von hundert so viel lauter war als all die anderen. Doch ihr hatte es gutgetan, weil das Brummen die Stille für einen Moment zurückgedrängt hatte. Ein Lebenszeichen der Welt dort draußen, dass es sie noch gab. Und ein Lebenszeichen ihres eigenen Körpers, dass er noch etwas wahrnahm von dem, was um ihn herum passierte.

Seit der Bewegung des Wassers nach der kaum spürbaren Vibration rang sie wieder mit sich. Traute sie sich aus der Nische, zurück in den schwarzen Pfuhl und hinein in das dunkle Nichts? Wenn sie in ihrer Scheune eingebrochen war, was sie allerdings immer weniger glauben wollte, könnte sie dort auch wieder aus dem Gewölbe herausfinden. Vermutlich war es neben der Angst vor dem Weg durch die Dunkelheit auch die Furcht davor, am Ende nicht mehr zurückzufinden, wenn alles doch ganz anders war als erwartet, was in ihr die Überzeugung wachsen ließ, dass es eine andere Erklärung geben musste. Die leisen Worte des Mannes, dessen Stimme sie im Kopf hatte, ohne dass sie ein Bild dazu hatte. Ihm fehlten Gesicht, Kopf, Körper. Lediglich seine Stimme klang in ihrer Erinnerung wider. *Ist alles in Ordnung?* Vier Worte, die in Roswithas Scheune von ihm an sie gerichtet worden waren. Mehr wollte ihr dazu einfach nicht einfallen. Wusste sie, was in ihrem Kopf los war? In einem Schädel, der die entscheidenden Stunden vergaß und keine Anstalten machte, die riesige Lücke zu schließen.

Sie spürte, wie ihr die Tränen kamen. Sie konnte sie einfach nicht mehr zurückhalten, auch wenn das nicht sein durfte. Sie wollte hier unten nicht verrecken, und dazu musste sie stark bleiben. Irgendwann würde man sie vermissen. Ihre Freundinnen suchten vielleicht schon nach ihr. Sie hatten sich vor langer Zeit gegenseitig das Versprechen gegeben, täglich nacheinander zu sehen. Wenn sie den Zeitablauf halbwegs richtig rekonstruiert hatte, waren sie heute Abend zum Rommé verabredet. Diesmal war die Chaussee-Helga dran, und spätestens um kurz nach sechs würden sie und die Käfergässer-Gerda sich fragen, wo sie blieb. Sie würden noch eine Weile abwarten und dann aufbrechen, um nach ihr zu suchen. Sie wussten beide, dass bei der Nachbarin ein Schlüssel für den Ernstfall deponiert war. Damit kamen sie in den Hof und ins Haus. Auf diesen Moment musste sie vorbereitet sein. Nur hier, ganz nah am Deckel, war sie in der Lage, sich bemerkbar zu machen. Dann konnte sie schreien, brüllen und lärmen, damit die beiden auf sie aufmerksam wurden. Bis dahin musste sie ihre Kräfte schonen.

Schnell wischte sie sich die Tränen aus den Augen. Und wenn *er* es war, der zurückkam? Sie fror bei diesem Gedanken. Was, wenn er nachsehen wollte, ob sie auch wirklich ersoffen war? Sie durfte sich erst bemerkbar machen, wenn sie die Stimmen ihrer Freundinnen erkannt hatte. So lange würde sie keinen Ton von sich geben.

Ihr Blick erfasste eine kleine schwimmende Insel, die langsam auf sie zutrieb. Ganz schwach zeichneten sich die Umrisse in der Dunkelheit ab. Vorhin war schon einmal eine Ratte nahe herangekommen. Als sie sich bewegte, hatte das Vieh schnellstens das Weite gesucht. Die Tiere machten ihr keine Angst. Früher, im Stall bei den Schweinen, waren sie immer mal aufgetaucht. Nicht so häufig wie die Mäuse, die in den schmalen Ritzen zwischen den Bruchsteinen lebten und allgegenwärtig waren, aber oft genug. Sie hatte es trotzdem nie gemocht, wenn ihr Heinrich mit der Mistgabel Jagd auf die dicken Ratten machte. Sie fürchtete sich vor dem spitzen Fiepen der sterbenden Tiere, wenn er eine von ihnen aufgespießt hatte und die Mistgabel triumphierend in die Höhe reckte.

Sie hustete, damit die Ratte ihrer gewahr wurde und abdrehte. Sie zeigte keine Reaktion. Auch das abermalige schwache Vibrieren, das Sigrun unter sich spüren konnte, ließ das Tier nicht seine Richtung ändern. Das Wasser bewegte sich jetzt wieder ganz sachte, wie vorhin schon mal. Sie hatte keine Erklärung dafür. Vielleicht ein schweres Auto, das draußen vor dem Tor vorbeifuhr? Für einen Lkw oder einen Bus war ihre Straße zu schmal.

Es war keine Ratte. Der Umriss hatte eine andere Form. Es war jetzt ganz dicht bei ihr. So nah, dass sie danach greifen könnte. Sie zögerte noch und kniff ihre Augen zusammen, um besser sehen zu können. Gleich würde es an die vorderen Steine der Nische stoßen, auf der sie kauerte. Es war eine schwimmende Tüte, der Knoten, mit dem sie verschlossen war, stand schräg in die Höhe. Sie streckte ihre Hand vorsichtig danach aus und richtete sich ein wenig auf. Wasser tropfte in die Tiefe, als sie die Tüte anhob. Ein Klatschen und Knistern verdrängte die Stille. Sie hielt den Beutel dicht vor ihre Augen, um festzustellen, was sich darin verbarg. Es war einer von der dünnen Sorte, wie sie sie in ihrem kleinen Mülleimer unter der Spüle verwendete. Genau die gleiche Größe. Mehr brauchte sie nicht. Wenn man sich ein wenig Mühe gab, blieb im Haushalt einer allein lebenden alten Frau, wie sie es war, doch kaum Müll übrig. Der Inhalt war weich und flüssig. Ihre Finger zitterten, als sie sich daranmachte, den Knoten aufzubekommen. Er war gar nicht fest zugezogen, nur schnell ineinandergesteckt. Die zarte Vorahnung trieb sie weiter an. Jetzt war er gelöst.

Sie riss die Tüte weit auf und senkte ihren Kopf. Tief atmete sie ein und wusste bereits, während sie das tat, dass ihre Erinnerung nun wiederkommen würde. Die Bilder sprudelten in ihrem Kopf.

33

Kurt-Otto rieb sich den schmerzenden Nacken. Genau deswegen besaßen moderne Traktoren und Autos eine Kopfstütze. Wenn der Schädel bei einem Unfall ungebremst nach hinten sauste, konnte das verheerende Folgen haben. Er hätte sich das Genick brechen können bei dieser Aktion. Morgen würde er den Kopf wahrscheinlich nur unter Schmerzen zur Seite drehen können. Er stöhnte noch einmal und betrachtete dabei ungläubig den riesigen Krater, der sich im schmalen Hof von Berthold Baumann aufgetan hatte. Der Zugang zur Unterwelt, so musste er aussehen. Er verzog das Gesicht. Und genau so musste er auch riechen.

Ein fauliger Gestank war mit der Fontäne herausgeschossen. Überall klebte der schwarze Schlamm. Ein stinkender Schauer kleiner Tropfen war auf sie herniedergegangen und hatte sogar seinen Traktor erreicht, der in der Reihe ganz vorn und damit am weitesten entfernt stand. Für den Bruchteil eines Augenblicks hatte er sich darauf keinen Reim machen können. Dann war die Sache für ihn klar gewesen, obwohl das Schauspiel, dem er als Zeuge hatte beiwohnen dürfen, seinesgleichen suchte.

Es war nicht das erste unterirdische Gewölbe im Dorf, das nach Jahrhunderten mürbe geworden war und dem Druck nicht mehr standhielt. Zumal Baumann der alten Konstruktion mit einem bis zum Anschlag gefüllten Fünftausend-Liter-Fass auf schmalen Reifen, die eine ordentliche Punktlast erzeugten, einiges zugemutet hatte. Ein Wunder, dass es nicht schon früher passiert, und ein noch größeres Glück, dass er nicht mitsamt seinem Traktor darin verschwunden war.

Beide hielten sie sprachlos staunend einen gebührenden Sicherheitsabstand zum Kraterrand ein. Eben war nämlich noch ein weiteres beachtliches Stück des Hofes eingebrochen und in der Unterwelt verschwunden.

»Du fährst deinen Traktor mit dem Fass besser noch ein paar Meter vor, damit es nicht in die Tiefe stürzt, wenn noch mehr einbricht. Wo wir es doch im letzten Moment gerettet haben.«

»Das war wirklich knapp.« Baumann schnaufte und rieb sich die stinkenden Dreckspritzer von der Stirn. »Das hätte ich merken müssen.« Er hielt kurz inne und fuhr dann fort: »Das Betonpflaster hatte sich ganz leicht gesenkt in den letzten Wochen. Eine kleine Mulde hat sich gebildet. Ich dachte, es liegt bloß daran, dass ich hier mit dem Wasserfass hantiere. Wenn ich nicht dabeibleibe, läuft es manchmal über. Dadurch geben die Steine nach. So habe ich mir das erklärt.« Er rieb sich erneut über das Gesicht und verteilte dadurch die Dreckspritzer gleichmäßig. Eine langsam trocknende Gesichtsmaske aus unparfümierter Heilerde. Wieder starrten sie auf das einige Meter breite Loch. Dann drehte sich Baumann mit prüfendem Blick zu seinem vor dem Untergang geretteten Wasserfass um. »Das steht sicher. Weiter geht das Gewölbe in dieser Richtung nicht.« Er deutete mit einer knappen Bewegung auf seine Scheune. »Das Problem liegt dort hinten. Die alten Abwasserkanäle ziehen sich noch einige Meter unter der Scheune hindurch und weiter nach nebenan. Also unter der Mauer hindurch zum Nachbarn, weil die beiden Höfe mal zusammengehörten. Hier wohnten früher zwei Brüder nebeneinander, so hat es mein Vater immer erzählt. Im Hungerjahr 1816 ist einer der beiden nach Amerika ausgewandert und hat seinen Hof verkauft. Später wurde die hohe Mauer errichtet. Das darunter verlaufende Abwassergewölbe hat man sich über Generationen geteilt, bis es keiner mehr brauchte, weil die Kanalisation im Dorf verlegt wurde.« Baumann machte einen vorsichtigen Schritt auf die Öffnung zu. »Es scheint bis zur tragenden Wand alles komplett eingebrochen zu sein.« Er nickte.

Kurt-Otto beobachtete ihn konzentriert, um zur Not nach ihm zu greifen, sollte doch noch ein weiteres Stück einbrechen. Mit dem nächsten Schritt wäre er zu weit weg.

Baumann tastete sich mit den Füßen weiter an die Abbruchkante heran. »Man kann die Wand sehen. Du kannst näher kommen.« Er stöhnte. »So tief hatte ich das nicht in Erinnerung.«

Kurt-Otto zögerte einen Moment, dann folgte er ihm mit zaghaften Schritten, um gleichfalls einen Blick in den Krater werfen zu können. Die Neugier bezwang die Furcht. Deutlich war darin das Gewölbe zu erkennen, das bis weit unter die Scheune führte. Ein Ende war nicht auszumachen. Er stand jetzt direkt neben Baumann. Drei Meter ging es vor ihnen in die Tiefe. Eine schwarze Brühe, aus der kleine Blasen aufstiegen und an der Oberfläche platzten. Wie hoch die Flüssigkeit stand, war nicht zu erkennen. Die gesamte Gewölbedecke und der Aufbau darauf mit Schotter und Hofpflaster war restlos in der stinkenden Kloake verschwunden. Nichts war mehr davon zu sehen. Das sprach für eine beachtliche Tiefe und einen entsprechenden Wasserstand. Blasen stiegen nur genau vor ihnen auf. Die Oberfläche weiter hinten lag ruhiger da.

Etwas an der Art, wie die Bläschen aufstiegen, veränderte sich. Zwischen ihnen schien sich die Oberfläche anzuheben. Schwarz wie das Wasser zeichneten sich auf einmal die Konturen eines Menschen ab. Die Beine, der Rücken und ein Hinterkopf. Kurt-Otto spürte, wie es aus seinem Magen säuerlich nach oben drückte.

34

Sigrun kaute auf der letzten ihrer Rotweinpflaumen aus der Plastiktüte. Wärme flutete ihren Magen und verteilte sich von dort im Körper. Ein wohliges Gefühl, das ihren Kopf und auch die Fußspitzen bereits erreicht hatte. Die Tränen konnte sie noch zurückhalten. Selbst wenn doch welche kommen sollten, war ihr das inzwischen egal.

Warum hatte ihr der Junge das angetan? Hatte er auf sie gewartet, sie schon die ganze Zeit beobachtet, als sie bei Roswitha in Hof und Scheune unterwegs gewesen war? So viele Fragen geisterten durch ihren Kopf, seit der bekannte Geruch die Erinnerung zurückgebracht hatte.

Schlagartig war alles wieder da gewesen. Der gesamte Ablauf dieses Abends bis zu jenem Moment, als es dunkel um sie herum geworden war. Der bittere Geschmack des Wassers, das sie zu schnell getrunken hatte, erklärte die Ohnmacht und den Gedächtnisverlust. Er hatte irgendetwas hineingetan in der kurzen Zeit, die sie gebraucht hatte, um die beiden Becher mit den eingelegten Rotweinpflaumen zu füllen. Sie war so gutgläubig gewesen. Doch wer hätte so etwas ahnen können?

Vorsichtig setzte sie die Plastiktüte an die Lippen. Kein Tropfen durfte verloren gehen. Sie brauchte die Kraft für später, wenn sie schreien und brüllen musste. Allzu lang konnte es doch nicht mehr dauern, bis die beiden zusammenkamen und sich auf die Suche machten, weil sie nicht zum verabredeten Rommé-Abend erschienen war. Vielleicht hätte sie sich eine der Pflaumen bis dahin aufheben sollen, um sich im entscheidenden Moment noch einmal zu stärken. So lange hätte sie sich aber nicht zurückhalten können. Sie war durstig, hungrig und verzweifelt. Die Verlockung wäre zu groß gewesen. Im Widerstehen war sie noch nie besonders gut gewesen.

Mehrmals schon hatte sie versucht, sich den Namen des Jungen ins Gedächtnis zu rufen. Sie hatte sein Gesicht vor

Augen, in verschiedenen Altersstufen, doch der Name blieb verschollen. In Gedanken nannte sie ihn weiter »den Jungen«, weil ihr nichts Besseres einfiel. Wie er hieß, hatte ihr auch am Abend bei Roswitha nicht in den Sinn kommen wollen. Sie vergaß immer mehr. Fünfzig musste er inzwischen sein, aber nicht viel älter. Ein guter Junge eigentlich, den man jedoch kaum zu Gesicht bekam. Auch seine Mutter und den Vater sah sie nur selten. Mit der Mutter legte man sich besser nicht an. Sie lebten alle drei sehr zurückgezogen. Das Tor war immer verschlossen, sodass man nicht einmal einen Blick in den Hof werfen konnte, wenn man dort vorbeikam. Ein großes, stattliches Gehöft, dem man den Reichtum über Generationen ansah. Neben dem Hobbybauern waren sie die Einzigen im Dorf, die noch Schweine und Rindviecher hielten wie früher fast alle hier. Jeder hatte einst seine eigene Kuh und ein paar Schweine besessen, die man mit gekochten Kartoffeln und den Resten aus der Küche mästete. Die Grundversorgung der Familie war damit auch in Notzeiten gesichert. Durch die Erbteilung über viele Generationen hinweg hatten ohnehin nur wenige Familien über so viel Besitz verfügt wie sie. Ihre Bullenzucht war über die Dorfgrenzen hinaus bekannt gewesen. Sein Vater hatte Preise dafür bekommen. Auch ihr Heinrich hatte ihre Kühe stets zum Zuchtbullen des Alten geführt.

Seither hatte sich vieles verändert. Wen wunderte es, dass sie sich in ihrem Gehöft versteckten? Das Leid, das eigene Kind zu Grabe zu tragen, war unermesslich. Den großen Bruder zu verlieren, zu dem man als Fünfjähriger verehrend aufschaute, den man bewunderte. Sie spürte den Herzschlag in ihrer Brust. Die Wärme, die nicht allein von der wohltuenden Wirkung des Alkohols kam. Es wurde erzählt, dass er an jenem Unglückstag daheim gewesen war. Vielleicht hatte er hilflos dabeigestanden und mit ansehen müssen, wie der eigene Bruder um sein Leben strampelte und dann doch in der Brühe verschwand. So viele verschiedene Geschichten kursierten im Dorf über das schreckliche Ereignis, dass es unmöglich schien, die wahre zu benennen. Ersoffen war der große Bruder in der Güllegrube, die durch den vielen Regen recht voll stand. Und jetzt, Jahrzehnte später, warf der Junge sie hier in dieses Loch. Warum? Hatte er mit Roswitha das Gleiche getan? Hatte sie ihr geantwortet, als sie in Hof und Scheune nach ihr gesucht und ihren Namen gerufen hatte? Und sie hatte Roswitha nicht gehört?

Der Gedanke schnürte ihr den Hals zu.

35

»Die Bonacker.« Kurt-Otto wiederholte es schon zum dritten Mal. Die Polizisten wollten ihm einfach nicht zuhören. »Margit Bonacker, meine Nachbarin, muss das sein. Sie ist schon seit mehreren Tagen verschwunden, vielleicht länger. Ihre Tochter hat es gestern erst bemerkt. Wir haben sie zusammen im ganzen Haus und im Garten gesucht.«

»Das sagten Sie bereits.« Der jüngere der beiden Polizisten, die vor ein paar Minuten hier angekommen waren, blickte ihn genervt an. Der ältere mit dem Schnurrbart war gleich zum Streifenwagen zurückgegangen und seither nicht wieder aufgetaucht. »Gehen Sie bitte ein Stück zurück. Wir sichern den Fundort und warten auf die Kollegen. Danach können Sie uns alles erzählen.«

Kurt-Otto brummte unzufrieden. Das dauerte hier alles so unendlich lang. Baumann regte sich gar nicht mehr. Er konnte ihn in diesem Zustand eigentlich nicht allein lassen. Seit der Leichnam in der Grube aufgetaucht war, saß er auf den Stufen, die zu seiner Haustür hinaufführten, und starrte ins Nichts. Er hatte auch auf seine Fragen nach einem Telefon nicht reagiert. Kurt-Otto hatte es dann aber auch so gefunden, es lag gleich vorn im Flur auf der Ablage an der Garderobe. Im Gegensatz zum Großbauern war er mit seiner kurzen Übelkeit wohl ganz gut davongekommen. Die Bratwurst und den Ring Fleischwurst hatte er sogar bei sich halten können. Nur der saure Geschmack in seinem Mund wollte nicht weichen. Er schluckte wieder dagegen an. Ob er den Baumann um ein Glas Wasser bitten sollte? Besser nicht. Der Arme sah aus wie eine frisch gekalkte Stallwand. Wenn er ihn denn überhaupt hörte und Anstalten machte aufzustehen, fiel er wahrscheinlich nach dem ersten Schritt direkt wieder um.

Wie kam die Bonacker in diese Grube? Er versuchte, seine

Gedanken zu ordnen. Es musste doch eine Erklärung dafür geben. Er rieb sich über das erhitzte Gesicht. Die eingetrockneten Dreckspritzer lösten sich unter seiner Hand und fielen herab. Der ältere Polizist war endlich zurück und rollte ein rotweißes Flatterband aus, das er umständlich an einem Haken befestigte, der in der Grenzmauer zum Nachbargrundstück steckte. Mit einer knappen Handbewegung gab er ihm zu verstehen, dass er noch ein paar Meter weiter zurückgehen sollte, lief mit der Rolle um Baumanns Traktor herum und dann auf die Hauswand zu. Am Wohnhaus suchte er eine Stelle, an der er das andere Ende festmachen konnte, und fand eine Außenleuchte mit einer eisernen Verankerung im Gemäuer. Damit war der schmale Zugang zum Krater abgesperrt. Der jüngere Polizist nickte zufrieden. Anscheinend war er es, der hier den Ton angab.

Hatte Baumann der Bonacker etwas angetan und ihren Leichnam dann in das alte Abwassergewölbe geworfen? Irgendwo auf dem Grundstück musste es einen Zugang geben. Vielleicht hinten in der Scheune. Kurt-Otto bewegte den Kopf ungläubig hin und her. Ein abwegiger Gedanke war das, der nicht zu seinem Kollegen passte. Er hatte ihn nie aufbrausend erlebt.

Da gab es ganz andere, die bei der kleinsten Kleinigkeit hochrot anliefen, herumbrüllten und nicht selten sogar im nüchternen Zustand handgreiflich wurden. Wäre Baumann schuld an Margit Bonackers Tod, hätte er ihn doch nicht auf der Straße angehalten und in seinen Hof geholt. Es sei denn, er war sich ziemlich sicher, dass er sie in dem verzweigten Gewölbe gut verstaut hatte. Vielleicht hatte er sogar selbst für das Absinken seines Pflasters gesorgt? Brach das Gewölbe an der richtigen Stelle zusammen, lag sie unter etlichen Tonnen Schutt begraben. Die Grube hätte er zügig mit ein paar Lkw-Ladungen Schotter verfüllen lassen und dann das Pflaster darüber erneuert. Niemand hätte die Bonacker jemals wiedergefunden. Sie wäre auf ewig verschollen gewesen, ohne eine Spur, was wirklich mit ihr geschehen war.

Ein nahezu perfekter Mord wäre das, wenn er nur noch eine Erklärung dafür fände, was den Baumann zu einer solchen Tat bewogen haben könnte. Da er sein Hoftor meistens verschlossen hielt, konnte die Bonacker hier kaum ohne sein Zutun verunglückt sein. Hatte es Streit mit ihr um einen Acker gegeben? Sie besaß nicht viel Land, weil ihre Vorfahren ihren Lebensunterhalt seit jeher als Schmiede verdient hatten. Es gab aber kaum jemanden im Ort, der nicht zumindest ein, zwei Felder, ein Obststück und einen Weinberg sein Eigen nannte. So auch die Bonackers. Aber wer hatte ihre Grundstücke gepachtet? Baumann bestimmt nicht. Der hatte ja erst vor ein paar Jahren mit der Landwirtschaft angefangen. Das war herauszubekommen. Man brauchte nur zwei bis drei Kollegen zu befragen. Das reichte in der Regel aus, um einen vollständigen Katasterplan der Gemarkung inklusive aller Besitz- und Pachtverhältnisse zu rekonstruieren. Er nickte. Das meiste wusste er selbst. Aber bei der Bonacker musste er passen.

Reichte der Streit um eine Parzelle Land überhaupt als Motiv für einen Mord an einer alten Frau? Kurt-Otto wollte das nicht recht glaubhaft erscheinen. Im Fall, dass Baumann ihr das Land abgeschwatzt und sie zur Unterschrift beim Notar genötigt hatte, würde der Verdacht doch sofort auf ihn fallen. Die Verträge waren unterschrieben, die alte Frau aber unauffindbar. Fühlte er sich so sicher mit seinem Mordplan, dass ihn das nicht schreckte? Er hatte ihm dabei als ahnungsloser Helfer zur Hand gehen sollen. Oder war alles ganz anders gewesen?

Kurt-Otto strich sich noch einmal über das glühende Gesicht. Dabei rieb er die letzten eingetrockneten Dreckspritzer ab. Im Nachbarhof wohnte die alte Roswitha Hembes. Sie war ganz allein. Er musste unbedingt gleich zu ihr rübergehen. Wann hatte er sie zuletzt gesehen? Er spürte, wie die Übelkeit wieder in ihm aufstieg. Sein Herz raste. Ihr Grundstück war ebenfalls von dem Abwassergewölbe unterkellert. Was, wenn sie die Tote in der Grube war? Und wenn es so war, wo war dann die Bonacker? Er lief los, an seinem Traktor vorbei.

»Halt, bleiben Sie stehen! Sie können nicht einfach so abhauen! Wir brauchen Ihre Personalien! Verdammt, der rennt weg!«

36

Ihr Junge war wie ausgewechselt, und sie fühlte sich hoffnungsvoll. Sie summte eine Melodie vor sich hin, während sie nach der nächsten Kartoffel langte. Langsam und konzentriert führte sie das kleine Messerchen unter der Schale entlang. Ein breiter Streifen schlängelte sich in die Tiefe, bis er auf den Boden der blauen Plastikschüssel traf, in der sie die Abfälle für die Schweine sammelte. Er hatte gelacht heute Morgen am Frühstückstisch und ihr die Weinberge aufgezählt, in denen er am Vormittag die Hefthäkelchen entfernen wollte. Voller Tatendrang hatte er sich mit dem alten Auto, das sie für die Fahrten draußen in den Rebhängen nutzten, auf den Weg gemacht. Sie wollte sich die Hoffnung erhalten und bekräftigte sich daher in dem Gedanken, dass es nicht so wie sonst war. Sein Gemüt schwankte schon immer zwischen völliger Reglosigkeit und heftigem Aktionismus, aber diesmal hatte die Freude in seinen Augen gestanden. Vielleicht behielt sie ja doch recht, und es steckte eine Frau dahinter. Ein Gedanke, der ihr im selben Atemzug einen feinen Stich in die Brust versetzte.

Es hatte so kommen müssen. Irgendwann würde sie allein sein mit ihrem Mann, der kaum noch ein Wort sprach. Sie ließ ihn gern los, wenn es dazu kam. Es war für ihren Sohn vielleicht die letzte Möglichkeit. Er wurde dreiundfünfzig im kommenden Februar.

Die Tränen rollten über ihre Wangen, während sie sich zwang, die freudige Melodie nicht verstummen zu lassen. Vielleicht blieb er ja trotzdem bei ihr, zusammen mit der Frau. Sie würde dafür sorgen, dass sie sich wohlfühlte mit ihnen unter einem Dach. Sie würde sich bemühen, die Trauer tief in sich zu behalten und sie hinter einer freundlich lächelnden Fassade fest zu verschließen. Das war sie dem Jungen schuldig. Er hatte ihr so lange Beistand geleistet. Mehr konnte sie nicht einfordern. Er brauchte sein eigenes Leben. Wenn er sie so ansah wie heute Morgen, dann war er dazu auch in der Lage. Seine Freundin musste ihm dabei helfen. Ob sie das auch dann tun würde, wenn er wieder unter seinem Bett lag und nicht herauskonnte?

Die kalten und dunklen Phasen suchten auch sie immer wieder heim. Erinnerungen an jenen Tag, der am Anfang von allem gestanden hatte. Bei ihm waren sie kälter und dunkler und zogen sich viel länger hin. Mehr als einmal hatte sie geglaubt, er würde nie wieder aus der Dunkelheit herausfinden. Er musste hier wohnen bleiben, dann konnte sie seiner Freundin beistehen, wenn er wieder in der Düsternis zu versinken drohte. Sie würde ihr dann zeigen, wo sie den tiefen Teller mit der Suppe und den gesüßten Tee hinstellen musste, damit er sich beides unter das Bett ziehen konnte. Sie musste lernen, dass er nicht antwortete und kaum verständliche, böse Verwünschungen sprach, wenn man sich zu ihm hinabbeugte. Manchmal zog sich dieser Zustand eine ganze Woche lang hin. Versorgte sie ihn in dieser Zeit nicht richtig, überlebte er das nicht. Von wem sollte sie das lernen, wenn nicht von ihr? Er würde es ihr ganz bestimmt nicht erzählen. Zumal sie sich ziemlich sicher war, dass er sich nur an wenig erinnern konnte, wenn die Tage in seinem Kopf langsam wieder heller und wärmer wurden und er sich heraustraute. Es gab also gar keine andere Möglichkeit. Sie musste bald mit ihr reden, damit sie alles verstand, noch bevor es wieder so weit war.

Sie summte weiter die Melodie des Kaiserwalzers von Johann Strauss. Es war der erste Tanz mit ihrem Mann, an einem ausgelassenen ersten Mai, der sich bereits wie ein Sommertag angefühlt hatte. Die Kapelle hatte auf dem Platz vor der Kirche aufgespielt. Sie hatte auf den Tag hingefiebert. Das erste große Fest nach dem Krieg. Ihre Mutter war dagegen gewesen, dass sie hinging. Sie trug noch immer Schwarz. Ihr Bruder, an den sie kaum eine Erinnerung hatte, war in den letzten Kriegswochen verschollen. Doch ihr Vater hatte der Mutter gut zugeredet. Er schien zu ahnen, dass sich eine gute Partie anbahnte. Sie hatte ihren zukünftigen Mann an jenem lauen Maiabend auffordern müssen, davor aber schon an seinen Augen ablesen können, dass er nicht Nein zu einem Walzer und zu ihr sagen würde.

Dass sie sich daran noch so genau erinnern konnte, trotz allem, was danach passiert war.

37

Sie hielten ihn gegen seinen Willen fest. Das durften sie nicht. Bis zum Hoftor von Roswitha Hembes hatte er es geschafft, dann hatte ihn der jüngere der beiden Polizisten eingeholt. Kurt-Ottos Arm schmerzte immer noch, so hart hatte er ihn gepackt und gegen die Kunststoffplanken des Tores gepresst. Erst nach mehrmaligem Beteuern, dass er nur nach der Nachbarin habe sehen wollen, hatte der Polizist ihn wieder losgelassen. Er hatte also nicht wirklich überprüfen können, ob sie noch lebte.

Kurt-Otto schnaufte verächtlich. Sie ließen sich viel Zeit und wollten nicht auf das hören, was er ihnen zu sagen hatte. Mittlerweile war ein halbes Dutzend Polizisten zur Verstärkung eingetroffen. Alle ziemlich unscheinbar und ohne Uniform. Die hatten die Sache übernommen. In ihren weißen Schutzanzügen tasteten sie sich langsam um den Krater herum vor. Baumann war gerade eben von einem von ihnen ins Haus gebracht worden. Nach unten in die Grube schienen sie sich noch nicht zu trauen. Auch nicht, nachdem er sie mehrmals darauf hingewiesen hatte, dass es von vorn relativ ungefährlich war, weil dort die massive Bruchsteinmauer, die das Gewölbe zuvor mitgetragen hatte, ein weiteres Nachrutschen von Erdmassen und Geröll verhinderte. Wenn die in diesem Tempo weitermachten, waren sie morgen früh noch so zugange. Wobei er sich eingestehen musste, dass auch er nicht freiwillig in das Loch hinabsteigen würde. Zumal derzeit keine Gefahr zu bestehen schien, dass die Leiche ihre Position veränderte und irgendwann nicht mehr wiederzufinden war. Dass der arme Mensch in der dunklen Brühe nicht mehr lebte, lag auf der Hand. Wahrscheinlich würden sie warten, bis für eine ausreichende Absicherung gesorgt war, ehe sie jemanden hinunterließen, um die Frau zu bergen. Dass es sich um eine weibliche Person handelte, konnte man zweifelsfrei am Rock erkennen, der ihr bis über die Knie ging.

Hoffentlich bekam Mareike den Auflauf in der Seitenstraße nicht mit. Weit hatte sie es nicht bis hierher. Der erste Polizeiwagen war mit Sirene quer durchs ganze Dorf gefahren. Es wunderte ihn, dass noch keine Schaulustigen den Weg zum Hof von Berthold Baumann gefunden hatten. Sonst dauerte es doch auch nicht lang. Weit aus dem Fenster gelehnt folgten sie jedem Blaulicht, um die grobe Richtung zu ergründen, in die sie sich gleich in Bewegung zu setzen hatten. Spätestens draußen vor dem Tor wäre dann aber für alle Schluss. Der ältere der beiden Polizisten stand am Hofeingang. Er hatte dafür zu sorgen, dass keine Unbefugten hereinkamen. Wahrscheinlich sollte er außerdem aufpassen, dass er nicht noch einmal versuchte abzuhauen. Der jüngere Polizist stand direkt neben Kurt-Otto hinter dem Flatterband und behielt ihn zusätzlich im Auge. Ihm hatte er versprechen müssen, dass er dableiben würde, bis sich die Kollegen von der Kriminalpolizei um ihn gekümmert hatten. Es seien weitere Spezialisten im Anmarsch. Sie wären schon längst hier, wenn sie auf der Saarstraße nicht im Stau stünden. Dort sei wegen umfangreicher Nachbesserungsarbeiten an der gerade erst in Betrieb genommenen Straßenbahntrasse die Fahrbahn auf eine schmale Spur verengt worden. Und in der einzigen Spur sei wohl zu allem Überfluss auch noch ein Motorradfahrer gestürzt. Jetzt fühlte sich Kurt-Otto zwar hinreichend über die Verkehrssituation auf einer der wichtigsten Ausfallstraßen der Stadt Mainz informiert, wann er aber hier endlich wegdurfte, um bei Mareike und im Nachbarhof von Roswitha Hembes nach dem Rechten zu sehen, das wusste er immer noch nicht.

Mit einer langen Teleskopstange in der Hand eilte einer der weiß eingepackten Polizisten an ihm vorbei. Er tauchte unter dem Flatterband durch und steuerte auf zwei andere, auf der sicheren Seite des Kraters stehende Polizisten in weißen Overalls zu, die sich angeregt unterhielten. Mit dem langen Stab stocherte einer von ihnen gleich darauf in der Grube herum. Was genau sie damit zu bewirken beabsichtigten, war aus Kurt-Ottos Position nicht ersichtlich. Nach wenigen ungelenken

Bewegungen schienen sie auch schon wieder fertig zu sein. Die dreckige Spitze der Stange zeigte an, dass sie mit ihr in der schwarzen Brühe zugange gewesen waren. Vielleicht hatten sie wissen wollen, wie tief das Wasser stand, bevor sie jemanden hinabließen. Einer der Kriminalpolizisten steuerte jetzt auf sie zu. Kurt-Otto reckte sich in die Höhe. Endlich hatten sie Zeit für ihn. Er wollte los. Er musste sich schleunigst ein paar Fragen beantworten, um das Durcheinander in seinem Kopf sortiert zu bekommen.

»Wir haben sie umgedreht. Fühlen Sie sich dazu in der Lage, einen Blick in die Grube zu werfen? Vielleicht erkennen Sie die Frau, die dort unten liegt.« Der Kripobeamte blickte ihn fragend an. Kurt-Otto spürte den sich verstärkenden Druck auf seinen Magen. »Es wird dauern, bis wir die Grube so weit gesichert haben, dass wir mit der Bergung des Leichnams beginnen können. Sie würden uns damit sehr helfen. Wahrscheinlich ist es jemand aus dem Dorf.«

Für einen Moment herrschte Stille. Kurt-Otto nickte und duckte sich unter dem Band hindurch. Er atmete konzentriert und gleichmäßig. Mehrmals schluckte er gegen die Anspannung und die damit einhergehende Übelkeit an. Vorsichtig tastete er sich mit seinem Blick vom Rand zur Grubenmitte vor. Er hätte ihr auch direkt ins Gesicht schauen können. Das wollte er aber nicht. So erschien es ihm besser. Einer der Kriminalpolizisten trat nah an ihn heran. Wollte er ihn halten, falls es doch zu viel wurde? Falls ihn der Anblick einknicken ließ? Instinktiv bewegte er sich einen halben Schritt zurück. Dann hatte sein Blick sie erfasst. Ihr Gesicht war schwarz vom Schlamm. Ein paar dünne Haare klebten quer über dem linken Auge. Um sie herum trieben kleine schwarze Inseln. Aufgeschwemmte Holzstücke, die seit ewigen Zeiten in der Grube vor sich hin moderten. Direkt neben ihr lagen zwei längliche Stücke so übereinander, dass es den Anschein erweckte, man habe ihr ein Kreuz zur Seite gelegt. Er spürte die prüfenden Blicke des Polizisten neben sich.

Kurt-Otto drehte sich weg. »Es ist Roswitha Hembes.« Er

musste schlucken. Schon wieder. Es war aber längst nicht so drückend wie in dem Moment, als sie aus der Tiefe aufgetaucht war. »Baumanns Nachbarin.« Er hielt kurz inne und schaute dann den Polizisten an. »Darf ich jetzt nach Hause?«

Ehe einer der Männer, die mit ihm an der Grube standen, antworten konnte, kam Baumann, gefolgt von zwei Beamten, aus dem Haus. Er hielt den Kopf gesenkt und blickte auch nicht auf, als er ganz nahe an ihnen vorbeilief. Er schien sich noch immer im Schockzustand zu befinden.

Einer der Polizisten, die ihn begleiteten, blieb bei ihnen stehen. Er wartete einen Moment und prüfte mit einem kurzen Schulterblick, ob Baumann schon weit genug weg war, dann sagte er gedämpft zu seinen Kollegen: »Wir nehmen ihn mit. Er hat sich in einige Widersprüche verstrickt. Vielleicht tut ihm die Luftveränderung im Präsidium gut.« Sein Blick wanderte zu ihm. »Sie sind Kurt-Otto Hattemer? Er hat beteuert, dass Sie mit alldem nichts zu tun haben. Der Kollege nimmt Ihre Personalien und Ihre Aussage auf. Dann können Sie nach Hause gehen. Ihr Traktor bleibt noch hier. Sie bekommen Bescheid, wann Sie ihn abholen können.«

Schnell hatte Kurt-Otto dem Kripobeamten seinen Namen und die Anschrift diktiert. In knappen Sätzen gab er zu Protokoll, was geschehen war, seit Berthold Baumann ihn auf der Straße angehalten hatte. Den jungen Polizisten am Absperrband, der ihn vorhin so unsanft angegangen war, würdigte er keines Blickes mehr. Sobald er aus seinem Sichtfeld verschwunden war, rannte er los. Sein Atem ging schwer. Er musste zu Mareike. Er hetzte an zwei älteren Damen vorbei, die auf die Polizeiwagen zustrebten und ihm amüsiert nachblickten.

»Ach, der Kurt-Otto. Wie immer zuerst vor Ort, wenn was passiert ist, und dann ganz schnell unterwegs, um die Neuigkeit breitzutreten.«

38

Er hatte gedanklich alles beisammen, was er für den heutigen Abend brauchte. Er besaß keine Erfahrung mit solchen Situationen, daher wusste er nicht, ob es anders werden würde als bei den Kämpfen davor. Die Verse konnte er alle im Schlaf aufsagen. Sie dienten der Abwehr und mussten den mächtigen Feind auf Abstand halten. Dass er bei jedem Handgriff ganz besondere Vorsicht würde walten lassen, stand außer Frage. Es war der gewaltigste Gegner des ganzen Krieges, auf den er heute traf. Dabei würde sich zeigen, ob sein Bruder die beiden dicken Fragezeichen auf den Notizzetteln, die den Inhalt des »Hexenhammers« zusammenfassten, zu Recht gesetzt hatte.

Der entschlossene Jäger konnte sich sicher fühlen. Er stand unter dem besonderen Schutz heiliger Mächte. Die Hexen hatten daher die Gefahr, die von ihm ausging, trotz ihrer Macht nicht erkennen können. Galt das auch für ihren Hexenmeister? Die Hexen hatten ihm nichts entgegenzusetzen gewusst, als sie seiner ansichtig geworden waren. Seine Vorbereitungen, sein vorausschauendes Agieren und die Umsicht, als er ihnen direkt gegenüberstand, hatten seine wahren Absichten verschleiert und sie in Sicherheit gewogen. Vielleicht hatten sie ihn auch unterschätzt, und ihre Selbstsicherheit war ihnen zum Verhängnis geworden? Das durfte ihm nicht passieren. Er wusste, dass die entscheidende Schlacht bevorstand. Seine bisher errungenen Siege markierten lediglich kleine Zwischenstationen. Sie waren bedeutungslos, wenn er am Ende doch versagte.

Die Notizzettel musste er mitnehmen, auch wenn er sie nicht brauchte. Sie schützten ihn. In den Versen würde er nachher noch einmal blättern. Vielleicht fand er ja einen, der sich für diesen Zweck besonders anbot. Das Fläschchen mit den Tropfen war noch zur Hälfte gefüllt. Es reichte aus.

Kraftlos und betäubt waren sie alle viel leichter gewesen, als sie aussahen. Dieser Befund deckte sich mit einer Notiz seines Bruders aus einem der anderen Bücher. Außerdem ging er nicht allein in diesen letzten Kampf. Sein Bruder ruhte noch und sammelte Kraft. Er war schon den ganzen Tag still. Hier im Weinberg brauchte er ihn auch nicht.

Er musste lächeln bei dem Gedanken und setzte seinen Weg durch die Rebgassen fort. Die ausgeblichene Bauchschürze seiner Mutter hing schwer an ihm herab. Sie war mittlerweile prall gefüllt mit den kleinen Haken, die er von den Drähten löste. Hier in seinem Riesling ging das deutlich schwerer. Jede Rebsorte klammerte sich unterschiedlich stark mit kleinen Seitentrieben fest: der Dornfelder kaum, der Riesling dafür umso mehr. Die dünnen, verholzten Triebe ringelten sich um den Draht und umschlangen auch die kleinen Metallhaken dermaßen fest, dass man manchmal regelrecht an ihnen zerren musste, um sie zu lösen.

Seine Stimme hätte er trotzdem gern im Ohr gehabt. Sie tat ihm wohl und wirkte beruhigend, wenn sein Herz vor Aufregung so fest in seiner Brust hämmerte, dass die Erschütterung seinen ganzen Oberkörper beben ließ. Die Erinnerung an jene Nacht erhitzte ihn, wann immer sie ihm in den Sinn kam. Da sein Blick wiederkehrend die Feuerstelle suchte, um zu überprüfen, ob sich dort etwas regte, flackerte sie stets von Neuem auf. Auch jetzt sah er in die Richtung, weil er aus dem Augenwinkel eine Bewegung im Hang wahrgenommen hatte. Erschrocken duckte er sich hinter der Rebzeile weg, die bisher nur im oberen Teil alle Blätter verloren hatte. Das bot ihm ein wenig Schutz.

Es näherte sich eine Person dem Kirschbaum und ihrem Tanzplatz. Aus der Entfernung von mehreren hundert Metern vermochte er nicht zu sagen, um wen es sich handelte. Die Bank unter dem Baum war beliebt bei Spaziergängern und abends sogar bei jungen Pärchen, die sich dort trafen. Warum sie die Nähe zu einem Ort suchten, an dem das Böse regierte, bewies, wie ahnungslos sie alle waren. Die Person blieb nicht lange an der Bank unter der Wildkirsche stehen. Sie schaute sich nur kurz prüfend um und hielt dann auf die Feuerstelle zu. Er ballte die Fäuste und flüsterte leise ein paar Worte vor sich hin. Dabei behielt er die Person im Blick, die jetzt den ersten mächtigen Kalkstein erreicht hatte und sich langsam hinabbeugte. Sie befand sich fast in der Mitte des Pentagramms und harrte dort für einen Moment aus. Das Blut rauschte in seinen Ohren. Warum konnte er seinen Bruder nicht hören? Er musste das doch auch mitbekommen haben. Die Person schien die Kerze zu betrachten, die er dort letzte Nacht entzündet hatte.

Sie war nicht allein. Jetzt erst fing sein Blick das kleine weiße Bündel ein, das um sie herumsprang. Ein winziger Hund, zumindest aus der Entfernung, aus der er die Szenerie besah. Jetzt konnte er auch das heisere Bellen vernehmen. Die Person richtete sich wieder auf und verließ das Fünfeck, dessen Eckpunkte von den fast weiß leuchtenden Brocken markiert wurden.

Sein Atem ging sogleich langsamer. Es war gut, dass er hierhergekommen war. Er musste weiter auf der Hut sein. Wie konnte er sonst sicher sein, dass sie nur zu viert gewesen waren?

39

Sigrun kauerte sich in ihrer Nische zusammen, um auch ihre nassen Füße unter den Mantel zu bekommen. Er war zwar längst nicht trocken, aber er hielt die Wärme zumindest ein klein wenig. Wie sollte er hier unten in diesem modrigen Loch voller Wasser auch trocknen? Eher noch wuchsen Pilze auf ihm, als dass die Feuchtigkeit irgendwann gänzlich aus ihm heraus war. Außerdem hing immer wieder, auch wenn sie noch so aufpasste, eine Ecke ihres Mantels hinab und damit in der Brühe.

Sie durfte jetzt auf gar keinen Fall noch einmal die Augen zumachen. Sie wusste zwar nicht genau, wie spät es war. Doch schlief sie jetzt ein, verpasste sie womöglich den richtigen Moment. Ihre Freundinnen würden dann um kurz nach sechs in ihrem Hof stehen, nach ihr rufen und sie suchen, und sie bekäme das alles nicht mit. Sie spürte die Kälte, die dieser Gedanke mit sich brachte. Ein Schauer, der langsam ihren Rücken hinaufkroch. Eine zweite Chance gab es nicht für sie. Noch eine Nacht würde sie hier unten nicht überstehen.

Vorhin hatte sie wieder ein Flugzeug hören können. Wenn ihre beiden Freundinnen das Hoftor öffneten und danach wieder schlossen, würde sie auch das mitbekommen. Der Rahmen des Tores bestand aus Metall, auf dem der Bonacker damals die Holzlatten befestigt hatte. Gut dreißig Jahre war es her, dass der Schmied ihnen das neue Hoftor gemacht hatte. Das alte, schwere aus Holz war nicht mehr zu retten gewesen. Die Hauptstreben waren morsch gewesen und so weich, dass man mit dem Fingernagel tief hineinkam. Das Metalltor ging viel leichter auf und zu, dafür klapperte es bei stärkerem Wind und kündigte jeden Besucher deutlich hörbar an. Nur wenn man sich besondere Mühe gab, war es fast geräuschlos möglich, das Türchen im Hoftor hinter sich zu verschließen. Dabei durfte einem aber der Wind nicht in die Parade fahren, sonst knallte es erst richtig. Das Geräusch beim Schließen der Tür würde sie hören. Es verriet ihr auch, wer im Anmarsch war. Ihre Freundinnen würden sich kaum bemühen, es möglichst geräuschlos zuzudrücken. Sie wollten ja, dass sie sie hören konnte. Nur wenn er zurückkam, würde es kaum zu vernehmen sein. Dann musste sie sich rechtzeitig in Sicherheit bringen. Falls sie das Geräusch verpasste und ihn erst bemerkte, wenn er den Deckel öffnete, unter dem sie lag, blieb ihr nicht mehr ausreichend Zeit. Floh sie weiter hinein ins Gewölbe, verrieten sie zudem die Bewegungen des Wassers. Es dauerte, bis sie langsam auf achtzig gezählt hatte, erst dann lag die Oberfläche wieder so ruhig da wie zuvor. Sie hatte es extra ausprobiert. Sie musste also konzentriert lauschen, um im entscheidenden Moment reagieren und in den hinteren Teil des Gewölbes flüchten zu können. Außerdem hatte sie einen losen Stein aus der Nische gelöst. Mit dem konnte sie von unten gegen den Deckel schlagen, wenn ihre Freundinnen den Hof überquerten, um zur Haustür zu gelangen. Sie kamen dabei ganz nah an ihr vorbei. Sie konnten sie nicht überhören. Das war völlig ausgeschlossen, solange sie nur wach blieb.

Sie rieb sich die Augen und hauchte die ersten Worte des Liedes, das hier unten ihr ständiger Begleiter geworden war. Fünf Strophen konnte sie singen, wobei sie bei der letzten einen Teil des Textes eigenmächtig vervollständigt hatte. Im Konfirmandenunterricht hatte sie alle fünfzehn auswendig aufsagen müssen. Aber das war so lange her.

40

Kurt-Otto riss das Türchen im Hoftor auf und stürmte hinein. Es schepperte, als er die Tür hinter sich zuwarf. Er musste sich bremsen. Sie würde vor Schreck umfallen, wenn er so vor ihr auftauchte. Völlig außer Atem war er und daher vollkommen sprachlos. Wie sollte er ihr da ruhig erklären, was los war und dass es nicht ihre Mutter war, die sie in der Grube gefunden hatten? Ein Glück, dass sie dort nicht aufgetaucht war. Er verlangsamte seinen Schritt und bemühte sich erfolglos, ruhiger zu atmen, um so das lautstarke Schnaufen zu unterbinden. Das Tempo eben war einfach zu schnell gewesen – und dann auch noch die Steigung bis hinauf auf die Hauptstraße. Er war keine zwanzig mehr und hatte sein Päckchen zu tragen. Bestimmt war auch die von Renate eingeführte Mangelernährung mit dafür verantwortlich. Früher war er nicht so schnell außer Puste geraten. Eine Steigung wie die gerade hätte er im Laufschritt bewältigt und nebenbei noch ein Liedchen gepfiffen. Jetzt pfiff er auch, aber an eine Melodie war dabei nicht zu denken.

Er holte noch einmal tief Luft und zog dann behutsam die Haustür auf. Es war darin jetzt wärmer als gestern in der Nacht. Das Haus wirkte wieder bewohnt. Mareike musste die Heizung hochgedreht haben. In der Küche brannte Licht. Er eilte den Flur entlang, an den aufgereihten Zinntellern mit den Szenen des Weinjahres vorbei. Die wichtigsten Arbeiten vom Frühjahr bis zum Herbst waren dort abgebildet. Am Ende stand das fröhliche Zechen zwischen den Holzfässern im Keller.

Sie hatte geweint. Ihre Augenränder schimmerten rot. Das zerknüllte Taschentuch hielt sie griffbereit in der rechten Hand. Aus großen Augen starrte sie ihn fragend an. Sie hatte die Sirenen bestimmt gehört. Schnell schüttelte er den Kopf.

»Es war nicht wegen meiner Mutter?«

»Nein.« Kurt-Otto atmete hektisch. Noch einmal bewegte

er den Kopf hin und her, weil er nicht so schnell weiterreden konnte. Für die zusätzlichen Erklärungen brauchte er mehr Luft. Sein Blick wanderte über die Anrichte und die Spüle. Tassen standen dort, ein Teller mit schmutzigem Besteck. Eine Küche in Benutzung, ganz anders als gestern Abend. Sauber aufgeräumt war alles gewesen, wenn er sich recht erinnerte. Alles ordentlich gespült, abgetrocknet und verstaut, bevor sie das Haus verlassen hatte. So ging man aus der eigenen Küche, wenn man plante, länger wegzubleiben. Noch einmal schnaufte er. »Beim Baumann ist etwas passiert, da sind sie hin. Das hat aber nichts mit deiner Mutter zu tun.« Sie versuchte sich an einem Lächeln. Kurt-Otto fuhr fort: »Hast du versucht, deinen Bruder zu erreichen?«

Sie nickte. »Gleich heute Morgen. Dort ist sie nicht. Ich habe ihm nicht alles erzählt. Es bringt nichts, wenn er auch noch herkommt. Das gibt nur wieder Streit.« Sie winkte ab. »Er kümmert sich ja sonst auch nicht um unsere Mutter.«

»Was hat denn die Polizei gestern gesagt?« Er überlegte, ob er ihr doch mehr erzählen sollte von dem, was bei Baumann passiert war. Früher oder später würde die Polizei sie dazu befragen. Das lag auf der Hand. Eine alte Frau tot im Abwassergewölbe und eine weitere, die spurlos verschwunden war, die Polizei musste doch überprüfen, ob das etwas miteinander zu tun haben könnte. Auch wenn das eine ganz abwegige Vorstellung war, die er weit von sich schob.

»Ich soll Bescheid sagen, wenn sie bis heute Abend nicht wieder da ist. Da ich nicht genau angeben konnte, wie lange sie schon weg ist, können sie im Moment auch nur die Augen offen halten. Sie ist ein erwachsener Mensch. Wenn sie nach jedem suchen würden, der mal über Nacht nicht heimkäme …« Mareike versagte die Stimme. Sie rieb sich die Tränen von der Wange.

»Das stimmt schon.« Unsicher stand er weiter vor ihr in der Küche und wusste nicht recht, was er noch sagen sollte. Er vermochte selbst nicht daran zu glauben, dass es eine ganz einfache Erklärung für das Verschwinden ihrer Mutter geben könnte, eine Freundin, bei der sie übernachtet hatte, oder einen Ausflug mit einem der Vereine im Dorf. Die Gemeinde organisierte jedes Jahr eine Seniorenfahrt mit Übernachtung. Der Bürgermeister hatte auch ihn schon einmal deswegen angesprochen. Das war aber im Mai gewesen. Und da die alte Bonacker sonst nicht unbedingt die Nähe zu anderen suchte, war es eher abwegig, dass sie sich dem Jahresausflug der freiwilligen Feuerwehr oder der Beckenbodengymnastiktruppe der Landfrauen angeschlossen hatte. Außerdem hätte sich das längst bis zu ihm herumgesprochen, wenn sich ein ganzer Bus übermütiger Ausflügler aus dem Dorf am Rathaus versammelt hätte, um für ein oder zwei Tage die Heimat hinter sich zu lassen.

»Ich mache mir solche Vorwürfe.« Sie strich sich noch einmal über die Augen. »Ich hätte schon viel eher herkommen müssen, bei den ersten Anzeichen der Verwirrung. Im Herbst hat sie mir einen Kräutertee aus eigenem Anbau geschickt. Eine große Tüte, in der es nur so wimmelte vor Motten. Alles voller Tiere, in jedem Entwicklungsstadium. Sie war da schon nicht mehr in der Lage, für sich selbst zu sorgen, auch wenn sie am Telefon ganz normal klang. Ich wollte ihr nicht wehtun und habe sie daher nicht auf den verdorbenen Tee angesprochen. Ich weiß ja, wie wichtig ihr das alles ist, der Garten und ihre Kräuter. Sie kennt sie alle und weiß um ihre Wirkung. In der Schule haben sie mich ausgelacht, wenn ich mir nach einem Sturz Wegerich auf die aufgeschürfte Stelle drückte.«

»Auf mich hat sie auch nicht verwirrt gewirkt.« Er versuchte, sich an ein Gespräch mit ihr zu erinnern, das diese beruhigende Behauptung bestätigte. Wie gestern wollte ihm auch jetzt so schnell keines einfallen. »Draußen in den Weinbergen war sie auch noch regelmäßig unterwegs.« Das war zumindest nicht gelogen. »Ich habe sie immer mal gesehen, wenn sie ihre Runde gedreht hat.«

Mareike nickte zustimmend. »Sie hat mir davon auch stets erzählt, von den Spaziergängen durch die Felder und die Weinberge. Im Herbst ist sie jede Woche mehrmals bis in den Ober-

Olmer Wald gelaufen, um im Unterholz Pilze zu sammeln. Nicht alles, was sie braucht, wächst ja in ihrem Garten. Ich glaube, sie hat bestimmte Stellen in der Gemarkung aufgesucht, um dort Kräuter zu schneiden. Im Frühjahr muss sie in einem brachliegenden Weinberg immer Rauke geholt haben. Das ist ihr liebster Salat, wenn die Blätter noch mild schmecken und nicht so bitter sind wie später im Jahr. Woanders hat sie sich mit Löwenzahn versorgt. Auf einem Obststück in Richtung Elsheim, glaube ich. Sie hat mir mal erzählt, dass sie dort abends auch Äpfel und Zwetschgen aufsammelt, weil die sowieso keiner haben will. Daraus kocht sie Marmeladen. Vielleicht sollte ich alle diese Orte abfahren.« Sie seufzte kraftlos. »Von den meisten weiß ich aber nicht, wo sie sind. Ich bin schon so lange weg von hier. Ich kann mich gar nicht mehr erinnern, wie es draußen in den Weinbergen aussieht. Wir waren früher oft mit dem Fahrrad unterwegs. Oben auf dem Hiberg, von da hat man so eine schöne Aussicht über das wellige Land. Wir haben uns immer vorgestellt, dass der Donnersberg in der Ferne ein schlafender Riese ist, den wir auf gar keinen Fall wecken dürfen. Und wenn man sich auf dem Hiberg ruhig ins tiefe Gras setzte, sprangen schon nach wenigen Minuten die Kaninchen um einen herum. Da haben Hunderte im dichten Unterholz am Hang gelebt. Vielleicht ist das auch nur der schöne Schein der Erinnerung an eine sorglose Kinderzeit. Dafür bin ich ihr dankbar.«

»Ich kann nachher mit dir rumfahren, obwohl ich auch nicht weiß, welche Stellen sie gemeint hat. Rauke wächst in vielen Parzellen oben am Kalksteinabbruch. Sie scheint die kalkigen Böden zu mögen. Und Löwenzahn gibt es überall in Hülle und Fülle. Im späten April, wenn er blüht, ist der ganze Südhang im Teufelspfad gelb eingefärbt. Auf beiden Seiten des Dorfes Löwenzahn, so weit das Auge reicht. So viel hätte deine Mutter gar nicht essen können.«

Sie musste schmunzeln. Das Reden schien ihr gutzutun. Weiter kamen sie dadurch aber nicht. Er musste die Polizisten später noch einmal darauf hinweisen, dass es nicht nur eine tote Frau in der Grube gab, sondern eine weitere, die vermisst wurde. Er war sich nicht sicher, ob die das vorhin realisiert hatten. Die Beamten gestern Abend waren vom Mainzer Lerchenberg gekommen. Dort befand sich die nächstgelegene Polizeidienststelle. Die anderen, die beim Baumann die Spuren suchten, stammten aus dem Präsidium in der Mainzer Innenstadt. Womöglich sprachen die gar nicht miteinander, dann wussten die einen nicht, was die anderen taten. Sein Blick wanderte durch die Küche und blieb an einer Stelle über der Küchentür hängen. Direkt über dem Rahmen zeichnete sich ein zarter Umriss auf der leicht angegilbten weißen Raufasertapete ab. Mit viel gutem Willen konnte man ein Kreuz erahnen. Mareike war seinem Blick gefolgt.

»Ich weiß nicht, warum sie es heruntergenommen hat.« Sie schien seine Gedanken erraten zu haben.

»Hing da ein Kreuz?«

Sie nickte. »Unsere Familie ist eine der wenigen katholischen im Dorf. Das gibt es hier ja kaum, fast alles rein evangelisch. Deswegen hat sie auf das Kruzifix über der Tür ganz besonderen Wert gelegt. Sie hat immer da raufgeschaut und sich bekreuzigt, wenn bei uns das Tischgebet gesprochen wurde.«

Kurt-Otto spürte, dass die Hitze, die sich eben gerade erst gelegt hatte, schlagartig wieder da war. Sein Puls beschleunigte sich, ohne dass sich in seinem Kopf ein sinnvoller Gedanke formen wollte. »Hast du nachgesehen, ob es woanders liegt?«

»Nein.«

»Schau nach, ob es im Schlafzimmer hängt oder ob sie es vielleicht im Nachttisch verstaut hat, eventuell liegt es auch im Kleiderschrank.«

»Warum das?« Sie war schon aufgesprungen.

Er wusste nicht sofort etwas darauf zu entgegnen. Sie sollte weg. Er wollte sie nicht dabeihaben, wenn er seinen Verdacht überprüfte.

»Du musst nachsehen, ganz genau. Sie wird es nicht weggeworfen haben. Vielleicht hilft das, die Polizei zu überzeugen, dass sie nach ihr suchen müssen.«

Sie eilte in Richtung Schlafzimmer, er folgte ihr durch den Flur, bog dann aber nach draußen auf den Hof ab. Gleich darauf riss Kurt-Otto die niedrige Tür zum vorderen Seitengebäude auf. Irgendwo dort drinnen musste er doch etwas finden, das ihm weiterhelfen konnte. Er langte nach einem der armlangen Eisenstäbe, die in wildem Durcheinander auf der alten Werkbank lagen, und eilte wieder hinaus. Mit einer kräftigen Bewegung hebelte er den schweren Metalldeckel zur Seite, der sich mitten im Hof befand. Der Dreck aus den Fugen des Deckels rieselte hinab und versetzte das schwarz schimmernde Wasser in sanfte Bewegung. Er musste schlucken. Auf der Oberfläche schwamm wippend ein hölzernes Kreuz.

»Was ist da drin?« Mareike war ihm unbemerkt gefolgt, sie schrie ihn an, blieb aber auf der obersten Stufe der Treppe zum Haus stehen. Die Angst vor dem Blick in die Tiefe hielt sie wohl zurück.

Kurt-Otto zog den Deckel schnell wieder zu. In seinem Kopf dröhnte es.

41

Das Plätschern ließ Sigrun auffahren. Sie war doch wieder eingeschlafen. Hektisch wanderte ihr Blick in die Höhe. Ihre Augen brauchten einen Moment, um wirklich sehen zu können. Ihr Herz raste bei der Erkenntnis. Wenn es jetzt dunkel blieb, hatte sie den entscheidenden Moment verschlafen. Dann war alles aus und verloren. Sie würde hier unten in diesem abscheulichen Loch unter der Erde jämmerlich verrecken. Die Nacht und vielleicht noch einen halben Tag, dann soff sie, dem Verdursten nahe, die giftige Brühe. Die würde sie nicht umbringen, ihren qualvollen Todeskampf in der kalten und dunklen Einsamkeit aber verlängern. Wenn sie nicht vorher erfror. Wie lange konnte sie bestenfalls durchhalten? Drei, vier, fünf Tage? Sie hatte keine Ahnung, wie lange es dauerte, bis man verhungert war. Und alles nur, weil sie nicht wach geblieben, weil sie in einem unachtsamen Moment eingeschlafen war. Nach einer der fünf Strophen des Kirchenliedes, das sie leise flüsternd vor sich hin gesungen hatte: »Geh aus, mein Herz, und suche Freud.« Gab es denn nichts Passenderes in ihrem alten Schädel? Das war ein freudiges Sommerlied. Zu ihrer Situation passte viel besser ein Lied, das am offenen Grab angestimmt wurde, kurz bevor die aufgetürmte Erde hinabfiel und alles ein für alle Mal begrub.

Der helle Ring um den Deckel schälte sich aus dem Dunkel. Sigrun stöhnte erleichtert auf. Sie war also nur kurz eingenickt. Lange geschlafen hatte sie nicht. Es konnte noch nicht sechs Uhr sein. Im November war es um diese Zeit schon dunkel. Dann konnte man den schmalen Lichtschein nicht mehr sehen. Sie lehnte sich an die rauen Steine hinter sich und blieb aufrecht sitzen. Diese Haltung würde ihr nach kurzer Zeit schon Schmerzen im Rücken bereiten. Das wusste sie. Die hielten sie aber bestimmt wach. Noch mal durfte das nicht passieren. Es lag an der Dunkelheit und der schlechten Luft hier unten.

Sie bekam zu wenig Sauerstoff in diesem Pfuhl, das ließ ihren Kopf und den Körper ermüden.

Sie räusperte sich, weil sie bereit sein musste, falls sie bald die erlösenden Geräusche hörte. Das Scheppern des Hoftores, die Stimmen, wenn sie nach ihr riefen. Vor allem auf die Chaussee-Helga baute sie dabei. Die hatte das lauteste Organ von allen. Wenn sie das dritte Glas Weinbergspfirsichlikör getrunken hatte, brüllte sie so laut, als würde sie mit einem Schwerhörigen am Mainzer Hauptbahnhof Konversation betreiben, während der Zug einfuhr. Helgas Stimme würde sie garantiert hören können und sich dann mit allem bemerkbar machen, was ihr zur Verfügung stand. Mit ihrer eigenen, nicht ganz so kräftigen Stimme und dem Stein, nach dem sie kurz tastete, um sich zu vergewissern, dass er griffbereit neben ihr lag. Das tat er.

Das Rauschen in ihren Ohren wollte einfach nicht aufhören. Erst nach einer Weile wurde ihr klar, dass es kein Geräusch war, das ihr Körper produzierte. Aus dem in völliger Dunkelheit liegenden hinteren Teil des Gewölbes kam ein schallendes Plätschern. Sie konnte nicht sagen, ob es ein Geräusch war oder mehrere, die sich überlagerten, denn der harte Stein warf den Lärm mehrfach zurück. Eines jedoch war sicher: Es lief Wasser in das Gewölbe, aus einem oder mehreren Zuflüssen. Es rauschte in einer Lautstärke, die geradezu ohrenbetäubend war.

Sigrun sang wieder das Kirchenlied, ohne dass sie ihre eigenen Worte noch verstehen konnte. Gleichmäßig liefen kleine Wellen aus der Dunkelheit auf sie zu. Eben gerade war die erste über den Stein und auf ihre Nische geschwappt. Die nachfolgende kam schon ein Stück näher an sie heran. Sie drückte sich, so weit es ging, nach hinten gegen die Wand. Lange würde das aber nicht helfen.

Was hatte sie nur so fest daran glauben lassen, dass damals auch die Regenrinnen an die Kanalisation angeschlossen worden waren?

42

Kurt-Otto rannte im strömenden Regen die Hauptstraße entlang. Kurz nachdem er Mareike zurück ins Haus gebracht hatte, waren die ersten dicken Tropfen klatschend auf dem Pflaster des Innenhofes aufgeschlagen. Jetzt schüttete es wie aus Kübeln. Sie hatte ihm hoch und heilig versprochen, in der Küche auf der Eckbank abzuwarten, bis er zurück war. Ganz wohl fühlte er sich nicht bei dem Gedanken, sie allein zu lassen. Es dauerte aber gewiss nicht lange, und welche Möglichkeit hatte er sonst? Er musste ihrer Zusicherung, dass sie sich nicht selbst am Deckel zu schaffen machen würde, Glauben schenken, zumal sie wohl außer dem Holzkreuz nichts weiter zu sehen bekäme, wenn sie es doch täte. Er schnaufte entgeistert. Es gab jetzt keine andere sinnvolle Erklärung mehr: Da brachte einer die alten Frauen im Dorf um, und niemand hatte es bemerkt.

Das Wasser rann ihm in breiten Strömen das Gesicht hinab. Er fuhr sich mit der Hand über die Stirn. Gleich darauf lief ihm der Regen schon wieder in die aufgerissenen Augen. Seine grüne Feldjacke klebte fest am Körper. Kalt durchdrang die Nässe bald darauf auch die beiden Schichten darunter, sein dickes kariertes Hemd aus dem Raiffeisen-Landhandel und das gerippte weiße Unterhemd. Er hetzte weiter. Sein Kopf glühte trotz der Abkühlung, die der Himmel schickte. In seinem Schädel schossen die Gedanken kreuz und quer. Bilder blitzten auf, um gleich darauf wieder zu verschwinden. Die Bonacker starrte ihn an. Die Augen geschlossen, im nächsten Moment schlugen klatschend schwarze Wellen über ihr zusammen. Blasen stiegen auf und zerplatzten an der dickflüssigen Oberfläche. Er hatte den Geruch von vorhin in der Nase. Den muffigen Geruch des stinkenden Regens, der auf sie niederging, als das Gewölbe bei Baumann tosend eingebrochen war. Eben bei der Bonacker hatte es nicht gestunken. Der schwarze Schlamm lag schwer auf dem Boden der Grube. Er hatte sich über Generationen dort unten gesammelt. Er konnte sich noch erinnern, wie sie ihn bei ihnen daheim herausgebaggert hatten, als der Hof neu gepflastert werden musste. Der Bauunternehmer hatte sich geweigert, das neue praktische Betonpflaster einfach wieder über das Gewölbe zu legen, wie es zuvor mit den gehauenen Basaltsteinen der Fall gewesen war. Das Bruchsteingewölbe war doch eine stabile Konstruktion, die hundert, vielleicht auch schon zweihundert Jahre gehalten hatte. Die Fahrzeuge waren heute allerdings um ein Vielfaches schwerer als damals. Es durchquerte kein Pferdefuhrwerk mit ein paar hundert Kilo den Hof, sondern ein Schlepper, der mehrere Tonnen wog. Mit diesem einfachen Argument und einer farbig ausgeschmückten Geschichte über einen Kollegen, dessen funkelnagelneuer Weinbergsschlepper komplett in einer solchen Grube verschwunden sei, hatte ihn der geschäftstüchtige Pflasterer damals schnell überzeugt. Zwei Tage hatten sie gebraucht, um den schwarzen Schlamm der Vorfahren aus der Tiefe an die Oberfläche zu schaffen. Die mächtige Grube war danach lagenweise mit Schotter aufgefüllt worden. Das böse Erwachen kam mit der Rechnung. Die Summe würde er nie vergessen. Dafür hätte er damals zwei Weinbergsschlepper in seinem Hof versenken können.

Seine Schritte klatschten auf dem Asphalt. Wasser spritzte in die Höhe. Es konnte durch die Gullys nicht so viel ablaufen, wie gerade herunterkam. Über die ganze Straße, bei Dörrhofs vorbei bis zu Berthold Baumann, ergoss sich ein breiter Strom. Den Weg in seine Schuhe hatte das Wasser mittlerweile auch gefunden. Der heftige Wolkenbruch würde unten im Tal sicher für gut gefüllte Keller sorgen. Damit hatten sie hier oben zum Glück keine Probleme.

Was für irre Gedanken sein glühender Schädel gebar! Da lag die Roswitha Hembes tot in einem tiefen Krater, und aller Wahrscheinlichkeit nach hatte jemand auch seine Nachbarin Margit Bonacker dorthinein verfrachtet, und er dachte an überschwemmte Keller in Nieder-Olm oder Mainz. Und wer wusste denn, ob es nur die beiden waren? Er schluckte den Kloß in seinem Hals hinunter. Dutzende alte Menschen im Dorf lebten allein. Die Polizisten würden von Haus zu Haus gehen müssen, um zu überprüfen, wer vermisst wurde. Wie viele hatte er umgebracht und weshalb? Roswitha Hembes war immer freundlich gewesen und stets bei ihm am Weinberg stehen geblieben, wenn sie spazieren ging. Dabei hatte sie sich auf ihre beiden Laufstöcke gestützt. Er wollte sie immer fragen, warum die beiden Stöcke unterschiedlich lang waren. Jetzt konnte er das nicht mehr.

Warum ermordete man eine freundliche alte Frau? Hatte der Täter sie ausgeraubt und war überrascht worden? Hatte er nach seinem ersten Mord Gefallen am Töten gefunden und machte daraufhin immer weiter? Entsorgte ihre leblosen Körper an einem Ort, wo sie so schnell niemand finden würde? Aber wozu dann die Kreuze? Wieder rieb er sich im Laufen das Wasser aus den Augen. Sie brannten. Eine absurde Vorstellung: der Täter, der die alten Frauen bestahl, sie ermordete und dann mit einem Gebet und einem Kruzifix auf ihre letzte Reise schickte. Ergab das einen Sinn? Er wusste es nicht. Vielleicht hatte der Mörder die Kreuze entsorgen müssen, weil daran Spuren hafteten. Der Täter hatte sie angefasst und fürchtete, dass man ihn so überführen konnte. Hatte er Margit Bonacker mit dem Kreuz erschlagen?

Vor Baumanns Hoftor standen mittlerweile zwei weitere Fahrzeuge. Beides dunkle VW-Busse, deren Scheiben von innen beschlagen waren. Innen brannte Licht. Kurt-Otto konnte erkennen, dass beide Autos gut besetzt waren. Das erste hatte er jetzt erreicht und gleich darauf auch die abgesperrte Hofeinfahrt. Der heftige Wolkenbruch hatte nicht nur alle Schaulustigen, sondern offenbar auch die Polizeibeamten vertrieben. Hinter dem geborgenen Wasserfass von Baumann konnte er einen Beamten erkennen. Es war der junge Polizist, der ihn vorhin so unsanft in die Mangel genommen hatte. Er kam auf ihn zu. Eigentlich hätte Kurt-Otto viel lieber mit einem der Kripobeamten gesprochen. Die schienen sich aber in ihren

Fahrzeugen verbarrikadiert zu haben, um das Ende des Regengusses abzuwarten. Über die Grube hatten sie notdürftig eine große weiße Plane gespannt. Sie reichte nicht aus, um den gesamten Bereich abzudecken. Ein zarter Hauch Schadenfreude keimte in ihm.

»Stopp, bleiben Sie bitte dort stehen«, sagte der Polizist, als er ihn erreichte. »Das ist ein gesicherter Tatort. Sie dürfen sich hier nicht aufhalten.«

Trotz seines langen Regenmantels schien der Mann gehörig nass geworden zu sein. Gegen diese Wassermassen half selbst die zweckmäßigste Bekleidung nur begrenzt.

Kurt-Ottos Atem ging hektisch. Es gab an seinem Körper keine Stelle mehr, die noch trocken war. »Schnell, sie müssen jemanden schicken. Die Bonacker liegt auch in der Grube. Sie ist seit Tagen verschwunden, und das Kreuz aus ihrer Küche schwimmt im Wasser.«

Jetzt schien der Polizist zu registrieren, dass sie sich heute schon einmal gesehen hatten. »In der Jauchegrube schwimmt ein Kreuz?«

Kurt-Otto konnte deutlich erkennen, dass er sich bemühte, nicht zu grinsen. Dazu nickte er Verständnis heuchelnd.

»Keine Jauchegrube.« Kurt-Otto hätte ihn gern angebrüllt. Der Regen war so laut. Er hämmerte auf das Verdeck seines Traktors und die Dächer der Autos, die alle direkt neben ihm auf dem Bürgersteig standen. »In der alten Kanalisation von vor hundert oder zweihundert Jahren, so wie hier.« Er deutete in Baumanns Hof. »In den meisten alten Höfen gibt es die noch, manche sind ganz vergessen.«

»Und in jeder Grube liegt einer drin?« Jetzt schmunzelte er amüsiert. »Gehen Sie nach Hause. Das war alles ein bisschen viel für Sie. Ruhen Sie sich ein wenig aus. Die Kollegen von der Kripo haben ein Kärtchen mit einer Telefonnummer. Das besorge ich Ihnen. Da können Sie anrufen, wenn Sie mit jemandem reden wollen und Hilfe benötigen. Ich kann Ihnen versprechen, das legt sich schnell. Die Kripokollegen haben hier erst mal genug zu tun. Wir warten auf die Feuerwehr, damit sie die Grube sichert. Eher kann da keiner rein. Viel zu gefährlich, jetzt, wo es auch noch schüttet wie aus Kübeln.« Er klopfte lässig gegen die Fensterscheibe des VW-Busses. Sie wurde einen Spaltbreit heruntergefahren.

»Die Karte mit der Telefonnummer von der Seelsorge.«

»Ich will keine Karte von der Seelsorge. Sie müssen da mit Tauchern rein und sie rausholen! Wer weiß, wie viele Frauen er noch ausgeraubt und umgebracht hat. Ich kann Ihnen helfen, die Häuser abzuklappern. Ich weiß, wo alleinstehende Frauen leben«, schrie Kurt-Otto gegen den Regen an. Aus dem Wageninneren konnte er Stimmen hören, ohne zu verstehen, was gesagt wurde. Die Scheibe fuhr nicht weiter in die Tiefe. Stattdessen erschien eine Visitenkarte in dem sparsamen Spalt. Unmittelbar darauf war der schon wieder geschlossen. Er glaubte, ein schallendes Gelächter vernehmen zu können, aus dem er mehrmals deutlich die Worte »alleinstehende Frauen« herauszuhören meinte. Zumindest dort drinnen herrschte beste Stimmung, wie bei einem weinseligen Betriebsausflug kurz vor der Heimkehr.

»Bitte schön, und jetzt lassen Sie uns unsere Arbeit machen. Sie haben noch ausreichend Zeit, um Ihre Aussage zu Protokoll zu geben.« Der Polizist hielt ihm die Karte direkt vors Gesicht.

Es war zwecklos. Die wollten ihn einfach nicht verstehen. Mareike konnte er nicht noch länger allein lassen. Wie sollte er ihr erklären, dass die Ungewissheit andauerte? Sie hatte auch ohne Worte verstanden, dass er in der Grube irgendetwas gefunden hatte. Und natürlich wusste sie, dass es etwas mit dem Verschwinden ihrer Mutter zu tun hatte. Da konnte er sich gleich noch so viel Mühe geben, eine andere Erklärung würde sie ihm kaum abkaufen.

»Nehmen Sie schon!« Aus der Stimme des Polizisten sprach Ungeduld. Kurt-Otto griff nach der Karte und machte sich auf den Rückweg. Noch einmal würde er die Strecke aber nicht rennen.

Der Regen hatte etwas nachgelassen. Ein Ende war dennoch nicht abzusehen. Dazu wirkten die Wolken noch zu düster. Ob Renate schon aus der Schule zurück war? Im Laufen sah er auf seine Uhr. Unter normalen Umständen hätte ihn der Appetit längst daran erinnert, dass die Mittagszeit verstrichen war. Doch der Gedanke an Nahrungszufuhr ließ Übelkeit in ihm aufsteigen. Wenn Renate schon daheim war, konnte er Mareike mit zu sich nehmen. Es war besser, wenn sich jemand mit ihr unterhielt und sie nicht allein in dem großen Haus saß.

Es war jetzt kurz nach zwei. Er fror. Sein Kopf schmerzte. Er hatte keine Ahnung, wie lange Renate heute unterrichten musste. Trotzdem traf er eine Entscheidung. Mareike musste mit zu ihm rüberkommen. Er konnte sich nicht frierend in durchnässten Klamotten zu ihr in die Küche setzen. Auf diese Weise holte er sich nur eine heftige Erkältung. Die ersten Anzeichen waren schon zu spüren. Er musste schnellstens raus aus der nassen Kleidung und unter die heiße Dusche, besser noch in die Wanne.

43

Sigrun stand auf den Zehenspitzen und reckte den Kopf in die Höhe. Das Rauschen hallte durch das Gewölbe. Hektisch atmete sie ein und aus. Sie wartete auf den Moment, in dem das wogende Wasser ihren Kopf erreichte und ihre Lippen berührte. Das Ende war ganz nah. Ein paar Atemzüge nur noch bis zum sicheren Tod. Sie fühlte die Kälte, die sie umfangen hielt. Seit der Regen ihr Verlies flutete, hatte sie den Gedanken daran bekämpft. Doch immer weiter war das Wasser angestiegen. Die ersten flachen Wellen hatten ihre Nische überschwemmt. Sie hatte sich liegend in die Höhe gereckt und gewusst, dass sie sich wenig später ganz würde aufrichten müssen, um ihr jämmerliches Dasein noch ein paar Minuten zu verlängern.

Ihren Platz hatten die Fluten inzwischen verschluckt. Nichts war mehr da, nur noch das raue Gewölbe über ihr und das Rauschen des weiter einströmenden Wassers. Warum hatte sie nicht die Kraft, alldem selbst ein Ende zu bereiten? Noch konnte sie selbst entscheiden, wann es mit ihr zu Ende gehen sollte. Gleich war es vorbei, und das Wasser nahm ihr die Entscheidung ab.

Sie drückte sich weiter in die Höhe. Ihre Zehenspitzen verloren für einen kleinen Moment die Verbindung zum Boden. Mit den Armen vollführte sie schnelle Bewegungen, die sie aber nicht in der Schwebe hielten. Sie sank zurück in die Tiefe, die bald schon ihr Grab werden würde. Seltsamerweise wurde sie ruhiger, je näher der Moment kam. Sie fühlte sich jetzt bereit, ihr Schicksal anzunehmen. Aber erst, wenn es wirklich unausweichlich war. Bis dahin würde sie kämpfen, um jeden einzelnen Wimpernschlag, der ihr noch blieb, und um jeden Atemzug, bis ihr vollends die Luft wegblieb. Mit den Zehenspitzen stand sie nun wieder sicher auf den harten Steinen. Sie presste die Lippen fest zusammen. So hoch, dass es in ihren

Mund laufen könnte, stand das Wasser aber noch nicht. Sie wollte diese Brühe nicht noch einmal schmecken. Obwohl das, was hereinfloss, einen frischen Geruch mit sich brachte.

Der Regen transportierte den Duft der Welt zu ihr, ein letzter Gruß an sie. Sie konnte ihren Hof riechen, das Pflaster, das Moos in den Ecken, in die kaum Sonne kam, und die Efeuranken, die sich an der Backsteinfassade des Nachbarhauses in die Höhe arbeiteten. Jedes Jahr verschwand mehr davon unter den immergrünen Blättern. Dem Nachbarn schien es egal zu sein. Es tat gut, in diesen letzten Momenten einen vertrauten Geruch in der Nase zu haben. Sie versuchte, sich nicht mehr dagegen zur Wehr zu setzen. Tränen liefen ihr über die Wangen. Zwei warme Rinnsale, die lautlos ins Wasser tropften.

Das Wasser stieg nicht mehr an. Erst jetzt wurde ihr das bewusst. Ihre Gedanken und der bekannte Geruch hatten sie abgelenkt. Die letzten Momente ihres Lebens waren so nahe gewesen. Unabwendbar, und sie war bereit gewesen, sich in ihr Schicksal zu fügen. Die Angst hatte sich aufgelöst und war vor ihr ersoffen. Trotzdem war das Rauschen unverändert laut. Wasser floss weiter nach. Es musste einen Überlauf geben, der verhinderte, dass der Pegel hier unten weiter anstieg.

Sie lachte laut auf und gleich noch einmal. Sie konnte gar nicht aufhören damit. Es wollte heraus aus ihr. Wie lange hatte sie schon nicht mehr so andauernd lachen können? Sie schrie ihre Freude hinaus. Die Tränen rannen weiter auf ihren kalten Wangen in die Tiefe. Sie lebte noch immer. Sigrun warf den Kopf in den Nacken und brüllte.

Draußen war es dunkler geworden. Der Deckel über ihrem Kopf zeichnete sich kaum noch ab. Das lag wahrscheinlich an den tief liegenden Regenwolken. Wie lange musste sie hier wohl noch ausharren? Regnete es in der Dämmerung noch immer, würde sie ihre beiden Freundinnen nicht hören können, wenn sie nach ihr riefen. Sie entschied, in kurzen Abständen zu rufen und mit dem Stein gegen den Deckel zu schlagen, damit man sie dort oben hören konnte. Sie würden sie finden. Ganz sicher. Wer wie sie so lange hier unten ausgehalten hatte, ohne wahnsinnig zu werden, der hatte sich die Rettung verdient. Es gab jemanden, der wollte, dass sie nicht starb, jedenfalls jetzt noch nicht. Derjenige hielt schützend seine Hand über sie. Er hatte sie im letzten Moment aus der Bewusstlosigkeit gerissen, und er hatte auch eben wieder verhindert, dass sie hier unten ihr Ende fand. Er würde dafür sorgen, dass die beiden sie retteten, bevor es zu spät war.

44

Er hatte gut gegessen. Er würde die Kraft brauchen in den nächsten Stunden. Seine Mutter hatte ihm bereitwillig die übrig gebliebene Kohlroulade vom Mittag aufgewärmt, obwohl es noch nicht die übliche Zeit zum Abendessen war. Sie hatte gelächelt, während er konzentriert aß, und nickte ihm still zu, als er ihr erklärte, dass er gleich noch einmal wegmüsse. Sie fragte nicht nach. Er hätte ihr auch kaum eine Antwort darauf geben können, wie lange er wegbleiben würde. Zeit spielte keine Rolle mehr. Es war der letzte Kampf, und er hoffte, ihn lebend zu überstehen.

Er hatte seine Mutter zum Abschied umarmen wollen. Etwas hielt ihn davon ab. Er konnte sich nicht erinnern, sie als Erwachsener jemals in den Arm genommen zu haben. Die Momente körperlicher Nähe aus Kindertagen waren nur mehr eine verblasste Erinnerung.

Nach dem Essen hatte er mit geschlossenen Augen auf dem Sofa in seinem eigenen Wohnzimmer gesessen und noch eine Weile still geruht. Die Zeit des Sichsammelns war nun vorüber. Geschäftig drückte er sich aus dem tiefen Polster in die Höhe. Alles war längst vorbereitet. Sein Bruder hatte ihn dabei begleitet und ihm die Hand geführt. Sein Wissen erschien unerschöpflich. Ohne ihn hätte er es nie so weit gebracht und auch in diesem letzten Kampf keine Chance. Die Ruhe in seiner Stimme verlieh ihm die notwendige Stärke.

Er hatte sich für einen Rucksack entschieden, nachdem er alle Gegenstände auf dem Tisch in seiner Wohnung aufgereiht hatte. Es war unmöglich, alles in den ausgebeulten Taschen seiner Jacke unterzubringen. Sein Bruder hatte ihn eindringlich darauf hingewiesen, dass er diesmal auf einen anderen Gegner treffen würde, als es die drei davor gewesen waren. Es reiche nicht aus, ihn dorthin zurückzuschicken, von wo er gekommen war. Er musste ihn auslöschen, um ihn für immer zu vernichten.

Wieder sah er auf die Uhr. Es war kaum Zeit vergangen, seit er den letzten hastigen Blick auf das Ziffernblatt geworfen hatte. Er hatte die Uhr für diesen Moment aufbewahrt. Es war dieselbe, die sein Bruder damals getragen hatte, als er hinabgestiegen war. Es machte keinen Sinn, jetzt schon loszugehen. Er hatte sich bei ihm angekündigt, genau wie er es bei den anderen davor getan hatte. Und weit musste er nicht. Das hatte ihn in jener Nacht, als sie um das Feuer sprangen, so erschrecken lassen. Das Böse war so nah. Über Jahrzehnte hatte er es stets im Blick gehabt, ohne sich im Klaren darüber zu sein. Das war sicherlich auch der Grund, warum es eine solche Macht über ihn ausüben konnte. Die schiere Nähe des Bösen hatte ihn tagelang unter sein Bett gezwungen. Doch damit war es bald vorbei.

Er spürte den warmen Hauch an seinem rechten Ohr. Es war sein Bruder, der ganz nahe war und nicht von seiner Seite weichen würde, egal wie es ausging. Er hatte ihm vorhin beim Zusammensuchen der benötigten Gegenstände versichert, dass er auch danach weiter bei ihm bleiben werde. Er hatte gespürt, dass das eine seiner größten Befürchtungen war. Die Angst, hinterher wieder allein zu sein, die wohltuende Stimme nicht mehr hören und den zarten Hauch des Atems nicht mehr spüren zu können. Bestimmt würde er nicht ständig bei ihm weilen. Dessen bedurfte es auch gar nicht. Es reichte, wenn er die Sicherheit besaß, dass er über ihn wachte und er sich im entscheidenden Moment auf ihn verlassen konnte.

Er tastete nach dem Fläschchen in seiner Jackentasche. Für ihn würde er ein paar Tropfen mehr brauchen. Wenn er damit aber nicht ausreichend zu betäuben war? Die Selbstsicherheit, mit der sein Bruder diesen Gedanken vorhin schon einmal abgetan hatte, wirkte auch jetzt wieder beruhigend. Was danach zu tun war, wusste er längst. Sein Bruder hatte es ihm vorhin ins Ohr geflüstert.

45

Renate blickte ihn aufmunternd an, als er in der Küchentür erschien. »Du hast ausgiebig geschlafen. Ich habe die Wärmflasche an deinen Füßen zweimal gewechselt. Erst danach waren sie wieder einigermaßen warm.«

Kurt-Otto lehnte sich gegen den Türrahmen. Der kurze Schlaf zum Aufwärmen war bitter notwendig gewesen. Er war vollkommen durchnässt daheim angekommen. Er hatte so sehr gezittert, dass er kaum in der Lage gewesen war, sich von den Klamotten zu befreien. Sie hatten regelrecht an ihm geklebt und hielten ihn gefangen. Tief war er danach nicht in das Reich der Träume gesunken, ein leichtes Dämmern, mehr nicht. Er hatte sie jedes Mal hören können, wenn sie die Treppe heraufkam und leise die Tür aufschob, um gleich darauf die Wärmflasche an seinen Füßen auszutauschen.

»Mareike ist erst vor ein paar Minuten gegangen. Wir haben ausgiebig geredet. Sie ist stabil und braucht jetzt auch ein wenig Ruhe. Ich schaue später noch mal nach ihr.« Renate hielt kurz inne und rührte in einer großen Tasse, aus der Dampf aufstieg. Sie lächelte. »Setz dich doch ins Wohnzimmer und lege dir die Decke über die Beine. Ich bringe dir den Tee dorthin. Kräuter, ein wenig Ingwer und Honig. Das wärmt. Ich muss jetzt noch kurz zur Gudrun Dörrhof und etwas abholen. Dann mache ich die Suppe für das Abendessen fertig. Das wird dich wieder auf die Beine bringen.« Sie durchquerte mit der Tasse in der Hand die Küche und steuerte auf ihn zu.

Auf dem Herd konnte er den Topf erkennen. Feiner Dampf stieg daraus auf. Wie eine Suppe aussah, die sich in die Einundzwanzig-Tage-Stoffwechseldiät einfügte, konnte er sich ohne große Anstrengung ausmalen. Eine dünne Möhre, ein winziges Broccoliröschen, sehr viel warmes Wasser, in dem seine Renate zusätzlich noch vier Durchhalteglobuli, drei Omega-3-Fischöl-Softgel-Kapseln und aspartamfreies Eiweiß in der Geschmacksrichtung Gemüsebrühe auflöste. Wärmen würde die Suppe sicherlich, seinen Hungertod konnte sie aber kaum abwehren. Wahrscheinlich hatte er jetzt schon nicht mehr ausreichend Reserven, um die sich anbahnende Erkältung abzuwehren. Vielleicht wäre die aber auch seine Rettung. Er spürte deutlich ein erstes Kratzen im Hals, musste husten und hatte das Gefühl, dass auch auf seinen Schläfen ein leichter Druck lastete. Würde Renate diese Diät auch dann weiter unbeirrt fortsetzen, wenn er fiebernd und mit dem Tode ringend zu Bette lag? Er wollte sich nicht festlegen. Eine Chance sah er darin aber trotzdem. Er seufzte deutlich hörbar, als sie an ihm vorbeilief, und fasste sich mit der rechten Hand an seine Brust. »Ich fühle mich matt und schwach. Vielleicht ist es besser, wenn ich wieder nach oben gehe.«

Renates Antwort kam aus dem Wohnzimmer. »Trink erst mal den Tee. Du wirst sehen, dann geht es dir bestimmt wieder besser. Außerdem kommt gleich der Rainer Eisengräber zu dir. Das hatte ich vorhin ganz vergessen, als du klatschnass nach Hause gekommen bist. Er rief an und wollte unbedingt etwas mit dir besprechen. Mir wollte er nicht sagen, worum es geht. Aber er scheint zu glauben, dass du ihm einen deiner Weinberge abgeben willst. Hattest du ihm denn keinen verpachtet? Du hast mir doch gesagt, dass du sie so verteilst, dass dir keiner der Kollegen böse sein kann, weil er leer ausgegangen ist.«

Renate erschien wieder im Türrahmen und sah ihn fragend an. »Wenn du meinst, dass es besser ist, wieder ins Bett zu gehen, musst du ihm zumindest kurz absagen. Sonst steht er hier vor verschlossener Tür, und ich kann ihm ja kaum Antworten auf seine Fragen geben.« Sie grinste spöttisch. »Außerdem ist die Landverteilung ja auch Männersache.«

Kurt-Otto suchte verwundert nach einer Erklärung, was der Eisengräber von ihm wollte. Er war ein zurückhaltender Kollege, der sich als einer der ganz wenigen im Dorf nicht um seine Weinberge bemüht hatte. Selten nur wechselten sie mal ein Wort miteinander, obwohl einige ihrer Rebparzellen direkt nebeneinanderlagen. Er spürte, wie die Neugier in ihm wuchs. Die Erkältung musste noch warten. Außerdem hatte er ein wichtiges Telefonat zu führen, wenn Renate aus dem Haus war. Klaus Dörrhof hatte einige seiner wertvollsten Weinberge bekommen und war ihm noch einen Gefallen schuldig.

»Ich warte, bis du wieder zurück bist.« Er seufzte noch einmal herzerweichend, bemühte sich um einen leidenden Gesichtsausdruck und schlich mit gesenktem Haupt ins Wohnzimmer, wo ihn auf dem niedrigen Beistelltisch Renates Kräutertee erwartete. Er würde ihn gleich mit einem kräftigen Schluck des im Holzfass gereiften Weinbrands aufbessern. Dafür musste sie aber erst das Haus verlassen haben.

46

»Mir kannst du gern noch einen Weinbergspfirsichlikör anbieten.«

Die Chaussee-Helga versuchte, die Aufforderung ihrer Freundin geflissentlich zu überhören. Stattdessen blickte sie ausgedehnt auf das Ziffernblatt ihrer winzigen Armbanduhr. Früher hatte sie noch jede Zahl bequem erkennen können. Die Uhr war aus Gold, und sie hatte sie von ihrem Mann zur Hochzeit bekommen. Seither hatte sie keinen Tag ohne das Schmuckstück am Arm verbracht. Mittlerweile bereitete es ihr allerdings Mühe, auch nur grob die Zeit zu erahnen, die sie anzeigte. Alles war zu klein: die Uhr an sich, die Zeiger und die nur angedeuteten Ziffern. »Wo bleibt sie denn nur?«, murmelte sie.

»Na, sie wird schon kommen. Du weißt doch, dass sie immer zu spät dran ist, weil sie mittags noch mal einnickt und dann oft nicht rechtzeitig wach wird.«

Gerda hielt ihr das leere Glas jetzt direkt vors Gesicht. Sie konnte wirklich ausgesprochen aufdringlich sein, wenn es nichts kostete. Bei ihr daheim gab es immer nur aus den winzigen Gläschen, die zwar einen langen Stiel besaßen, in die aber kaum mehr als ein Fingerhut hineinpasste. Die sahen edel und wertvoll aus, unterstrichen aber nur allzu deutlich, dass sie ziemlich geizig war. Es war nicht so schlimm wie bei Posthalters Sigrun, aber auch nicht von der Hand zu weisen.

Als sie letzte Woche zum Rommé bei Gerda gewesen waren, hatte sie Salzstangen auf den Tisch gestellt, die diesen Namen kaum mehr verdienten. Ein regelrechter Trümmerhaufen, der auch geschmacklich die Vermutung nahelegte, dass er noch aus der Adenauer-Ära stammte. Nur bei ihr gab es immer reichlich und stets den guten Weinbergspfirsichlikör vom Hattemer oder vom Dörrhof. Die beiden verstanden ihr Handwerk. Wobei ihr der Likör vom Hattemer noch ein wenig besser schmeckte. Er war süßer.

»Langsam mache ich mir wirklich Gedanken um unsere Sigrun.« Helga bemühte sich eisern, an Gerdas Glas vorbeizuschauen. »So spät ist sie sonst nicht dran.« Sie nickte mehrmals zur Bestätigung und ließ ihren Blick in die Weite des Wohnzimmers schweifen. Irgendwann musste es Gerda doch zu dumm werden, das Glas weiter ausgestreckt in die Höhe zu halten. »Sie ist in letzter Zeit ganz schön durcheinander. Mich würde es nicht wundern, wenn sie den heutigen Rommé-Abend vergessen hat und daheim auf dem Sofa vor dem Fernseher sitzt und schläft.«

»Dann ruf sie doch schnell an. Aber vorher schenkst du mir noch einen Likör ein.« Mit einem vorwurfsvollen Unterton ergänzte Gerda: »Es herrscht reichlich trockene Luft hier bei dir. Du hast hoffentlich noch eine Flasche in Reserve. Die wird nicht ausreichen für den heutigen Abend. Sigrun trinkt den ja auch ganz gern.«

»Wir müssen zu ihr.« Helga drückte sich entschlossen in die Höhe und schob die halb volle Flasche Weinbergspfirsichlikör so weit von sich, dass Gerda unmöglich allein drankam. »Nicht dass ihr etwas zugestoßen ist.«

Gerda winkte ab und machte keinerlei Anstalten aufzustehen. »Sie kommt schon noch. Ruf doch erst mal bei ihr an, bevor wir quer durchs halbe Dorf ziehen. Es ist ungemütlich draußen mit dem Dauerregen. Ich bin froh, dass ich es einigermaßen trocken bis zu dir geschafft habe, da will ich nicht gleich wieder los.« Sie reckte sich und streckte den rechten Arm so weit über den Tisch, dass sie fast an die Flasche herankam. »Jetzt, wo es anfängt, gemütlich zu werden. Kannst du mir bitte mal den Likör reichen? Da du es ja anscheinend nicht für nötig hältst, mir einzuschenken, muss ich das wohl selbst übernehmen. Sonst verdurste ich noch bei dir.«

Helga schüttelte den Kopf und langte schnell nach der Flasche. Wenn sich Gerda selbst eingoss, besaß sie kein Maß. Sie antwortete ungehalten: »Du weißt genau, dass sie nichts hört, wenn sie den Fernseher auf voller Lautstärke hat. Wir müssen hingehen. Ich mache mir ernsthafte Sorgen. So spät war sie noch nie dran.« Mit der Flasche in der Hand setzte sie sich in Bewegung und durchquerte ihr Wohnzimmer. »Also, ich gehe jetzt, und wenn du unbedingt hierbleiben willst, dann mach das. Aber erwarte bitte nicht, dass ich mich um dich sorge, wenn du mal nicht pünktlich zu einem unserer Rommé-Abende erscheinst!« Im Türrahmen drehte sie sich noch einmal kurz um. »Wir haben uns gegenseitig versprochen, füreinander da zu sein, wenn es gilt. Wir haben doch sonst niemanden mehr, der sich um uns sorgt. Also müssen wir uns zumindest aufeinander verlassen können!«

Auch wenn Gerda immer noch wie festgewachsen auf ihrem Stuhl saß, war sich Helga doch ziemlich sicher, dass sie den Weg zu Sigrun nicht allein würde zurücklegen müssen. Im schlimmsten Fall nähme sie den Weinbergspfirsichlikör eben mit. Sigrun würde sich herzlich freuen und mächtig stolz sein, im Gegenzug einen großen Topf ihrer gefürchteten eingelegten Pflaumen beizusteuern. Das hatte Helga dann davon! Denn da der Rotwein, in dem sie das Obst eingelegt hatte, im letzten Sommer quer durch den ganzen Ort geflossen war, knirschte es mitunter höchst verdächtig, wenn man die Pflaumen zwischen den Zähnen hatte.

47

Kurt-Otto konnte sich noch immer keinen Reim darauf machen, was der Rainer Eisengräber von ihm wollte. Der musste doch längst festgestellt haben, dass er alle Weinberge abgegeben hatte und es nichts mehr zu verteilen gab. Wie sollte er ihm schonend beibringen, dass sein Besuch vollkommen sinnlos war? Am besten redete er nicht lange drum herum. Offenheit zahlte sich stets aus. Vielleicht lag Renate aber auch falsch mit ihrer Einschätzung, und es ging um etwas ganz anderes. Aber worum?

Sachte zog Kurt-Otto die Tür des kleinen Wohnzimmerschränkchens auf, in dessen oberem Gefach neben der Zuckerdose und den Stoffservietten mit dem Familienmonogramm auch die kleine Auswahl an Bränden für den Ernstfall bereitstand. Die »Hausapotheke« beinhaltete neben seinem eigenen Weinbergspfirsichlikör und einem Kräuterschnaps einen eigenen Obstler und den im Holzfass gereiften Weinbrand, den er vor vielen Jahren aus einer Bacchus Auslese hatte brennen lassen. Zufrieden atmete er durch. Alle Flaschen waren noch da, wo sie hingehörten. Er wäre nicht verwundert, wenn Renate auch hier Vorkehrungen getroffen hätte, um ihm den Zugang zu verwehren. Der Schrank war aber unmöglich mit einem Vorhängeschloss zu sichern wie sein Werkzeugkasten auf dem Traktor.

Er griff nach der langen, schlanken Flasche und zog den Korken ab. Der kräftige Duft stieg ihm wohltuend in die Nase. Es war die konzentrierte Frucht des Weines, in die sich die rauchigen Aromen des Holzfasses trefflich einfügten. Er würde einen ordentlichen Schuss davon brauchen, um den Einundzwanzig-Tage-Stoffwechseldiät-Tee genießbar zu machen und den Ingwer darin zu überlagern. Er mochte diese unförmigen asiatischen Wurzeln nicht und verabscheute ihre hinterhältige beißende Schärfe, die sich zeitverzögert zum Genuss einstellte.

Renate hatte zum Glück ausreichend Platz in der Tasse gelassen. Er sank zufrieden in das tiefe Polster seines Sofas und füllte sie bis zum Rand mit dem Weinbrand auf. Wohlig warm war ihm mittlerweile. Bereits die Vorfreude hatte dafür gesorgt. Er nahm den Löffel und rührte um. Das war gar nicht so einfach, so voll, wie die Tasse war. Vorsichtig beugte er sich darüber und führte die gespitzten Lippen an die dampfende Oberfläche. Das randvolle Trinkgefäß konnte er unmöglich unfallfrei anheben. Gern hätte er jetzt genießerisch die Augen geschlossen. Aber der waagerechte schwarze Strich auf der durchsichtigen Weinbrandflasche, die er direkt vor sich platziert hatte, bannte seinen Blick. Erschrocken hielt er in der Bewegung inne.

War das möglich? Er schüttelte den Kopf, ohne zu wissen, warum. Natürlich! Deswegen standen die Flaschen noch immer dort, wo sie hingehörten. Er sprang auf und hatte gleich darauf die Schranktür aufgezogen. Hastig drehte er eine Flasche nach der anderen herum, um die Rückseiten zu betrachten. Alle wiesen sie diese kleine waagerechte Linie auf, kaum zu erkennen und genau an der Stelle, wo sich der Füllstand befand. Er bewegte geschockt seinen Kopf hin und her. Darauf würde er nicht hereinfallen. Da hatte Renate die Rechnung ohne den Wirt gemacht.

Mit ein paar Schritten waren er und die Weinbrandflasche in der Küche. Die Angst vor Renates Zorn war weit größer als der Schmerz, der sich bei dem Gedanken an das, was er zur eigenen Rettung vorhatte, zaghaft rührte. Vorsichtig hielt er die Öffnung unter den Wasserhahn und ließ den Pegel behutsam wieder steigen. Das war gar nicht so einfach. Er musste, um unter den Hahn zu kommen, die Flasche schräg halten. Dadurch fiel es ihm schwer, die Markierung zu treffen. Ungelenk hielt er die Flasche in die Höhe und gegen das Licht. Es war jetzt zu viel drin. Renate würde es merken und ihre Schlüsse daraus ziehen. Der Weinbrand in einer Flasche vermehrte sich nicht ohne fremdes Zutun. Kurz entschlossen setzte er die Flasche an die Lippen und nahm einen großen Schluck. Das war ein

Notfall, seine Frau konnte recht bald schon wieder da sein. Er musste die Gefahrensituation also schleunigst entschärfen.

Er trank selten vom Weinbrand. Daher hatte er auch gar nicht in Erinnerung, wie gut der schmeckte. Er kaute genüsslich schmatzend, verbot sich aber, die Augen zu schließen. Der nachfolgende Kontrollblick bestätigte ihm, dass er noch einen weiteren, aber behutsamen Schluck aus der Flasche nehmen musste. Danach führte er sie erneut prüfend vor die Augen. Diesmal war es zu viel gewesen. Tröpfelnd ließ er ein weiteres Mal Wasser nachlaufen. Die flache Hand setzte er oben auf die Flaschenöffnung und schüttelte alles einmal gut durch. Das Wasser musste sich mit dem Weinbrand darunter vermischen. Jetzt war der Pegelstand annähernd perfekt getroffen. Lediglich einen winzigen Schluck musste er noch aus der Flasche herausbekommen. Eine Herausforderung, der er sich gern stellte. Die Verdünnung hatte dem feurigen Getränk bisher nicht geschadet. Es war allerdings vollkommen unmöglich, eine so klitzekleine Menge Flüssigkeit abzutrinken. Er musste die Flasche und den schwarzen waagerechten Strich darauf gar nicht noch mal ansehen, um festzustellen, dass der Pegel jetzt wieder viel zu niedrig stand.

Das komplexe Spiel von Ebbe und Flut hatte Kurt-Otto schon immer fasziniert. Noch nie war er aber auf den Gedanken gekommen, das beeindruckende Naturschauspiel im Kleinen nachzuempfinden. Er setzte die Weinbrandflasche an und gönnte sich einen deutlich beherzteren Schluck. Er beabsichtigte, diesmal anders an die Sache heranzugehen. Die Erfahrung aus den vergeblichen Versuchen der letzten Minuten hatte ihn gelehrt, dass es einfacher war, wenn er nicht zu sparsam dosieren musste. Mit der alten Mischbatterie an ihrer Spüle war das kaum zu bewerkstelligen. Sie reagierte zeitversetzt. Entweder kam zu viel oder zu wenig Wasser. Daher füllte er die Flasche jetzt vollständig auf, drehte sie zweimal mit der Handinnenfläche notdürftig abgedichtet auf den Kopf und näherte sich dann mit kleinen Schlucken von einem äußerst hohen Füllstand dem Zielpegel an.

Die wohlige Wärme hatte selbst den entlegensten Winkel seines mächtigen Bauches erreicht, als ihn eine Bewegung vor dem Küchenfenster zusammenfahren ließ. Fast wäre ihm dabei vor Schreck die Weinbrandflasche aus der Hand geglitten. Aus den Augen, die ihm von der anderen Seite der Scheibe entgegenblickten, sprach ein ähnliches Erstaunen. Kurt-Otto seufzte erleichtert. Nicht Renate, sondern der Kollege Eisengräber stand da direkt vor dem Fenster und damit an der Haustür. Er bedeutete ihm mit einer kurzen Bewegung, dass er reinkommen sollte. Die Haustür schlossen sie nie ab, wenn jemand zu Hause war.

Er konnte hören, dass Eisengräber ihn verstanden hatte. Er vernahm deutlich seine Schritte im Hausflur. »Geh doch gerade durch ins Wohnzimmer«, rief er ihm zu. »Ich muss hier noch etwas ins rechte Maß bringen. Möchtest du auch einen Weinbrand?«

»Ja.« Die Antwort hatte nicht lange auf sich warten lassen.

Kurt-Otto zog die Tür des Hängeschranks auf und nahm ein Weinglas heraus. Schnapsgläser gab es in ihrer Küche nicht. Dazu hätte er zurück ins Wohnzimmer gemusst. Doch die Zeit drängte. Er goss den Weinbrand schlückchenweise ein und überprüfte nach jeder Bewegung den Füllstand. Jetzt endlich passte es. Mit dem Küchenhandtuch rieb er die Flasche trocken und trug sie zusammen mit dem Glas für den Gast zurück in sein Wohnzimmer. Jetzt konnte Renate kommen. Wohltuende Zufriedenheit erfüllte ihn. Er hatte die ihm gestellte Falle im letzten Moment erkannt und mit Bravour umgangen.

Der Weinbrand wirkte. Ihm war ein wenig flau, und er fühlte sich reichlich erhitzt. Seine Wangen glühten. Nun war er ausreichend gestärkt, um ihr später reichlich leidend das Aufziehen einer lebensgefährlichen Lungenentzündung anzudeuten. Zur Probe hustete er schon einmal, während er Flasche und Glas auf dem Wohnzimmertisch abstellte.

»Setz dich doch.« Kurt-Otto schniefte. »Ich gehe mal davon aus, dass ich dir keinen Erkältungstee mit Ingwer anbieten muss?«

Eisengräber schüttelte den Kopf, murmelte einen unverständlichen Satz und nahm dann auf dem Sessel gegenüber dem Sofa Platz. Schweigend blickte er vor sich hin. Kurt-Otto war gespannt, was er von ihm wollte und wie er es anfangen würde. Kam wie bei den anderen Winzerkollegen auch zunächst ein umständlich geführtes Gespräch über weinbauliche Belanglosigkeiten und das Wetter, danach der Hinweis auf enge familiäre Verbindungen zwischen den Eisengräbers und den Hattemers, die mehrere Generationen zurücklagen, aus denen sich aber zwangsläufig die Notwendigkeit ergab, dass er bei der Verteilung des Reblandes nicht leer ausgehen durfte? Er schmunzelte bei dem Gedanken. Als besonders wortgewandt galt der Rainer Eisengräber nicht. Daher schwieg er weiter und blickte konzentriert vor sich auf das Weinbrandglas.

Kurt-Otto trat ans Fenster, um durch die Gardine einen Blick auf die Hauptstraße zu werfen. Mittlerweile war es dunkel, kurz vor halb sieben. Dicht aneinandergedrängt eilten zwei Damen auf dem Bürgersteig gegenüber vorbei. Das mussten die Käfergässer-Gerda und die Chaussee-Helga sein. Es war also relativ leicht zu erraten, wohin die beiden wollten. Kurt-Otto grinste. Der Weinbrand in ihm sorgte für gute Laune. Da die Damen meistens im Dreierpack unterwegs waren, lag es auf der Hand, dass sie sich heute bei Posthalters Sigrun treffen wollten. Beide hatten ihre Regenschirme aufgespannt und drückten sich dicht an den Hauswänden entlang, um nicht allzu nass zu werden. Ein unangenehmes Wetter für einen abendlichen Spaziergang. Aber die alten Weiber waren eisern, was das anging. Unkraut vergeht nicht. Das hatte seine Mutter immer gesagt, als sie selbst schon weit jenseits der achtzig gewesen war.

Den drei Damen entging nichts. Überall, wo etwas los war im Dorf, liefen sie auf. Meist waren sie die Ersten, wenn er nicht schneller war. Und sie hatten trotz ihres Alters noch eine beachtliche Ausdauer. Das hatte sich zuletzt in der Frostnacht im April gezeigt. Scharenweise waren die Neugierigen aus dem Dorf in den Teufelspfad gepilgert, um sich die für die Nacht aufgebauten Frostfackeln anzusehen und zu überprüfen, ob es wirklich stimmte, dass der Dörrhof sogar einen Hubschrauber angeheuert hatte, um die Luftmassen über seinem Weinberg aufzuwirbeln. Die meisten waren nach einiger Zeit unverrichteter Dinge wieder abgezogen. Kaum jemand wollte warten, bis die Temperaturen so weit gesunken waren, dass die Fackeln angezündet wurden und sich der Helikopter im Anflug befand. Posthalters Sigrun und seine verschwundene Nachbarin, Margit Bonacker, waren unter den Letzten gewesen, die ausgeharrt hatten, bis der gesamte Hang brannte. Waren sie nicht sogar bis zum Morgengrauen geblieben? Die beiden hatten auch bei ihm gestanden, als ihm einer der lodernden Eimer umgefallen war. Trotz ihres weit fortgeschrittenen Alters waren sie flink zur Seite gesprungen, damit sie sich nicht verbrannten. Ein Geschrei war das gewesen. Geholfen hatte der ganze Aufwand mit den Frostfackeln nicht. Auch beim Eisengräber waren die jungen grünen Triebe in jener Nacht erfroren. Aber deswegen war der Winzerkollege bestimmt nicht zu ihm gekommen.

Kurt-Otto rieb sich die Hände, setzte sich dem Eisengräber gegenüber auf das Sofa und nahm vorsichtig schlürfend einen kräftigen Schluck vom süßen Tee. Der Weinbrand war deutlich herauszuschmecken und überlagerte das unangenehme Aroma des Ingwers. Er war sehr gespannt, was der Kollege von ihm wollte.

48

Die Neugier war übermächtig gewesen. Sie hatte sich zur Wehr gesetzt, dann aber doch zu viele Argumente gefunden, die begründeten, warum sie ihrem Jungen unbedingt folgen musste. Er hatte sich so sehr verändert in den letzten Tagen. Es war keine der üblichen Schwankungen, kein wärmendes Hochgefühl, wie es ihn wiederkehrend erfasste, um ihn danach erneut in dunkle und kalte Tiefen zu drücken. Diesmal war es anders, und sie wusste es. Als Mutter spürte man das, vor allem dann, wenn es eine tief greifende Veränderung gab. Sie hatte damals auch geahnt, dass mit ihrem Ältesten etwas vor sich ging. Nur hatte sie bei ihm nicht auf ihr Gefühl gehört.

Seine stille Zufriedenheit war echt. Das sanfte Lächeln auf seinem Gesicht, das ihr so guttat. Sie musste wissen, wer dahintersteckte, damit sie sich darauf vorbereiten konnte. Darum hatte sie lange in ihrer Küche gesessen, die dicke Jacke im Arm, und abgewartet, bis sie das Hoftürchen hören konnte. Sie war ihm schnell, aber mit einem gehörigen Abstand gefolgt, um ihn nicht zu erschrecken. Er durfte auf gar keinen Fall bemerken, dass sie ihm nachspionierte. Das zerstörte vielleicht alles. Das zarte Pflänzchen Hoffnung, das in ihr keimte.

Sie hatte sich auf einen langen Marsch quer durchs ganze Dorf eingestellt. Hier im alten Ortskern wohnten doch fast nur noch alte Menschen wie sie und ihr Mann. Keine Frau in seinem Alter war darunter, niemand, der wirklich zu ihm passte. Sie stand weiter starr an der Stelle, an der sie seit Minuten ausharrte. Wie vom Schlag getroffen, weil das alles nicht zusammenpassen wollte. Wenn sie sich jetzt umdrehte, konnte sie ihr eigenes Hoftor sehen. Es war nur einen Steinwurf entfernt. Sie wollte sich aber nicht umdrehen und starrte weiter gebannt auf die Tür, durch die er mit dem Rucksack auf dem Rücken verschwunden war. Es gelang ihr nicht, eine einleuchtende Erklärung dafür zu finden.

Sie atmete schwer gegen den Druck auf ihrer Brust an. Dann setzte sie zaghaft den ersten Schritt rückwärts. Die Puzzleteile ließen sich nicht zusammenfügen. Ihr Sohn war im Hof von Kurt-Otto Hattemer verschwunden. Was wollte er da? Sie hatte ihn immer vor diesem Menschen gewarnt. Er war böse und redete schlecht über jeden im Dorf.

Sie tastete nach der rauen Hauswand neben sich. Sie brauchte Halt, weil ihre Beine zitterten. Sie schnaufte. Vorhin hatte sie zwei Frauen belauscht, die sich direkt vor ihrem Fenster laut unterhielten. Der Lärm im Dorf war nicht zu überhören gewesen. Die vielen Polizeiwagen mit ihren Sirenen, etliche Autos waren auf der Hauptstraße entlanggerast. Sie hatten die Roswitha Hembes tot in einem eingebrochenen Gewölbe gefunden, und die Bonacker galt als vermisst.

Ihr Sohn war bei beiden gewesen.

Marianne Eisengräber hetzte los. Sie musste nach Hause, in seine Wohnung, die sie ihm vor Jahren hinten in der Scheune ausgebaut hatten. Sie musste nachsehen, ob es dort irgendeine Erklärung für all das gab.

49

Renate kochte vor Zorn. Ihre Wangen glühten, und sie war sehr froh darüber, dass ihr lieber Ehemann gerade nicht greifbar war. Sie würde sich nicht beherrschen können. Er war verantwortlich für den peinlichsten Moment, den ihr jemals im Leben ein Mensch bereitet hatte. Dafür gab es keine Entschuldigung, und eine Ausrede würde sie keinesfalls akzeptieren, egal, wie viel Mühe er sich dabei gab. Das Donnerwetter hatte er sich selbst zuzuschreiben, und es würde laut ausfallen. Sehr laut. Sie schnaufte verächtlich und beschloss, dass es besser war, wenn sie ihn noch ein wenig schmoren ließ. Sie musste zur Ruhe kommen und das eben Erlebte erst einmal sacken lassen.

Gudrun Dörrhof, die Verräterin, war auch nicht viel besser. Sie hatte jedoch nicht lange an der Notlüge festgehalten. »Die Nahrungsergänzungsmittel sind immer noch nicht da. Es gibt wohl einen Lieferengpass wegen der enormen Nachfrage«, hatte sie behauptet. »Ich vermag noch nicht einmal genau zu sagen, wann ich wieder mit Nachschub rechnen kann.« Sie hatte kurz mit den Schultern gezuckt und Renates Blick dabei schon nicht mehr standhalten können. Nach mehr als dreißig Jahren im Schuldienst wusste sie nur zu gut, wie sich die vielen verschiedenen Formen der Lüge auf einem Gesicht abzeichneten. Kaum jemand log so perfekt, dass sie es nicht merkte. Manchmal hatte sie schlicht keine Lust, sich damit auseinanderzusetzen. Dann heuchelte sie so übertrieben Verständnis, dass es ihrem Gegenüber peinlich wurde.

Gudrun war ganz von allein eingeknickt. »Du musst mich verstehen, mir sind die Hände gebunden. Mein Mann hat die vielen Weinberge von deinem Kurt-Otto. Wenn der ihn um einen Gefallen bittet, kann er ihn nicht ausschlagen. Er hat mir schlicht verboten, dir auch nur eine Probepackung mitzugeben. Kläre das mit deinem Mann, dann kannst du gern so viel haben, wie du willst.«

Das war es an Reue dann aber auch schon wieder gewesen. Gudrun hatte sich gefasst und war in die Offensive gegangen. »Ich wusste gar nicht, dass er auch mitmacht bei der Ernährungsumstellung. Anscheinend nicht ganz freiwillig. Das ist aber notwendig, sonst hält er die Entbehrungen nicht durch. Du kannst ja nicht von früh bis spät überwachen, ob er sich an die strengen Regeln hält. Die Einundzwanzig-Tage-Stoffwechseldiät ist ein wahrer Jungbrunnen, aber man muss eine positive Einstellung zum Wechsel und vor allem zum Verzicht einbringen. Ansonsten ist das Ganze zum Scheitern verurteilt. Meinem Klaus brauche ich damit gar nicht zu kommen. Er ist ja ohnehin klapperdürr. Auf sein Fläschchen Wein würde er aber niemals verzichten.«

Sie hatte dagestanden wie eine beim Abschreiben ertappte Achtklässlerin!

Noch einmal schnaufte sie zornig aus und drückte dann das Hoftürchen auf. Sie würde sich noch ein wenig zu Mareike setzen. Die konnte ihren Beistand gut gebrauchen. Die Gemüsebrühe würde sie nachher mit einem guten Liter Wasser so verdünnen, dass er ihren Zorn auch zu schmecken bekam.

50

Er hielt den Blick gesenkt. Er wusste, dass der Anführer der Hexenbrut ihn ansah. Ganz leise flüsterte er einen Vers vor sich hin. Er durfte keine Gewalt über ihn bekommen. Gleichzeitig versuchte er, die aus dem Glas aufsteigenden Dämpfe nicht einzuatmen. Er hatte gesehen, wie er das Gebräu in der Küche zurechtgemischt hatte. Es bewies, dass er ihn erwartet und sich gewappnet hatte. Stumm schickte er noch einen schützenden Vers hinterher. Was sollte er tun, wenn die Tropfen keine Wirkung entfalteten? Ein Surren erfüllte seinen Schädel. Sein gesamter Körper bebte unter der Anspannung. Sein Bruder schwieg. War er überhaupt noch da? Er durfte nicht an ihn denken. Der Hattemer konnte seine Gedanken lesen. Dann wusste er, dass er nicht allein gekommen war. Wenn es zum Kampf kam, war das Überraschungsmoment von entscheidender Bedeutung.

»Bist du zufrieden mit dem Jahrgang?«

»Ja, die jungen Weine probieren sich gut. Es hat nicht viel gegeben.« Er fixierte eine winzige Unebenheit in der glänzenden Tischplatte. Eine kaum erkennbare Macke in der glatten Oberfläche, die er gebannt anstarrte, um nicht aufsehen zu müssen. Wann würde er die Maske fallen lassen? Er ballte die Fäuste, um bereit zu sein. Sprang er gleich in die Höhe und auf ihn zu, konnte er beide Arme schnell vor sich überkreuzen. Das hielt ihn auf Distanz. Ein kurzer Augenaufschlag verschaffte ihm die Gewissheit, dass die Tropfen bisher keine Wirkung entfalteten. Er hatte die doppelte Menge in den Becher geträufelt. Mehr war nicht möglich gewesen, weil er sie sonst vielleicht herausschmeckte. Es musste an dem Trank liegen, den er vorhin über die Spüle gebeugt zu sich genommen hatte. Er schien ihn zu schützen.

»Hattest du auch großen Schaden durch den Frühjahrsfrost?«

Er nickte nur. Darauf wollte er nicht antworten. Natürlich lenkte er das Gespräch ganz gezielt in diese Richtung, um seine Macht zu demonstrieren. Wer den Frost und die Zerstörung zu rufen vermochte, der wurde auch mit einem Gegner wie ihm fertig, sollte das heißen. Ihn fröstelte bei dem Gedanken. Vielleicht war er doch zu blauäugig in diesen alles entscheidenden Kampf gegangen. Getragen vom Hochgefühl des Triumphs über die alten Frauen, die er in jener Frostnacht um den Hattemer herumspringen gesehen hatte, saß er hier und hoffte, auch aus dieser Schlacht siegreich hervorzugehen.

Er formte lautlose Worte: »Mein Bruder, wo bist du? Bitte verlasse mich nicht, jetzt, da ich meine eigene Schwäche spüre.« Es musste die Kraft seines Gegenübers sein, die ihn niederdrückte und zweifeln ließ. »So du bei mir bist, wer will wider mich sein?« Sein Herz hämmerte. Er spürte die Schläge in seiner Brust, sie waren rasend schnell. Es war das Gefühl der panischen Angst, das ihn sonst für lange Zeit unter sein Bett zwang, unfähig zu jeder noch so kleinen Bewegung. Er begehrte dagegen auf. Die Angst durfte keine Macht über ihn gewinnen, sonst brach er hier zusammen. Dann war alles verloren und sein Ende besiegelt.

Die Stimme seines Bruders, die ihn seit jener Frostnacht im Teufelspfad führte, schien verstummt zu sein. Er hatte ihn aus der Kälte und Dunkelheit herausgeholt und angeleitet. Ohne ihn hätte er den Weg nie gefunden, und selbst wenn, er wäre viel zu kraftlos gewesen, ihn allein zu beschreiten. Aber warum hatte er bis hierhin seine Hand gehalten, um ihn dann im entscheidenden Moment allein zurückzulassen? War es ihm damals, an jenem Nachmittag, als er hinabgestiegen war, genauso ergangen? Wer hatte *ihn* geführt?

Es durfte nicht sein! Trotzig sprang er auf und blickte dem Bösen direkt in die Augen. Er schien sich erschrocken zu haben. Hatte der Feind nicht damit gerechnet, dass er sich wehren würde? »Unter Gottes Schirmen bin ich vor den Stürmen alles Bösen frei, lass den Satan wittern, lass den Feind erbittern, mir steht Jesus bei«, flüsterte er heiser und unverständlich. Dabei verschränkte er seine Unterarme so vor dem Körper, dass sie ein Kreuz bildeten. Die Fäuste geballt. Alles Blut war aus ihnen gewichen. Sie leuchteten fast weiß.

Er konnte die Wirkung auf sein Gegenüber spüren. Seine Entschlossenheit zwang ihn nieder. Er wiederholte den Vers noch ein weiteres Mal. Schneller noch als zuvor rauschten die Worte aus seinem Mund und trafen den Feind. Aus geröteten Augen starrte der ihn reglos an. Er bewegte sich nicht. Nur seine Augenlider flatterten. Winzige Bewegungen, die sie immer weiter nach unten führten. Gleich darauf war das Weiß seiner Augen ganz verschwunden. Sein Mund stand weiter offen. Er atmete gleichmäßig.

Eine unbeschreibliche Hitze flutete seinen Körper. Er spürte nun wieder den zarten Hauch an seinem rechten Ohr. Noch hörte er keinen Ton, doch er wusste jetzt, dass der Bruder die ganze Zeit da gewesen sein musste. Warum hätte er ihn auch alleinlassen sollen? Dies war ihr gemeinsamer Kampf.

Einen Moment lang hielt er die Körperspannung noch aufrecht und die Arme vor der Brust über Kreuz, auch wenn das kaum noch notwendig erschien. Er konnte ihn jetzt hören. Sein Bruder flüsterte ihm sanfte Worte ins Ohr. Sie durften keine Zeit verlieren. Es war nicht abzusehen, wie lange ihn das Betäubungsmittel außer Gefecht setzen würde. Sie mussten ihn vernichten. Schon eilte er in den Flur. Seinen Rucksack hatte er an der Garderobe abgestellt. Es hätte sonst komisch ausgesehen. Man ging nicht mit Gepäck zu einem Kollegen, wenn man über Weinberge und deren Pacht verhandelte. Er zog den Reißverschluss auf. Die Stimme seines Bruders konnte er jetzt deutlich hören, langsam und klar artikulierte Worte. *Das Böse muss brennen.* Vier immer gleiche Worte, die er fortwährend wiederholte.

Das Böse muss brennen.

51

»Die Polizei hat sich für morgen früh angekündigt.« Mareike seufzte und hielt einen kurzen Moment inne. Dann ergänzte sie mit belegter Stimme: »Jetzt, wo sie die Roswitha Hembes gefunden haben, interessieren sie sich auch dafür, was mit meiner Mutter passiert ist. Sie wollen das Gewölbe leer pumpen, um danach reingehen zu können. Heute sind sie aber noch die ganze Nacht bei der Hembes beschäftigt.« Ihr Körper zuckte.

»Soll ich dir ein Taschentuch holen?« Renate strich ihr über die Hände.

»Es kommen keine Tränen mehr. Sie sind alle raus. Ich kann einfach nicht mehr weinen.« Mareikes Stimme zitterte. Sie atmete flach. »Aber einen Schluck Wasser könntest du mir aus der Küche holen, oder sollen wir uns dort an den Tisch setzen? Ich kann uns einen Tee oder einen Kaffee machen. Mehr habe ich leider nicht zu bieten.«

»Ich hole dir ein Wasser.« Renate stand auf.

Das Wohnzimmer ihrer Nachbarin lag zur Straße hin. Mareike hatte hier bereits gesessen, als sie vor wenigen Minuten hereingekommen war, und in alten Fotoalben geblättert, die auf dem Esstisch lagen. Sie hatte eine dicke Kerze auf dem Tisch entzündet. Das war neben der kleinen Leselampe, die am Sofa in der Ecke brannte, die einzige Lichtquelle. Aus dem Flur fiel noch etwas Helligkeit in den Raum.

»Es ist die Ungewissheit, die mich so schrecklich quält.«

Renate blieb am Fenster stehen. Sie war unschlüssig, ob sie jetzt gehen oder besser bei ihr bleiben sollte. Aus den Augenwinkeln konnte sie einen sich bewegenden Schatten im Fenster gegenüber erkennen. Sie wollte jetzt nicht an ihren Mann erinnert werden, weil dann augenblicklich wieder der Zorn in ihr aufstieg. Damit würde sie sich noch früh genug auseinandersetzen müssen.

»Eine weitere Nacht, in der ich nicht weiß, was ist. Ich kriege kein Auge zu, obwohl ich schrecklich müde bin.«

»Ich kann dir nachher ein Schlafmittel bringen. Ich müsste noch eins daheim haben.« Renate überlegte nur kurz, dann hatte sie eine Entscheidung getroffen. »Wenn du möchtest und es dir hilft, kann ich heute Nacht bei dir bleiben.« Sie drehte ihren Kopf kurz in Richtung der Fenster. »Mein Mann kommt ganz gut allein zurecht. Und du hast Gesellschaft nötiger als er. Ich habe eine Gemüsesuppe gekocht. Die hole ich uns gleich rüber. Du brauchst eine Stärkung.«

Wieder erfassten ihre Augen eine Bewegung in ihrem Wohnzimmer. Es war hell erleuchtet. Ihr Kurt-Otto liebte es, wenn in dem Raum, in dem er sich befand, alle Lichter brannten. Eine zarte und gedämpfte Beleuchtung widerstrebte ihm. Selbst wenn an den Adventssonntagen ihr selbst geflochtener Kranz brannte und warmes Licht spendete, musste er alle Lichter anknipsen.

Das war aber nicht ihr Mann, der da hastig im Wohnzimmer herumsprang. Die Statur passte nicht. Es musste der Eisengräber sein, der dort drüben herumsprang. Durch die dünne Gardine konnte sie ihn schemenhaft erahnen. Sie trat näher an die Fensterscheibe heran. Er vollführte sonderbare Bewegungen, während von Kurt-Otto nichts zu sehen war. Das Sofa stand mit dem Rücken zu ihr. Wenn er aufrecht auf seinem angestammten Platz saß, musste sein Schädel zu erkennen sein. Das war er auch. Sie kniff die Augen zusammen. Die Straße war nicht besonders breit an dieser Stelle im alten Dorf. Über die kurze Distanz zeichnete sich die lichte Stelle auf seinem Hinterkopf ab. Er schien tief ins Polster gesunken zu sein. Fast war er nicht mehr zu sehen. Auch der Eisengräber war nun aus ihrem Sichtfeld verschwunden, tauchte in der nächsten Sekunde aber wieder auf. In voller Größe fast. Sie zuckte zusammen. Er stand auf ihrem Wohnzimmertisch! Die dünne Gardine pendelte sachte. Er hielt einen Gegenstand in den Händen, den er hektisch vor dem Körper hin und her bewegte.

»Das ist lieb von dir. Ich glaube, wenn du mir das Schlafmittel bringst, reicht das aus. Ich muss Ruhe finden. Für den morgigen Tag benötige ich alle meine Kräfte.«

Mareikes Worte drangen nicht mehr zu ihr durch. Sie starrte reglos und gebannt auf das, was sich in ihrem Wohnzimmer abspielte. Ihr Puls begann zu rasen, als sie realisierte, was der Eisengräber in den Händen hatte. Ihre Gardine hatte sich an mehreren Stellen bereits dunkel verfärbt. In der Mitte des Fensters war sie einen wenige Zentimeter breiten Spalt weit auseinandergeglitten. Genau da, wo er stand. Sie sah deutlich, dass es ein grüner Kanister war, den er mit beiden Händen hielt. Er verteilte daraus eine Flüssigkeit über dem Sofa. Sie schrie auf und rannte los. »Ruf die Polizei! Sie sollen so schnell wie möglich kommen. Der bringt meinen Mann um!«

Hart schlugen ihre Schritte auf dem Betonpflaster des Hofes auf. Sie riss das Hoftürchen auf und hetzte über die Straße, ohne einen Blick nach rechts und links zu werfen. Gleich darauf war sie durch ihre eigene Einfahrt hindurch und an der Haustür. Sie schrie erneut und riss die Tür auf. Der Geruch nahm ihr fast den Atem. Es stank durchdringend nach Benzin. Sie lief ins Wohnzimmer. Ihr Mann lag zusammengesackt auf dem Sofa. Was hatte er ihm angetan?

Der Schlag von der Seite traf sie unvermittelt in der Bewegung. Sie verlor das Gleichgewicht und stürzte, empfand aber keinen Schmerz. Es gelang ihr, sich mit den Händen abzustützen. Gleich darauf spürte sie sein Gewicht auf ihrem Rücken. Er drückte sie erbarmungslos nieder. Renate stöhnte auf. Er flüsterte sinnlose Worte, legte seine Hände um ihren Hals. Sie schrie und schlug wild um sich, obwohl sie wusste, dass das niemals ausreichen würde, um ihn loszuwerden. Seine Hände waren eisig kalt. Er drückte zu, und sie verstummte schlagartig. Röchelnd sog sie noch einmal Luft in sich hinein. Ein tiefer und gieriger Atemzug, von dem sie wusste, dass es ihr letzter sein würde.

Sie wand sich hilflos unter ihm. Ihr Blick irrte durch das Wohnzimmer. Sie konnte ihren Mann nicht mehr sehen. Nur seine Füße, nicht sein Gesicht, das sie in diesem Moment gern noch ein letztes Mal vor Augen gehabt hätte. Es dröhnte in ihren Ohren. Ein betäubender Lärm, mit dem die Schwärze vor ihren Augen kam. Immer schwerer lastete er auf ihrem Körper, auch auf ihrem Kopf. Das Gewicht des Todes, der sich über sie legte. Sie wurde ganz ruhig, zuckte und spürte, dass sich der Druck um ihren Hals löste. Es war zu Ende. Sie hatte das Grauen überstanden. Aus großer Entfernung konnte sie eine Stimme vernehmen. Ein bekannter Klang, der näher kam. Sie fühlte sich leicht. Befreit von der Last des Sterbens. Etwas riss sie herum. Gleißende Helligkeit lag vor ihr. Das Licht, das ihr den Weg wies. Wie einfach es doch war. Jetzt spürte sie den Schmerz auf ihrer Wange, wieder und wieder. Das klatschende Geräusch drang in ihre Ohren.

»Renate, verdammt, bleib hier!«

Sie starrte weiter gebannt in das grelle Licht, vor das sich auf einmal ein Gesicht schob. Sie musste blinzeln, dann erkannte sie Mareike, die sich dicht über sie beugte. Sie konnte sie schnaufen hören und bemerkte auch das sanfte Lächeln, als sie selbst hektisch nach Luft rang.

52

Mareike hatte alles richtig gemacht. Nach dem Anruf bei der Polizei war sie ebenfalls losgerannt. Geistesgegenwärtig hatte sie im Vorbeilaufen nach dem Schürhaken gegriffen, der an dem kleinen Ofen lehnte, mit dem ihre Mutter die gute Stube heizte, wenn sich Besuch ankündigte. Der wuchtige Hieb hatte Rainer Eisengräber im letzten Moment niedergestreckt. Die Polizei war gleich darauf vorgefahren. Die Beamten hatten es ja nicht weit gehabt. Ein gutes Dutzend war beim Baumann zusammen mit der Mainzer Feuerwehr noch immer damit beschäftigt, die Grube zu sichern und den Leichnam von Roswitha Hembes zu bergen.

Vor ihrem Haus hatten sich mittlerweile etliche Fahrzeuge versammelt. Kurt-Otto schlief noch immer in einem der Krankenwagen. Der freundliche junge Notarzt, der Renate untersucht hatte, hatte ihr erklärt, dass er sich nach dem Aufwachen wahrscheinlich an gar nichts mehr erinnern würde. Die von Eisengräber verwendeten K.-o.-Tropfen sorgten für eine retrograde Amnesie, die sogar einen Teil des vor der Einnahme Erlebten löschten. Das war ein Segen für ihn. Die roten Male an ihrem Hals würden sie beim Blick in den Spiegel noch einige Zeit an alles erinnern. Vergessen würde sie es nie. Dessen war sie sich sicher.

Der Eisengräber lebte. Er war schon abtransportiert ins Krankenhaus. Sie wollte nicht wissen, wie es ihm ging. Zitternd führte sie das Wasserglas an ihren Mund. Mareike sah sie an und hielt weiter ihre andere Hand. Wenn sie nicht gewesen wäre. Keine Minute später hätte es sein dürfen. Sie wäre jetzt tot. Die beiden Polizisten, die im Wohnzimmer kaum hörbar miteinander sprachen, würden sich über sie beugen und ihren leblosen Körper betrachten. Sie konnte sie im Geiste dabei sehen. Aus sicherer Entfernung, als hätte ihre Seele den Körper längst verlassen. Renate verbot sich jeden weiteren Gedanken daran. Sie lebte – und Kurt-Otto auch. Es schmerzte beim Schlucken. Der Arzt hatte sie beruhigt. Das werde sich in wenigen Tagen legen. Vielleicht müsse sie sich ein, zwei Tage mit Suppe begnügen. Sie hatte schmunzeln wollen, doch es hatte nicht recht geklappt. Die Suppe stand schon bereit. Noch bekam sie nichts hinunter. Der Gedanke an Essen ließ sofort säuerliche Übelkeit in ihr aufsteigen.

Mareike schwieg. Sie hing ihren eigenen Gedanken nach. »Er hat auch meine Mutter umgebracht und sie in das Gewölbe geworfen, aber warum?« Ganz leise hatte sie diesen Satz über die Lippen gebracht und dabei kaum merklich den Kopf bewegt. Sie würden eine Antwort darauf bekommen. Renate wusste jetzt schon, dass sie sie nicht verstehen würde.

»Schnell, wir brauchen Hilfe! Polizei!« Schritte waren im Flur zu hören. Gleich darauf erschien der Kopf von Chaussee-Helga im Türrahmen, hochrot vor Anstrengung. »Die Sigrun liegt im Abwassergewölbe. Gerda ist bei ihr. Wir haben sie rufen gehört, bekommen aber den Deckel nicht auf. Er ist viel zu schwer für uns.«

Danksagung

Wichtige Informationen zum Thema Angst habe ich von Joanna Schöhl erhalten. Ihr gilt mein herzlicher Dank!

Andreas Wagner
WINZERSTERBEN
Broschur, 208 Seiten
ISBN 978-3-95451-477-9

»Fesselnde Weininfos.« Genießen und reisen

Im Trubel der hitzigen Erntetage wird der alte Winzer Schlamp tot in seinem Ohrensessel entdeckt, aus dem er seit einem Schlaganfall kaum noch herausgekommen war. Als nur wenige Tage später ein zweiter Winzer tot aufgefunden wird, glauben nur noch diejenigen an einen Unglücksfall, die die alten Geschichten nicht mehr kennen wollen. Kurt-Otto Hattemer aber kennt sie – und er hat einen grausamen Verdacht, wer seine Kollegen auf dem Gewissen hat …

Andreas Wagner
WINZERRACHE
Broschur, 224 Seiten
ISBN 978-3-7408-0218-9

Ein Sommer, wie es ihn noch nie gegeben hat: In Rheinhessen regnet es ohne Unterlass. Die Trauben faulen, und die Winzer fürchten um ihre Ernte. Als Tausende Liter Wein in die Kanalisation laufen, die ältesten Reben im Dorf zerstört werden und eine kopflose Leiche auftaucht, dämmert den Ersten, dass seit dem Glykol-Skandal von 1985 noch einige Rechnungen offen sind. Winzer Kurt-Otto Hattemer beginnt zu ermitteln – und begibt sich in höchste Gefahr …

www.emons-verlag.de